2019 年度山东省本科教学改革研究重大项目"高等学校分类发展理论建构及其实践应用"（D2019S01）
2021 年部省共建国家职业教育创新发展高地理论实践研究课题"高层次应用型人才培养体系研究"（GD21）

CLASSIFICATION AND TRANSFER SYSTEM OF

ORDINARY UNDERGRADUATE COLLEGES AND UNIVERSITIES

普通本科院校分类
与转学制度

宋旭红　高　源◎著

科学出版社

北　京

内 容 简 介

建立科学合理的高校分类体系与转学制度是高等教育分类发展、转型发展的基础，也是高等教育分类管理的前提。本书从我国高等教育发展实际出发，对我国高校分类发展和分类管理的经验得失进行全面分析；探讨我国高校分类的学理基础和现实基础，按照"学术型-应用型"分类维度，以人才培养定位为基准，构建普通本科院校分类体系。同时，较全面地介绍了美国高校的转学制度、转学模式和转学政策案例。本书旨在促进我国普通高校分类发展，助推高质量高等教育体系建设；探讨打破不同类型高校协同创新制度壁垒的实现路径，为学术型高校本科人才培养中再淘汰或再选择群体提供通道；深化高层次应用型人才培养体系建设。

本书可供高等教育宏观和微观行政管理人员、高校教师、高等教育研究人员参阅。

图书在版编目（CIP）数据

普通本科院校分类与转学制度 / 宋旭红，高源著. —北京：科学出版社，2023.1
ISBN 978-7-03-074426-5

Ⅰ.①普… Ⅱ.①宋… ②高… Ⅲ.①高等学校-分类体系-研究-中国
Ⅳ.①G649.22

中国版本图书馆CIP数据核字（2022）第252189号

责任编辑：崔文燕 / 责任校对：杨 然
责任印制：李 彤 / 封面设计：润一文化

科学出版社出版
北京东黄城根北街16号
邮政编码：100717
http://www.sciencep.com
北京建宏印刷有限公司 印刷
科学出版社发行 各地新华书店经销

*

2023年1月第 一 版 开本：720×1000 1/16
2023年1月第一次印刷 印张：17 1/2
字数：320 000

定价：99.00元
（如有印装质量问题，我社负责调换）

◀ 目　　录

中英文对照

◀ 中英文对照①

《部落自主社区学院援助法案》（Tribally Controlled Community College Assistance Act of 1978）

《参议院法案 457 号》（Senate Bill 457）

《得克萨斯州行政法》（Texas Administrative Code）

《得克萨斯州教育法》（Texas Education Code）

《众议院法案 2183 号》（House Bill 2183）

《转学生权利法案》（Transfer Student Bill of Rights）

2020—2025 年战略规划（Strategic Plan 2020-2025）

DANTES 学科标准化考试（DANTES Subject Standardized Test，DSST）

K 节：特别安排（Section K，Special Arrangements）

P 节：其他大学的学分（Section P，Credit from Other Universities）

阿诺卡-拉姆齐社区学院（Anoka-Ramsey Community College，ARCC）

埃尔帕索社区学院（El Paso Community College，EPCC）

邦迪援助计划（Bundy Aid Program）

本科逆转学生（undergraduate reverse transfer student，URTS）

毕业有竞争力（complete to compete）

博士/专业学位大学（doctoral/professional degree university）

博士学位授予大学（doctoral universities）

博雅教育与美国的承诺（Universities' Liberal Education and America's Promise，LEAP）

布鲁克林职业技术学院的预科高中（Pathways in Technology Early College High School，P-TECH）

部落学院（tribal college）

---

① 为便于读者检索相关外文文献，特设重要材料、机构、术语等的中英文释义。

参议院教育委员会（Senate Education Committee）

成绩备案中心（Central Records）

城市学院学费减免计划（City College Tuition Waiver Program，CCTWP）

磁石计划（Magnet Program）

大都市联盟（Metro Alliance）

大学生培养项目（Undergraduate Institutional Program）

大学水平考试计划（College-Level Examination Program，CLEP）

大学早期教育计划（Early College Education Program）

得克萨斯大学埃尔帕索分校（University of Texas at El Paso，UTEP）

得克萨斯学术技能计划（Texas Academic Skills Program，TASP）

得克萨斯州高等教育协调委员会（Texas Higher Education Coordinating Board，THECB）

得克萨斯州公共课程编号系统（Texas Common Course Numbering System，TCCNS）

得克萨斯州核心课程（Texas Core Curriculum，TCC）

得克萨斯州劳动力委员会（Texas Workforce Commission）

得克萨斯州立法委员会（Texas Legislative Council，TLC）

得克萨斯州立法在线（Texas Legislature Online）

得克萨斯州社区学院协会（Texas Association of Community Colleges，TACC）

得克萨斯转学咨询委员会（Texas Transfer Advisory Committee）

低年级的社区学院（lower-division institution）

第一职业学位（first professional degree）

顶点学位（capstone degree）

多元化领域组（diverse fields group）

二级注册后选项（post-secondary enrollment option，PSEO）

法律博士（Juris Doctor，J.D.）

反向转学（reverse transfer）

非常高的本科生（very high undergraduate）

非常高的研究活动（very high research activity）

非常高研究（very high research）

佛罗里达大西洋大学（Florida Atlantic University，FAU）

佛罗里达大学（University of Florida，UF）

佛罗里达独立学院和大学（Independent Colleges & Universities of Florida，ICUF）

佛罗里达农工大学（Florida Agricultural and Mechanical University，FAMU）

佛罗里达人才发展委员会（Florida Talent Development Council）

佛罗里达州最低标准预科课程（Florida Minimum Foundation Program）

副学士课程推动研究（Accelerated Study in Associate Programs，ASAP）

副学士学位授予院校（Associate's Colleges）

副学士学位主导型院校（Associate's Dominant Institutions）

高本科生（high undergraduate）

高等教育政策研究所（Institute for Higher Education Policy，IHEP）

高度传统的学生（high traditional student）

高度非传统（high non-traditional）

高级国际教育证书（Advanced International Certificate of Education，AICE）

高研究（high research）

高研究活动（high research activity）

高职业-技术（high career-technical）

高职业-技术组（high career & technical program mix）

高中测试评估（Test Assessing Secondary Completion，TASC）

高中同等学力考试（General Educational Development，GED）

高转学率（high transfer）

高转学率组（high transfer program mix）

根据发展趋势推测预计达到的目标（time trend goal）

更高等级自愿早教班计划（Higher VPK Program）

公立普通学术机构（General Academic Institutions，GAI）

国防语言能力考试（Defense Language Proficiency Test，DLPT）

国际文凭课程（International Baccalaureate，IB）

国外学年或学期（year or term abroad）

国王郡社区学院（Kingsborough Community College，KCC）

汉普郡学院-马萨诸塞州担保计划（Hampshire College Massachusetts Guarantee Program）

横向转学（lateral transfer）

护照审查委员会（Passport Review Board）

护照学习成果（passport learning outcome，PLO）

"回归基础"项目（Back to Basics）

混合传统/非传统（mixed traditional/non-traditional）

混合非全日制/混合全日制（mixed part/full-time）

混合转学/职业和技术组（mixed transfer/career & technical program mix）

激励和特别计划资助（Incentive and Special Initiative Funding）

及时给予学分（Credit When It's Due，CWID）

技术准备联盟（Tech-Prep Consortium）

继续教育学分（Continuing Education Unit，CEU）

加利福尼亚州高等教育总体规划（California's Master Plan for Higher Education）

加利福尼亚州学生成功伙伴计划（California Partnership for Achieving Student Success，Cal-PASS）

家庭赋权奖学金（Family Empowerment Scholarship）

兼修注册课程（concurrent enrollment）

兼职入学补助（Aid to Part-time Study，APTS）

较大的硕士项目组（M1：Master's Colleges and Universities–Larger programs）

较高非全日制（higher part-time）

较高全日制（higher full-time）

较高研究（higher research）

较小的硕士项目组（M3：Master's Colleges and Universities–Smaller programs）

教育认证评估（Educational Credential Evaluators，ECE）

教育委员会衔接办公室（Department of Education's Office of Articulation）

教育政策研究和改进委员会（Council for Education Policy Research and Improvement）

考试等效学分（credit-by-examination equivalency）

可实现的、具有挑战性的目标（ambitious，yet achievable goal）

课程重点（program focus）

空军社区学院（Community College of the Air Force，CCAF）

跨境模块（cross-border block）

扩展机会、计划和服务（Extended Opportunity Programs and Services，EOPS）

理事会（Board of Regents）

理想的远景目标（aspirational goal）

理学副学士（Associate of Science，AS）

联邦承诺（Commonwealth Commitment）

联邦学生资助的申请（Free Application for Federal Student Aid，FAFSA）

联邦转学契约（Commonwealth Transfer Compact，CTC）

联邦转学咨询小组（Commonwealth Transfer Advisory Group，CTAG）

联合国教科文组织（United Nations Educational，Scientific and Cultural Organization，UNESCO）

联合国教科文组织国际教育标准分类（International Standard Classification of Education，ISCED）

联合军事成绩单（Joint Military Transcript，JST）

联盟申请（Coalition Application）

马萨诸塞州担保成就奖（Massachusetts Guarantee Achievement Award）

马萨诸塞州担保计划（Massachusetts Guarantee Program）

马萨诸塞州担保卓越奖（Massachusetts Guarantee Excellence Award）

马萨诸塞州高等教育委员会（Massachusetts Department of Higher Education）

美国大学入学考试（American College Test，ACT）

美国大学院校协会（Association of American Colleges）

美国大学注册和招生人员协会（American Association of Collegiate Registrars and Admissions Officers，AACRAO）

美国国家学生信息交换所研究中心（National Student Clearinghouse Research Center，NSCRC）

美国社区学院协会（American Association of Community Colleges）

美国学生资料库（National Student Clearinghouse，NSC）

美国学位完成（Complete College America，CCA）

美国印第安人高等教育联盟（American Indian Higher Education Consortium）

美国政府问责局（Government Accountability Office，GAO）

美国州长协会（National Governors Association，NGA）

美国综合高等教育数据系统（Integrated Postsecondary Education Data System，IPEDS）

密歇根大学教务长和招生主管协会（Michigan Association of Collegiate Registrars & Admissions Officers，MACRAO）

密歇根州转学协议（Michigan Transfer Agreement，MTA）

明尼苏达州立学院和大学系统（Minnesota State Colleges and Universities system，MnSCU）

明尼苏达转学课程（Minnesota Transfer Curriculum，MnTC）

某些院校的课程（curricula of certain institutions）

南部院校协会（Southern Association of Colleges and Schools，SACS）

能力教育计划（Competency-Based Education Program）

牛津剑桥和 RSA 考试局（Oxford Cambridge and RSA，OCR）

纽约市毕业生！大学准备和成功计划（The Graduate NYC! College Readiness and Success Initiative）

纽约市立大学（City University of New York，CUNY）

帕斯科-埃尔南多社区学院（Pasco-Hernando Community College）

彭萨科拉初级学院（Pensacola Junior College）

平均学分绩点（grade point average，GPA）

普通教学机构（general teaching institution）

侵入性建议（intrusive advising）

全日制（full-time）

全州高等教育衔接手册（Statewide Postsecondary Articulation Manual）

全州课程编号系统（Statewide Course Numbering System，SCNS）

人文科学（Liberal Arts & Sciences，General Studies or Humanities）

社会服务证书（Certificate in Social Service，CSS）

社区参与学习 1 级（Community-Engaged Learning，CEL-1）

社区学院委员会（Community College Council）

神学博士（Doctor of Divinity，D.Div）

世界教育服务（World Education Service，WES）

输送通道计划（Pipeline Program）

双录取课程（dual enrollment）

双学分计划（Dual Credit Initiatives）

双赢项目（Project Win-Win）

学位审计报告系统（Degree Audit Reporting Systems，DARS）

硕士学位授予院校（master's colleges and universities）

特许高中（Collegiate Charter HS）

替代学科基础课程（Alternative Discipline Foundation Course）

调整动议计划（Tuning Texas Initiative）

通用大学申请（universal college application）

通用申请（common application）

文科和理科组（arts & sciences group）

文学副学士（Associate of Arts，AA）

西部州际高等教育委员会（Western Interstate Commission for Higher Education，WICHE）

夏季学期生（summer session student）

先修课程（Advanced Placement，AP）

衔接协调委员会（Articulation Coordination Committee，ACC）

新社区学院（new community college，NCC）

新兴研究型大学（emerging research institution）

旋转式转学（swirl transfer）

学费援助计划（Tuition Assistance Program，TAP）

学分（college credit）

学分授予考试（credit-granting exam）

学科门类计划（Programs of Study）

学科门类课程领域（Field of Study Curriculum，FOSC）

学期学分（semester credit hour，SCH）

学生单元记录（student unit record，SUR）

学生混合指数（student mix index）

学生组合（student mix）

学士/副学士混合型院校（mixed baccalaureate/associate's colleges）

学士/副学士学位授予院校（baccalaureate/associate's colleges）

学士后反向转学生（postbaccalaureate reverse transfer student，PRST）

学士学位授予院校（baccalaureate colleges）

学术课程指南手册（Academic Course Guide Manual，ACGM）

学术事务办公室（Office of Academic Affairs，OAA）

学位生（degree-seeking student）

研究活动指数（research activity index）

研究生培养项目（Graduate Institutional Program）

药学博士（Doctor of Pharmacy，Pharm.D.）

一般拨款法案（General Appropriations Act）

一站式美国（Single Stop USA）

伊莱·惠特尼学生计划（Eli Whitney Students Program）

医学博士（Doctor of Medicine，M.D.）

艺术副学士学位（Associate in Fine Arts，AFA）

艺术学士学位（Bachelor of Fine Arts，BFA）

因佛山社区学院（Inver Hills Community College，IHCC）

应用技术文凭（Applied Technology Diploma，ATD）

应用科学副学士学位（Associate of Applied Science，AAS）

应用科学学士（Bachelor of Applied Science，BAS）

院校自主管理模式（institutional governing structure）

在途学位（en route degree）

在学校/在高中学习的大学课程（college in the schools，CIS）

暂缓遣返（Deferred Action for Childhood Arrivals，DACA）

正向转学（upward transfer）

政策分析和政府问责办公室（Office of Program Policy Analysis and Government Accountability，OPPAGA）

职业阶梯学位（Career Ladder Degree）

制定转学文件的途径（documents approach）

智能转学计划（Smart Transfer Plan）

中度全日制、难进或比较难进、较高转入率（medium full-time，selective or more selective，higher transfer-in）

中等硕士项目组（M2：Master's Colleges and Universities–Medium Programs）

中度全日制（medium full-time）

中度全日制、难进或比较难进、较低转入率（medium full-time，selective or more selective，lower transfer-in）

中度全日制、全纳性、较低转入率（medium full-time，inclusive，lower transfer-in）

中度全日制、全纳性、较高转入率（medium full-time，inclusive，higher transfer-in）

中度研究（moderate research）

中学后教育规划委员会（Postsecondary Education Planning Commission，PEPC）

州高等教育执行官（State Higher Education Executive Officer，SHEEO）

州教育委员会（State Board of Education，SBE）

州经济机会部（Department of Economic Opportunity）

州立大学系统（State University System，SUS）

专门院校（special focus institutions）

专业/职业/技术学位（professional/vocational/technical focus）

专业学科（professional disciplines）

转学领导力中心（Transfer Leadership Center，TLC）

转学通道计划（Pathways Program）

转学通识与综合研究（Liberal & Integrated Studies for Transfer Opportunities，LIST）

转学信息和课程规划体系（Transfer Information and Program Planning System，TIPPS）

转学学位（transfer degree）

自愿早教班（voluntary prekindergarten，VPK）

自愿早教教育计划（Voluntary Prekindergarten Education Program）

自愿转学契约（Voluntary Transfer Compacts）

棕榈滩初级学院（Palm Beach Junior College）

棕榈滩社区学院（Palm Beach Community College，PBCC）

最高研究（highest research）

佐治亚大学系统（University System of Georgia，USG）

佐治亚州技术学院系统（Technical College System of Georgia，TCSG）

佐治亚州学位完成倡议（Complete College Georgia Initiative）

导　论　我国普通高等学校分类研究概述

普及化时代高等学校（简称"高校"）分类发展，是大规模、多结构高等教育体系在人才培养、知识生产、社会服务中所呈现的差异化的内在规定性，具有内容数量与质量、规模与结构、理念与制度、模式与动力系统变革、高等教育高质量发展与高等教育治理水平与治理能力现代化等诸多要素一体化、多元共生的类型特征。

第一节　研究背景与核心概念界定

一、研究背景

中国现代化进程已进入一个新阶段，在经济体制上，市场经济体制的基本框架已经形成并日趋完善；在经济发展上，经济结构出现了符合规律的升级，不仅重化工业在工业中的比重逐步升高并日趋高技术化，而且服务业的比重开始超过工业，显示出以国民经济活动为支柱产业的势头。这些都表明中国已进入工业化后期，并步入以服务业为主的后工业阶段。[①]随着我国逐步进入以精深加工、技术密集型产业和知识密集型服务业为主导的时期[②]，高等教育在加强自主创新、推进深度工业化、满足需求升级中的地位和作用更显重要，更加需要一个不仅丰富而且完备的高等教育体系来适应和服务于我国进入全面建设社会主义现代化国家，向第二个百年奋斗目标进军。

---

①　刘世锦. 读懂"十四五"新发展格局下的改革议程. 北京：中信出版集团，2021：27.
②　王昌林. 新发展格局. 北京：中信出版集团，2021：7.

高等教育体系的结构和规模反映了高等教育社会贡献的大小。[①]据统计，2021 年，全国共有高等学校 3012 所，其中，普通本科学校 1238 所（含独立学院 164 所）；本科层次职业学校 32 所；高职（专科）学校 1486 所。高等教育在学人数总规模为 4430 万人，高等教育毛入学率为 57.8%，普通本科学校校均规模为 16 366 人，本科层次职业学校校均规模为 18 403 人，高职（专科）学校校均规模为 9470 人。[②]我国已建成世界上规模最大的高等教育体系。以大规模与多样性为显性特征的普及化高等教育时代的到来，恰为我国高等学校分类发展提供了现实基础。

高等教育高质量发展需要高质量的高等教育体系的强有力支撑。普及化时代高质量的高等教育体系，是高等教育内在结构合理性与外在功能有效性的综合体现[③]，不仅要构建适应支持经济高质量可持续发展的最优高等教育规模和结构，更要强调高等教育之于人的发展的重要性，夯实以认知理性为制度根基的发展观、价值观和发展范式。

高校分类的前提和基础是高等教育规模增长、结构多元和类型分化，高校分类的目标则是建立一个与普及化时代相适应的高等教育体系，推进高等教育现代化。以学术型和应用型为分类基本框架的我国高等教育分类体系是基于我国高等教育发展多样化和高校分类存在的问题而提出并进行建构的。步入普及化阶段的我国高等教育，其规模增长使学生的类型和特征发生质的变化，专业研究生教育发展迅猛，新建地方本科院校增长迅速，高职高专院校占据高校的半壁江山，高等教育布局、结构、体系、层次、规模、职能、形式从单一走向多样。学术型-应用型人才培养体系走向分化，学术型和应用型高校发展路径呈现差异性。

二、核心概念界定

（一）高校分类

高校分类是将实然存在的高校的分化结果依据反映高校本质特征的某一个标准将具有共同特征的高校进行归类，使同类高校具有一定的同质性，使不同类型的高校理性定位、合和有序地共融于同一个高等教育系统中，从而形成结构合

---

① 乌尔里希·泰希勒. 迈向教育高度发达的社会——国际比较视野下的高等教育体系. 肖念，王绽蕊，主译. 北京：科学出版社，2015：1.
② 2021 年全国教育事业发展统计公报. http://www.moe.gov.cn/jyb_sjzl/sjzl_fztjgb/202209/t20220914_660850.html.（2022-09-14）[2022-12-26].
③ 刘国瑞. 新发展格局与高等教育高质量发展. 清华大学教育研究，2021（1）：25-32.

理、功能优化的高等教育生态体系。

（二）高校分类管理

高校分类管理是指教育行政部门通过法规政策引导、增加高校资源配置效率和建立合理秩序而使用的管理手段，通过对不同类型高校分别进行组织、协调、规划、引导、控制、服务等一系列活动，实施分类指导，优化高等教育系统结构，建立多样化的不同类型高校之间协调发展、同类型高校之间竞争发展的高等教育体系，确保高校分类发展服务于国家利益和人民满意。高校分类管理的前提是对高校进行科学、合理的分类。高校分类管理是高等教育管理体制改革的重要内容。

（三）高校分类评价

高校分类评价是指评价主体以教育评价理论为指导，在对高校进行分类的基础上，建立不同类型高校的评价指标，实施不同的评价标准，运用科学可行的评价方法对不同类型高校的办学定位、办学特色、发展目标等进行价值判断的过程。

（四）学术型-应用型高校

借鉴美国卡内基高等教育机构分类（以下简称"卡内基分类"），将高等教育机构授予学位类型和高校能级作为分类标准，将是否具有学术博士学位授予权作为学术型-应用型高校分类的遴选标准，将学术博士学位授权高校界定为学术型高校，其他为应用型高校。其中，学术型高校分为学术Ⅰ型、学术Ⅱ型和学术Ⅲ型，学术Ⅰ型为"双一流"建设中的一流大学建设高校，是我国研究型大学标志性群体；学术Ⅱ型为"双一流"建设中的一流学科建设高校；学术Ⅲ型是以学术研究生教育为主体的其他学术博士学位授权的高校。应用型高校分为应用研究型、应用技术型、应用技能型，应用研究型是以专业研究生教育为主体的硕士学位授权高校，应用技术型为其他本科高校，应用技能型为本科层次职业学校。

（五）美国高校学生转学制度

美国高校传统转学制度通常是指美国大学生在社区学院完成前两年的大学教育之后，按照一定的转学条件，转到学士学位授予机构，完成其学士学位的高年级要求。这一转学方式被称为正向转学，即2/4模式，又称垂直转学或向上转学[1]，主要指从两年制院校转学至四年制院校。除传统转学制度之外，美国高校转学制

---

[1] Dougherty K J, Kienzl G S. It's not enough to get through the open door: Inequalities by social background in transfer from community colleges to four-year colleges. Teachers College Record，2006，108（3）：452-487.

度还形成了以下模式：横向转学，即 2/2 模式和 4/4 模式，主要指从两年制院校转学至另一所两年制院校，或从四年制院校转学至另一所四年制院校；反向转学，即 4/2 模式，主要指从四年制院校转学至两年制院校；旋转式转学，混合了上述 2/2 模式、2/4 模式、4/2 模式、4/4 模式所有转学模式。美国大学生通常以一种不规则的方式定义其高等教育路径：初次录取院校、获得学士学位的院校和旋转转学院校。正如朗加内克（D. A. Longanecker）和布兰科（C. D. Blanco）所指出的：他们可能不愿意按传统学院和大学设定的时空界限来限制他们的高等教育经历。①美国没有国家高等教育系统，只有州高等教育系统。各州高校转学的背景和政策差异很大，为了确保转学的便利，美国大多数州强调采用"制定转学文件的途径"。

第二节　我国普通高校分类的历史与现状

一、国家政策中的高校分类

自新中国成立，我国高校分类发展的国家政策可被大致分为三大部分：一是重点大学建设，二是应用型人才培养体系建设，三是我国高等学校分类体系探索与实践（表 0-1）。

表 0-1　新中国成立以来我国高校分类的国家政策

分类	时间	政策名称	相关内容
重点大学建设	1954-10-05	《关于重点高等学校和专家工作范围的决议》	6 所高校列入全国重点高等学校
	1959-05-17	《关于在高等学校中指定一批重点学校的决定》	16 所高等学校列为全国重点高等学校
	1960-10-22	《关于增加全国重点高等学校的决定》	全国重点高等学校共 64 所
	1963-09-12	教育部通知	增加 3 所全国重点高等学校
	1964-10-24	国务院批准国家科委、国务院文教办公室和农林办公室的建议	增加 1 所全国重点高等学校
	1978-02-17	国务院转发教育部《关于恢复和办好全国重点高等学校的报告》	全国重点高等学校 88 所
	1978-07-07	国务院正式批准教育部《关于恢复中国人民大学有关问题的请示报告》	列为全国重点大学

---

① Longanecker D A，Blanco C D. Public Policy Implications of Changing Student Attendance Patterns. https://onlinelibrary-wiley-com.uconn.80599.net/doi/pdf/10.1002/he.101.（2003-04-02）[2021-08-10].

续表

分类	时间	政策名称	相关内容
重点大学建设	1978-09	中央批准《调查部关于重建国际关系学院的报告》	列为全国重点大学
	1979-07-31	教育部下发《关于改变北京中医学院、中国首都医科大学领导体制的通知》	首都医院医科大学改名中国首都医科大学，列为全国重点大学
	1979-10-04	教育部与农业部联合发布通知	西北、西南、华中、华南、沈阳5所农业院校列为全国重点高校
	1995-11-18	国家计委、国家教委和财政部联合下发《"211工程"总体建设规划》，"211工程"正式启动	全国共有116所院校入选"211工程"高校
	1999-01-13	1998年5月4日，江泽民同志在庆祝北京大学建校100周年大会上代表党和政府向全社会宣告："为了实现现代化，我国要有若干所具有世界先进水平的一流大学。"1999年，国务院批转教育部《面向21世纪教育振兴行动计划》，"985工程"正式启动建设	共有39所列入"985工程"建设的学校
	2015-08-18	《统筹推进世界一流大学和一流学科建设总体方案》	世界一流大学建设高校分为A、B两类，已有A类36所、B类6所，世界一流学科建设高校95所
	2015-10-24	国务院印发《统筹推进世界一流大学和一流学科建设总体方案》；对新时期高等教育重点建设做出新部署，将"211工程""985工程""优势学科创新平台"等重点建设项目，统一纳入世界一流大学和一流学科建设	
	2015-11-25	《国务院关于印发〈统筹推进世界一流大学和一流学科建设总体方案〉的通知》	
普通本科高校向应用型转变	2014-03-16	《国家新型城镇化规划（2014—2020年）》	引导部分地方本科高等学校转型发展为应用技术类型高校
	2014-05-02	《国务院关于加快发展现代职业教育的决定》	采取试点推动、示范引领等方式，引导一批普通本科高等学校向应用技术类型高等学校转型，重点举办本科职业教育
	2014-06-23	《教育部等六部门关于印发〈现代职业教育体系建设规划（2014—2020年）〉的通知》	支持定位于服务行业和地方经济社会发展的本科高等学校实行综合改革，向应用技术类型高校转型发展。建立高等学校分类体系，探索对研究类型高校、应用技术类型高校、高等职业学校等不同类型的高等学校实行分类设置、评价、指导、评估、拨款制度，鼓励举办应用技术类型高校，将其建设成为直接服务区域经济社会发展，以举办本科职业教育为重点，融职业教育、高等教育和继续教育于一体的新型大学
	2014-07-08	《国家教育体制改革领导小组办公室关于进一步扩大省级政府教育统筹权的意见》	坚持教育与经济社会发展同步规划、同步实施、同步考核，适度提前部署教育发展，引导和推动地方本科院校向应用技术类型高校转型，构建区域内高校协同创新机制

续表

分类	时间	政策名称	相关内容
普通本科高校向应用型转变	2015-10-23	教育部、国家发展改革委、财政部发布《关于引导部分地方普通本科高校向应用型转变的指导意见》	贯彻落实党中央、国务院关于引导部分地方普通本科高校向应用型转变的决策部署，推动高校转型发展
	2017-01-10	《国务院关于印发国家教育事业发展"十三五"规划的通知》	将推动具备条件的普通本科高校向应用型转变作为高等教育结构调整的重要举措
	2019-01-24	《国务院关于印发国家职业教育改革实施方案的通知》	推动具备条件的普通本科高校向应用型转变，鼓励有条件的普通高校开办应用技术类型专业或课程。开展本科层次职业教育试点
高等学校分类体系	1993-02-13	《中国教育改革和发展纲要》	制订高等学校分类标准和相应的政策措施，使各种类型的学校合理分工，在各自的层次上办出特色
	2009-03-19	《教育部关于做好全日制硕士专业学位研究生培养工作的若干意见》	进一步调整和优化硕士研究生的类型结构，逐渐将硕士研究生教育从以培养学术型人才为主向以培养应用型人才为主转变
	2010-07-29	《国家中长期教育改革和发展规划纲要（2010—2020年）》	促进高校办出特色。建立高校分类体系，实行分类管理。发挥政策指导和资源配置的作用，引导高校合理定位，克服同质化倾向，形成各自的办学理念和风格，在不同层次、不同领域办出特色，争创一流
	2012-03-16	《教育部关于全面提高高等教育质量的若干意见》	探索建立高校分类体系，制定分类管理办法，克服同质化倾向
	2017-02-04	《教育部关于"十三五"时期高等学校设置工作的意见》	探索构建高等教育分类体系。以人才培养定位为基础，我国高等教育总体上可分为研究型、应用型和职业技能型三大类型。研究型高等学校主要以培养学术研究的创新型人才为主，开展理论研究与创新，学位授予层次覆盖学士、硕士和博士，且研究生培养占较大比重。应用型高等学校主要从事服务经济社会发展的本科以上层次应用型人才培养，并从事社会发展与科技应用等方面的研究。职业技能型高等学校主要从事生产管理服务一线的专科层次技能型人才培养，并积极开展或参与技术服务及技能应用型改革与创新
	2017-12-15	《国务院办公厅关于深化产教融合的若干意见》	健全高等教育学术人才和应用人才分类培养体系，提高应用型人才培养比重
	2020-09-16	《教育部等九部门关于印发〈职业教育提质培优行动计划（2020—2023年）〉的通知》	稳步推进本科层次职业教育试点，支持符合条件的中国特色高水平高职学校建设单位试办职业教育本科专业。推动具备条件的普通本科高校向应用型转变。根据产业需要和行业特点，适度扩大专业学位硕士、博士培养规模，推动各地发展以职业需求为导向、以实践能力培养为重点、以产学研用结合为途径的专业学位研究生培养模式

续表

分类	时间	政策名称	相关内容
高等学校分类体系	2021-02-03	《教育部关于印发〈普通高等学校本科教育教学审核评估实施方案（2021—2025 年）〉的通知》	坚持分类指导、评估分类。本轮审核评估分为两大类。第一类针对具有世界一流办学目标、一流师资队伍和育人平台，培养一流拔尖创新人才，服务国家重大战略需求的普通本科高校。第二类具体分为三种：一是适用于已参加过上轮审核评估，重点以学术型人才培养为主要方向的普通本科高校；二是适用于已参加过上轮审核评估，重点以应用型人才培养为主要方向的普通本科高校；三是适用于已通过合格评估 5 年以上，首次参加审核评估、本科办学历史较短的地方应用型普通本科高校
	2021-03-13	《中华人民共和国国民经济和社会发展第十四个五年规划和 2035 年远景目标纲要》	推进高等教育分类管理和高等学校综合改革，构建更加多元的高等教育体系，高等教育毛入学率提高到 60%。分类建设一流大学和一流学科，支持发展高水平研究型大学。建设高质量本科教育，推进部分普通本科高校向应用型转变
	2022-04-20	《中华人民共和国职业教育法》	国家根据不同地区的经济发展水平和教育普及程度，在义务教育后的不同阶段实施职业教育与普通教育分类发展，优化教育结构，科学配置职业教育资源。高等职业学校教育是高等教育的重要部分，由专科、本科层次的职业高等学校和其他普通高等学校实施

我国重点大学建设经历了从开始的中央政府"计划指定，集中资源，倾斜资助"进行重点建设到"双一流"的"总量控制、开放竞争、动态调整、有进有出"的"择优重点建设"。重点建设大学以"群"聚集，具有较为鲜明的同质性类型特征：一方面，重点大学建设中的开放和竞争程度不断提升，以"双一流"建设为标志，国家政策开始从计划配置模式向开放竞争模式延伸；另一方面，致力于世界一流大学建设，一以贯之地体现"集中力量办大事"的中国经验，重点建设大学承载着高教强国和科技创新的社会使命，是提升国家竞争力的途径和重要标志之一。

二、省域政策中高校分类

随着国家高等教育管理体制改革、高等教育综合改革的深化，省级政府管理高等教育的统筹权和决策权、高校的办学自主权逐步扩大和落实，2011 年以来，我国各省份高校分类管理政策文件相继出台，进入政策实施层面。截至 2021 年，共有 15 个省份已在网上公布高校分类管理相关政策文件，其中有 12 个省份大致可以列入研究型-应用型分类框架分类。在研究型高校中，以国家战略重点建设高校为主体，以 2015 年 10 月为界，之前分类名称有国家"985 工程"高校、"211 工程"高校、高水平大学等；之后有研究型大学、研究为主型大学、综合研究型大学、入选国家"双一流建设高校"、世界一流大学、高水平大学等；在应用型高校中，有应用基础型、研究应用型、应用研究型、技能技艺型、技能技术型、职业技能型等分类名称。只有浙江省是在研究型-教学型分类框架下进行分类的。在这两种框架下，还有两种分类延展。一种是与学科分类结构形成分类矩阵，如上海市将研究型、研究应用型、应用技术型、技能型与综合性、多科性、特色性结合构成"4×3"宫格；浙江省将研究为主型、教学研究型、教学为主型与多科性、综合性结合形成交叉矩阵，将本科高校分为六种类型。另一种是在研究型-应用型的两极中，增加了全国百强省属高校、特色大学、重点建设省属本科院校、省属高水平大学、高水平理工科大学、特色高水平大学、骨干特色高校等分类类型和分类名称。

三、学术界和实然存在的高校分类

在探讨我国高校分类过程中，无论是学术界还是高校实然存在的分类，基本上是将高校分为三大类。在这三大类当中，基本上是将普通本科高校分为两类，第三类高校虽然分类名称有细微差别，但分类概念的内涵和外延都具体明确地指向了高等职业（专科）学校。从这个意义上说，目前我国高校分类最需要确定的是划分普通本科高校中不同类型的边界；最需要关注的是本科层次职业教育试点在我国普通本科高校分类体系中增加的新元素以及引起的新变化。综观我国目前普通本科高校分类的既成体系，概括起来大致可以分为两大分类框架：一是"研究型-教学型"的分类框架，二是"研究型-应用型"的分类框架。

在"研究型-教学型"的分类框架体系下，有两种最具代表性的分类体系：一是以武书连中国大学排行榜中所运用的分类法，按科研规模确定的分类标准将我国本科大学划分为研究型、研究教学型、教学研究型、教学型；二是部分学者在分类研究中提出的分类体系，如马陆亭[①]、何晋秋[②]、甘晖[③]、陈厚丰[④]等学者将

① 马陆亭. 高等学校的分层与管理. 广州：广东教育出版社，2004：140.
② 何晋秋，方惠坚，柏杰，等. 对我国高等院校设置合理布局的几点建议. 中国高等教育，2001（19）：15-16.
③ 甘晖，王建廷，金则新，等. 战略机遇期高等学校的定位及其分层次管理探析. 中国高等教育，2004（2）：6-10.
④ 陈厚丰. 中国高等学校分类与定位问题研究. 长沙：湖南大学出版社，2004：206-210.

高校分为研究型大学、教学科研型大学、教学型本科院校、高等专科学校或高等职业学校等。以上分类名称至今在我国高校官网首页的学校简介，及其办学定位、发展规划中被广泛使用。在"研究型-教学型"的分类结构框架下形成的高校分类，涉及分类高校的范围绝大多数限定在本科院校中，个别将教学型分为本科教学型学院、专科教学型学院。

"研究型-应用型"的分类框架体系的形成，与 2000 年以来我国高等教育毛入学率快速增长、高等教育快速走向大众化并向普及化迈进，以及国家高等教育相关政策的推动密切相关。研究型高校以国家战略重点建设高校为主体，加强了学术创新型和复合型人才培养的力度。随着新建本科院校设立和专业研究生教育的发展，应用型高校作为我国高等教育的一个重要组成部分得到国家和地方教育行政部门及高等学校自身越来越多的认同，与应用型相关的分类名称（如应用研究型、应用技术型等）也越来越多地被应用到地方高校分类中，基本形成了"研究型-应用型"的分类结构框架下普通本科高校的分类名称。

第三节　我国普通高校分类存在的问题及建设困境

科学、合理、可行的高校分类体系要在学术性分类与操作性分类、现实性分类与发展性分类之间构建明确的分类标准、分类维度、分类评价指标，全方位、立体化地呈现高校的类型特征；要在不同类型的高校之间建立基本价值共识，形成彼此开放、通融的多维空间，从而促进整个高等教育体系多元、协同、有序、良性运行，进而推动高等教育治理体系和治理能力的现代化。

一、我国普通高校分类存在的问题

我国高校分类体系更多地具有类型学上的分类意义，主要服务于政府的高等教育发展的宏观调控职能，因此呈现的是实现高等教育发展的高校分类管理政策。[①]从政策文本来分析，我国高等教育分类基本走出了分层即分类的历史之维，在层与类纵横交错的多维空间中构建高校分类体系的路径已初见端倪。但我国高校分类体系中的不同类型的分类名称不符其实，如研究类型高校-应用技术类型高校-高等职业学校、研究型-应用型-职业技能型、普通本科教育中的世界一流拔尖人才-学术型人才-应用型人才、研究型大学-应用型大学，等等。分类名称的不符其实在不同程度上也隐含不同高校类型的内涵和外延的不确定性，

① 雷家彬. 2016. 高等学校分类方法导论. 北京：中国社会科学出版社，70-71.

以及分类标准在高校分类体系中或太抽象或有缺失，其结果导致不同高校类型的内涵和外延或彼此交集，或彼此独立，无法涵盖整个高等教育体系。例如，高水平大学建设与应用型本科高校建设的分类，按照逻辑学分类的二分法，高校可分为高水平大学和非高水平大学，但从根本上看，无论我国高校如何分类，其分类的宗旨之一是在不同类型的高校之间形成特色鲜明的高水平大学；再如研究型大学、特色大学的分类，两者的外延存在明显交集，几乎没有清晰的区分度。任一类型的所有元素的共同属性不能为任何其他类型元素所共享，不同类型高校之间分类模糊、定位不清以及优势特色不强也就在所难免。

（一）研究型大学的内涵和外延界定模糊，分类名称与分类实体不符

我国高校分类中对于研究型高校的命名，究其本源，都沿用和借鉴了美国卡内基分类法中对研究型大学的命名，但在沿用和借鉴的过程中，对美国卡内基分类体系、分类逻辑缺乏整体系统的把握。

首先，研究型大学对应的不是教学型或应用型高等教育机构。美国卡内基分类法是按照高等教育机构授予学位类型和数量进行分类的，研究型大学对应的只是在美国卡内基分类中博士学位超过一定数量的高等教育机构根据科学研究规模不同而形成的一个等级分类，与教学研究型、教学型或应用型高等教育机构等并无直接的分类关联。

其次，研究型大学并不等同于博士学位授予机构。研究型大学是美国大学约定俗成的一个类别，沈红认为，"迄今为止，在世界各国的高等教育体系结构中，只有美国明确地划分出研究型大学这一类型""法国、德国、日本的高等教育虽然发达，但至今并未明确划分出研究型大学"。[1]美国研究型大学分类标准基本上沿用了美国协会最初组建的遴选标准，在科学研究和博士学位授予上都有严格的数量要求，且明显高于博士学位授予机构（大学）中的其他类型。以 2021 版卡内基分类为例，基本分类中的博士学位授予大学有非常高研究、高研究、学术/专业博士 3 个子类别，共计 469 所高等教育机构；其中非常高研究（R1）和高研究（R2）博士学位授予大学只有 280 所。[2]

一个事物的命名既要符合约定俗成，又要做到名副其实。借用约定俗成的分类名称却做不到与分类实体相符合，分类名称就犯了名不副实的错。我国对于研究型大学的外延缺乏清晰的界定，没有明确的界定标准，使得研究型高校成为一

---

① 沈红. 美国研究型大学形成与发展. 武汉：华中理工大学出版社，1999：1-2.

② 2021 Carnegie Classifications Update Facts & Figures Report. https://carnegieclassifications.acenet.edu/downloads/CCIHE2021-FactsFigures.pdf.（2021-02-18）[2023-02-11].

个只可意会而无法清晰言说的模糊概念。从客观上说，我国除却"双一流"高校建设中的世界一流大学建设高校 42 所之外的普通本科高校很难借用美国研究型大学的名称，尤其是省域地方本科高校；如果以研究型大学命名，其中的绝大多数高校与美国研究型大学水准无法相比，其内涵并不具有相同的意义。

（二）普通本科高校分类缺乏核心概念界定和分类标准，不同类型本科高校的内涵和外延混乱，分类体系不能涵盖所有

一方面，我国普通本科院校分类在核心概念的界定上，一是对最具有关键意义的核心概念没有能够作出明确界定，缺乏对我国高等教育核心概念的现实把握、理论体系建构和清晰描述；二是核心概念下的类概念外延的总和与种概念的外延不对等，类概念不是最近的类的概念，各类概念互相排斥。所以，分类名称杂而混乱，缺乏通过概念、判断、推理、论证而形成的严密分类逻辑，导致分类逻辑混乱。分类标准缺失也是我国高校分类所面临的一个亟待解决的现实问题。通过对 2011 年以来已在网上公布的 15 个省份高校分类管理相关政策文本进行统计，只有浙江和上海有明确的分类标准，大多省份高校分类缺少分类标准。如果高校分类没有分类标准，或分类标准不是根据同一标准，高校分类本身就意味着没有明确的外延。没有标准的高校分类政策制定，也就意味着失去所指的政策执行和政策实施。

另一方面，我国普通本科院校的分类与其实然存在之间或多或少地出现了错位、交叉、重复或缺失等问题，分类中不同类型高校所具有的某些共同特征的汇集之和无法对等于我国普通本科高校的总和。

在研究型-应用型分类框架中，根据上述对于研究型大学的概念分析，我国普通本科高校在研究型和应用型之间，有一类高校的类型特征是模糊的。对于应用型高校，其概念如果沿用我国政策文本的界定，一是指向应用型本科转型。主要是 2000 年以来新建本科院校，国家政策主要有两个：一个是 2015 年 10 月印发的《教育部 国家发展改革委 财政部关于引导部分地方普通本科高校向应用型转变的指导意见》；另一个是 2017 年 1 月 10 日国务院颁发的《国家教育事业发展"十三五"规划》，明确提出将推动具备条件的普通本科高校向应用型转变。与此同时，全国绝大多数省份出台了引导部分普通本科高校向应用型转变的文件。二是指向专业研究生教育。国家政策主要是 2017 年 1 月教育部、国务院学位委员会印发的《学位与研究生教育发展"十三五"规划》，在发展改革任务中提出：加快完善专业学位体系，满足各行各业对高层次应用型人才的需求，探索硕士专业学位研究生教育与应用型本科和高等职业教育相衔接的办法。至此，应用型人才培养体系有了从本

科层次向研究生层次延伸、与高等职业教育相衔接的趋势。专业学位研究生教育以具有职业背景的硕士专业学位研究生教育为主体，培养单位集中了我国全部具有硕士学位授予权的高校，并向上延伸至博士研究生培养单位，向下延伸至部分学士学位授予高校。是否能够将具有博士学位授予权的高校界定为研究型高校，将具有博士学位授予权之外的高校界定为应用型高校，其中的分类标准如何取舍，仅从研究型高校的内涵和外延来判断就是一个值得商榷的问题，一流大学建设高校之外的研究生学位授权高校分类模糊、定位不清。如何清晰描述这一高校群体的属性和特征，则成为在研究型-应用型分类框架下难以回避的问题。

在研究型-教学型为分类框架的分类体系中，首先，研究型大学与教学型大学的内涵和外延的界限并不分明，研究优先、教学与科研相结合是研究型大学的最本质特征。教师与学生、教与学所构成的知识代际传递都是大学最本质的存在，无论是哪一类高校都注重教学与科研的统一，虽侧重点各有不同导致不同类型的高等教育机构在办学功能和特色上的分化，但研究型大学不仅是以优秀的本科教学而成为培育拔尖学术人才的摇篮，教学与科研结合更是现代大学研究生教育的本质特征。伯顿·克拉克（Burton R. Clark）将美国的研究生教育概括为"研究生系型大学"，在这样的"系"中，高级教学和科研活动在操作上的结合是人才培养的基本方式，教授的科研活动成为一种教学的模式，而学生的科研活动成为一种学习的模式，一个整合科研、教学和高级学习的有力的程序以鲜明的形式显示出来。[①]研究型大学本身就是集教学和研究于一身、以教学为根本特征区别于社会上纯粹的研究机构而立足的存在。其次，以教学型为分类标准很难将教学型本科院校与高职高专院校作明确区分，两者都是通过产教融合培养适应行业产业发展需求的专业或职业人才，其根本区别是两个高校群体在行业产业链的不同端点上的人才需求在劳动力市场上的反映，由于行业企业在产业链不同端点上的技术含量和技能要求的差别导致两者对人才培养规格上的差别，其根本区分标准是办学层次，而非是否以教学为主导。

二、我国普通高校分类建设的现实困境

（一）重点大学群建设加剧了高等教育体系内的"声誉竞赛"和"资源竞赛"

在国家"双一流"建设背景下，重点大学建设开放和竞争程度的提升，进一

---

① 伯顿·克拉克. 探究的场所——现代大学的科研和研究生教育. 王承绪译. 杭州：浙江教育出版社，2001：183-184.

步推动有效市场和有为政府的结合，激发了高校不同类型办学主体的活力。但正是由于市场竞争在我国高等教育优质资源配置中得到了发挥，"双一流"建设的竞争主体变得更加复杂。在国家"双一流"建设的竞争政策框架下，相继形成了省级"双一流"建设的竞争政策框架。培育省级"双一流"高校具有冲击国家"双一流"的实力和竞争力，是省级"双一流"建设的主要动机之一；成为省级"双一流"高校又是各省份具有博士学位授予权高校共同竞争之标。

进一步说，"双一流"建设是政府总量控制与市场开放竞争共同作用的结果。政府的总量控制体现政府在优质高等教育资源配置中的主导作用，凸显了政府在国家优质高等教育资源配置中的主体地位。这一作用与市场开放竞争的有限结合，使得不同省域之间、不同类型高校之间对国家优质学术资源的竞争更加激烈，对办学层次和学术地位向上流动的诉求更加强盛，不同类型的高校竞相模仿重点建设大学的发展路径，在一定程度上形成高等教育系统发展定位的迷失。市场的开放竞争则间接提升了要素市场化配置在不同省域之间、不同类型高校之间优质学术资源竞争中的强势作用，无序竞争会加剧不同区域高等教育之间、不同类型高校之间优质资源的不平衡。建立更有活力、创造力和竞争力的高校分类体系，有助于在政府总量控制与市场开放竞争之间建立我国重点大学群建设的无形王国和有序流动。

（二）应用型高校人才培养体系的构建路径不清晰、不通融

从整体上看，应用型高校人才培养体系横跨高等教育人才培养体系与职业教育人才培养体系，其建构底部的办学主体多元并立、复杂共生；其建构过程的办学主体既独立并行又多元协同乃至互交、汇合和重组；其构建的顶端多元办学主体则在专业研究生教育之外走向聚集和融合，现代职业教育体系与普通高等教育体系的独立处、交汇处和通融处需要全方位重构一个制度性创新的应用型人才培养体系。

第一，应用型高校转型的办学主体不清晰。

从国家政策看，政策重心在于引导，但在不同程度上仍存在政策文本概念泛化的现象，无论是部分地方本科高校，还是具备条件的普通本科高校，都难以清晰地勾勒这一高校类型的具象。从办学实践看，应用型高校几乎一直处于转的过程之中，并在转中等待和期待，办学定位虽表述明了，但在办学实践行走的路上依旧摇摆不定。这一现状，一方面折射了应用型转型高校在政府层面的优质教育资源配置中的弱势地位以及渴求改变和提升的观望、希冀，另一方面也彰显了这一高校群体在敢试敢转的自主办学实践中对中国特色应用型高校发展之路的艰难

探索、改革和突围。

第二，职普通融不衔接、不顺畅、不立体。

2021 年发布的《中华人民共和国职业教育法（修订草案）》指出，"职业教育与普通教育是不同教育类型，具有同等重要地位……建立健全职业学校教育和职业培训并重，职业教育与普通教育相互融通……建立完善国家资历框架，使职业教育与普通教育的学习成果融通、互认"。但现实情况中，两类人才培养体系在国家教育体制机制的设计、不同类型高校的设置标准、办学资源的配置及自我寻位过程中仍存在诸多问题，各办学主体的独立处定位不清晰，其交汇点的设定及其交汇后的前行路径不确定。

应用型高校在我国普通本科院校中数量多、规模大、占比高，是我国高等教育普及化进程的主要承载者，是职普通融的主体。以学术型-应用型为基本框架的高校分类发展和分类管理，有助于在国家教育体制机制框架内，通过各级各类教育统筹和不同类型高校内部运行制度创新，实现我国高校应用型人才培养体系的科学构建及其良性运行。

第四节　高校分类是建设高质量高等教育体系的需要

建设高质量高等教育体系是我国高等教育进入普及化时代的必然选择、关键举措和重要目标。高等教育普及化意味着更多的适龄人口进入高等教育系统，我国不仅要建成世界上最大规模的高等教育体系，还要解决高等教育快速发展过程中所产生的不充分、不平衡等新问题和新矛盾，更要在新的起点上满足人民群众优质、特色、适应性等多样化的高等教育需求，为建设我国社会主义现代化强国提供更高水平的科学技术和人才智力支撑。有学者认为，高等教育高质量发展是一种通过对要素资源的重新组织和配置调动多元主体协同作用的发展机制。[①]

高质量高等教育体系既不是其某一方面、某一局部或某个环节的高质量，也不是各部分质量的简单相加，而是各个环节、各个部分、各个主体在观点、立场、价值、目标、资源、结构、组织、机制、运行等方面的最优匹配，即体系内部每个环节、每个部分、每个方面都应在其各自合理定位及其分工的基础上实现最大化发展和质量最优化，进而实现整个系统对内对外价值功能的最优化和最大

---

① 刘义兵，陈雪儿. 中西部高等教育高质量发展的内涵、体系与路径. 中国电化教育，2022（1）：36-41+49.

化。①高质量是在规模和数量的基础上对高等教育发展水平的规定性；建立高质量高等教育体系的基础是我国高等教育规模和数量的极大增长，提高普及化水平；其前提是高等教育实现自身的多样化、差异化和特色化；其归宿是形成内在质优和卓越的，与经济结构、产业升级和社会发展相匹配的，高度发达的高等教育分类发展体系和分类治理体系。

高等教育体系是一个国家或地区各种高等教育机构和制度的总和，关涉高等教育的类型与层次结构，不同类型和层次高等教育的占比，与社会发展的协调性、沟通机制和服务面向等问题。②

科学合理的高校分类是我国高质量高等教育体系建设的有机组成部分。

一是有助于建立更加多样、公平的高等教育体系。通过系统变革和综合改革，打破高校统一的纵向攀升模式、资源竞争模式和质量标准管理，优化高等教育资源配置和质量评价体制机制，为不同类型高校的特色发展提供内在动力和竞争活力，为不同类型学生的潜能发挥、个性发展和成长成才提供更加适宜的环境、更加均等的机会。

二是有助于建立更有自主创新动力的高等教育体系。在国家法律法规框架内和大政方针指导下，通过法治化和制度化的手段，进一步扩大和落实省级高等教育管理权和高校办学自主权，强化省级政府责任主体地位和高校办学主体地位，提高省级高等教育和高校自主创新发展的能力；建立更具适应性和灵活性的省级统筹高等教育分类发展格局，以高等教育生态系统的多样性，打破高等教育系统内部的条块分割和身份固化，在高等教育结构优化中使不同类型人才培养更能满足个体多样化的教育需求。

三是有助于建立更加柔性开放的高等教育体系。以学术型高校为主体，在"双一流"高校相对集中的区域建设世界一流大学集群，厚植世界科学创新高地和拔尖创新人才高地，推动同一类型高等教育机构间的良性竞争；以应用型高校为主体，建设省域高等教育集群，促进与省域经济社会的协同发展。提升高校分类治理现代化水平，推动分类建设、分类管理、分类评价的刚性管理走向柔性治理，尊重和彰显不同类型高校的办学特色、利益诉求与价值选择，形成动态开放、有利于院校自主发展的高校分类生态环境；建立各类高校间的耦合机制，在相互关联各要素间构建相互依赖、相互协调和相互促进的动态关联关系，推进不同类型高等教育机构间的有效合作，推进高质量高等教育体系的形成。

---

① 刘振天，李森，张铭凯，等. 笔谈：高等教育高质量发展的系统思考与分类推进. 大学教育科学，2021（6）：4-19.

② 王少媛. 面向2030：高等教育体系现代化的内涵特征与建设策略. 黑龙江高教研究，2017（11）：19-23.

　　基于此,本书将普通高校分类置于我国进入高等教育普及化的时代背景和我国"双一流"建设、应用型高校转型、职业本科教育发展的政策背景之中,研究将分类发展、分类管理、分类评价与分类动力系统变革相结合。

　　首先,按照"学术型-应用型"的分类维度,以人才培养为核心,遵循人才培养、科学研究、社会服务内部各要素协调统一的运行逻辑,在人才培养层次结构与人才培养类型结构纵横交错的多维空间中,探讨我国普通本科高校的类型特征,构建我国普通高校分类基本框架,探索与之相适应的高校分类管理和分类评价模式。以此为基础,本书重点做了三个部分的研究:一是将政策文本分析与政策文本所处的宏观历史脉络相结合,对我国省域高校分类管理政策进行系统分析;二是从历史和现实两个视角研究美国卡内基高等教育机构分类(以下简称"卡内基分类"),特别关注了研究型大学的核心标准与共性特征及其 2018 年分类中的高等教育新格局,以期对我国学术型大学及其普及化阶段高等教育体系建设有所启示;三是在系统梳理我国高层次应用型人才培养体系不同模块基础上,构建我国高层次应用型人才培养体系基本框架,提出我国高层次应用型人才培养体系构建制度突破的基本路径。

　　其次,以美国高校转学制度研究为契合点,以期管窥蠡测美国不同类型高校纵向贯通横向融通的高等教育体系内部运行机制。高校学生转学制度是美国高等教育质量保证的重要制度之一,是高等教育体系内部实现同类高校聚集和不同类型高校间流动的关键环节。美国各州、高校之间现有的各种转学政策和衔接协议创造了一个颇为复杂的高等教育环境,研究在对美国高校转学制度及州转学制度概况进行分析的基础上,根据转学完成度指标表现和转学制度及其运行模式的不同,选择了具有代表意义的三个州:纽约州、佛罗里达州和得克萨斯州,概括美国州高等教育系统层面转学政策和协议的三种不同管理模式,其中,纽约州是以纽约市立大学(CUNY)为代表实施的"系统化转学管理模式";佛罗里达州是在全州范围内推进的"集约式转学管理模式",旨在发展无缝衔接的 K-20 系统;得克萨斯州是在四年制机构和支线社区学院之间推行的"院校自主管理模式",不同的管理模式产生不同的转学完成度指标表现,其中,佛罗里达州和纽约州属于转学完成度指标表现较好的序列,得克萨斯州转学绩效表现则有些欠佳。高校学生转学的主体是两年制院校和四年制院校,研究选取了纽约市立大学系统国王郡社区学院(该学院被纽约时报命名为美国顶级社区学院之一)作为美国两年制院校转学政策案例分析的对象,并对加利福尼亚州 7 所高转学率社区学院进行了共性因素分析;选取密歇根州招生规模最大的公立大学密歇根州立大学(2019 年转学录取率为 53.29%),以及本科生占主导地位的美国第一所州立大学佐治亚大学

（2019 年转学录取率为 75.63%）作为四年制公立院校转学政策案例分析的对象。尽管全日制社区学院的招生人数增长速度快于四年制院校的招生人数，但社区学院学生转入精英院校的机会正在减少，研究选取了哈佛大学、耶鲁大学、哈姆林大学以及汉普郡学院进行美国四年制私立院校转学政策案例分析，其中前两所同时作为美国精英高等教育机构进行转学政策案例分析。

最后，尝试构建中国普通高校的转学制度。

第一章 学术型-应用型：我国普通本科高校分类体系构建

本章按照"学术型-应用型"的分类维度，以人才培养为核心，遵循人才培养、科学研究、社会服务内部各要素协调统一的运行逻辑，在人才培养层次结构与人才培养类型结构纵横交错的多维空间中，探讨我国普通本科高校的类型特征，构建我国普通高等学校分类基本框架，探索与之相适应的高等学校分类管理和分类评价模式。

第一节 我国普通本科高校分类基础

我国高校分类 1993 年进入国家政策文本以来，我国高等教育经过 1999 年高校扩大招生，开始走向高速增长的快车道，从 1993 年高等教育毛入学率 5.0%到 1999 年的 10.5%，用了 6 年的时间；从 1999 年高等教育毛入学率 10.5%到 2002 年的 15.0%，用了 3 年的时间；从 2002 年高等教育毛入学率 15.0%到 2019 年的 51.6%，用了 17 年的时间；2020 年我国高等教育毛入学率达到 54.4%，高等教育快速增长发展势头在持续。表 1-1 为 1993—2021 年我国高等教育发展的规模和人才培养层次结构变迁。

表 1-1 1993—2021 年我国高等教育发展的规模和结构变迁

年份	毛入学率/%	普通高校数/所			在校生规模/万人				
		总数	高职（专科）	本科院校	专科在校生数	本科在校生数	在校研究生数	在校硕士生数	在校博士生数
1993	5.0		1065			253.55	10.68	8.88	1.76
1999	10.5	1071	474	597	87.83	314.93	23.35	17.95	5.40
2012	15.0	2442	1297	1145	314.78	374.06	171.98	143.60	28.38

续表

年份	毛入学率/%	普通高校数/所			在校生规模/万人				
		总数	高职（专科）	本科院校	专科在校生数	本科在校生数	在校研究生数	在校硕士生数	在校博士生数
2019	51.6	2688	1423	1265	1280.71	1750.82	286.37	243.95	42.42
2021	57.8	2756	1486	1270	1590.10	1906.03	333.24	282.29	50.95

注：本科院校数含独立学院及本科层次职业学校。

资料来源：教育部官网1993—2021年全国教育事业发展统计公报及1993—2022年教育统计数据.

一、新建本科院校和高职高专院校崛地而起

我国高校自1999年开始扩招，2000年则是自1992年高等教育私服管理体制改革和布局结构调整工作以来改革力度最大、调整学校最多的一年，在进行了第三次国务院部门（单位）所属学校管理体制改革的同时，教育部批准设置了48所新高校，新设置的40所本科院校，除山东建材工业学院与济南联合大学合并组建济南大学外，其他均为专科学校升格为新建本科学院。

1999—2020年，我国普通高等教育中的本科院校和高职（专科）院校的数量一直处于逐年增长的态势，其中本科院校从597所增加到1270所，增加了673所（含本科层次职业学校32所）；高职（专科）院校从474所增加到1468所，增加了994所。而普通中等职业教育从1999年（中等专业学校、职业高中、技工学校）的21 542所减少到2020年（普通中专、职业高中、技工学校）的9896所，减少了11 646所（表1-2）。2021年中等职业教育（不含技工学校）共计7294所，同口径比2020年又减少179所。[①]普通高校的增量部分绝大多数是沿着普通中等职业教育→高职（专科）院校→本科院校逐级而上形成的。2020年，我国研究生培养普通高校共计594所（不包含培养研究生的科研机构233所）[②]，占普通本科院校的46.8%，仅实施本科生教育的高校共计676所，其中绝大多数集中于1999年以来673所新建本科院校之中。我国普通高校已实然地走向分层和分化。

表1-2 1999—2020年我国中等职业教育发展变迁 单位：所

年份	总数	普通中等专业学校（普通中专）	职业高中	技工学校	成人中等专业学校	其他中职机构（不计校数）
1999	21 542	3 962	8 317	4 098	5 165	
2009	14 427	3 789	5 652	3 103	1 883	2 390

① 2021年教育统计数据. http://www.moe.gov.cn/jyb_sjzl/moe_560/2021/.（2022-12-28）[2023-01-07].

② 2021年教育统计数据. http://www.moe.gov.cn/jyb_sjzl/moe_560/2021/.（2022-12-28）[2023-01-07].

年份	总数	普通中等专业学校 （普通中专）	职业 高中	技工 学校	成人中等 专业学校	其他中职机构 （不计校数）
2019	10 078	3 339	3 315	2 392	1 032	286
2020	9 906	3 266	3 216	2 433	991	348

注：中等职业教育包括普通中等专业学校、职业高中、技工学校和成人中等专业学校以及其他中职机构。

资料来源：教育部官网《1999 年全国教育事业发展统计公报》《2010 年教育统计数据：全国各级各类学校校数、教职工、专任教师情况》《2020 年教育统计数据：各级各类学校校数、教职工、专任教师情况》《2021 年教育统计数据：各级各类学校校数、教职工、专任教师情况》.

二、服务国家重大战略需求，"双一流"建设再筑学术型高校之峰

1995 年以来，国家实施"211 工程""985 工程"以及"双一流"建设等重大战略，相继建设了 112 所"211 工程"高校、39 所"985 工程"高校，2017 年共有 42 所大学进入世界一流大学建设名单、137 所高校进入世界一流学科建设高校名单，所有"211 工程"高校都在一流学科建设高校名单内，另新增了 25 所高校。2022 年第二轮"双一流"建设高校共 147 所。这 147 所国家战略重点建设高校均以培养一流人才、服务国家战略需求、争创世界一流为导向，以学科建设为龙头，致力于创新型、应用型、复合型优秀人才培养，强化关键核心领域战略科技人才、一流科技领军人才和创新团队培养和引进，积极探索世界一流大学建设的中国道路和中国模式，为全面建成社会主义现代化强国提供有力支撑。"双一流"建设是以学科为基础，以具备冲击世界一流的水平为基本条件，其遴选标准虽然按照"动态管理打破身份固化"原则不全覆盖、不终身制，但博士学位授权单位是其不能逾越的最低门槛。"双一流"高校是我国高校分类体系中 学术水平和学术声誉最卓越的群体。

有学者认为，我国高等教育体系中已经形成了明显的研究型大学群体，而这一群体主要是以我国双一流建设高校中的一流大学建设高校为标志：从招生结构上来看，数据显示，从 2017—2018 学年至今，一流大学建设高校校均本科生与研究生比例持续下降，2020—2021 学年，校均本科生与研究生比例已经接近 1:1。研究生层次的学生规模，尤其是博士生培养的规模，是衡量研究型大学的重要指标。[①]但是我国世界顶尖一流大学的数量不多，研究型大学群体的整体实力不强，仍需接续奋斗。在 2023 年《美国新闻与世界报道》（US News）发布的全球 2000 所大学排行榜中，榜单前 20 中（含 2 所并列），美国占 15 席，前 10 占了 8 席，展现了美国在高等教育领域的强大统治力；从榜单前 100 来看，美国共计有

---

① 焦以璇. 我国已形成明显的研究型大学群体. 中国教育报，2023-01-06（005）.

41 所大学入围百强榜，上榜大学数量居全球第一；中国大陆有 4 所大学入围前100，分别为清华大学（23）、北京大学（39）、上海交通大学（89）、浙江大学（93）。①进入世界顶级一流大学行列既是我国世界一流大学建设、实现高等教育强国的责任担当，也是增强我国综合国力和国家核心竞争力的迫切需要。

三、专业研究生教育推动了学术型和应用型高层次人才的分化

1991 年，我国第一个工商管理专业硕士开始正式招生；1992 年，国务院学位委员会第十一次会议同时通过了"关于按专业授予专业学位证书的建议"，学术型学位按学科门类授予，专业学位按专业类别授予，学位分类授予标志着我国专业学位研究生教育从招生、培养到学位授予闭环制度框架的形成。②硕士专业学位研究生年招生人数由 1997 年的 0.78 万人增加到 2008 年的 17.4 万人。自2009 年开始，增招的硕士研究生全部用于招收应届本科毕业生全日制攻读硕士专业学位，并逐年减少学术学位硕士研究生招生计划。2011 年，针对有关行业领域特殊需求的高层次专门人才，批准 64 所学士学位授予单位招收培养硕士专业学位研究生，其培养单位集中了我国全部的硕士学位授予高校，延伸到部分学士学位授予高校。到 2015 年，国务院学位委员会先后批准设立了 40 种硕士专业学位、6 种博士专业学位，涉及国民经济和社会发展的主干领域，我国授予硕士专业学位 31.27 万人，占全部硕士学位授予数的 49.3%，实现了应用型人才与学术型人才培养并重的局面。③截至 2019 年，我国博士专业学位有 13 种，硕士专业学位有 47 种；共有博士专业学位授权点 278 个，硕士专业学位授权点5996 个。

从表 1-1 看，1999—2019 年，在学博士生与在学研究生之比逐年下降，从1999 年的 23.13%分别下降到 2012 年的 16.50%、2019 年的 14.81%；2021 年略有上升，占比为 15.28%。在学研究生人数的增长主要集中于在学硕士生人数的增长，在学硕士生人数的增长主要得益于我国专业研究生的发展。当知识、技术等高级生产要素成为我国经济增长和保持竞争力的关键驱动力时，就需要一个层次升级的高等教育体系作强有力支撑，"中国特色专业学位研究生教育制度逐渐形成并不断完善，有力地适应了经济社会发展对高层次应用型专门人才的

① 2022-2023 Best Global Universities Rankings. https://www.usnews.com/education/best-global-universities/rankings. (2022-10-24)[2022-12-27].

② 洪煜，钟秉林，赵应生. 我国研究生教育制度的历史沿革、现存问题与改革方向. 中国高教研究，2012（7）：41-46.

③ 黄宝印，唐继卫，郝彤亮. 我国专业学位研究生教育的发展历程. 中国高等教育，2017（2）：18-24.

需要"①。

四、高等教育普及化重构了高校的内部活动和外部关系

我国高等教育毛入学率从 1993 年的 5%到 2021 年的 57.8%，高等教育实现了跨越性发展，发生格局性变化。2019 年，我国高等教育毛入学率达到 51.6%，正式进入普及化阶段，并且普及化水平持续提高。从 1993 年高等教育毛入学率 5.0%到 1999 年的 10.5%，用了 6 年的时间；从 1999 年高等教育毛入学率 10.5%到 2002 年的 15.0%，用了 3 年的时间；从 5.0%到 15.0%，从高等教育精英化阶段步入高等教育大众化阶段，用了 9 年时间。从 2002 年高等教育毛入学率 15.0%到 2019 年的 51.6%，从高等教育大众化阶段步入高等教育普及化阶段，用了 17 年的时间；2021 年我国高等教育毛入学率达到 57.8%，高等教育快速增长发展势头在持续。

亚瑟·科恩曾这样描述 1945—1975 年美国霸权时期的高等教育大众化："美国高等教育经历了来自内部和外部的冲击，仍然安然无恙。它是一个传奇，整个世界都对其艳羡不已。"科恩把美国高等教育分为了五个时期，殖民地时期（1636—1789 年）、建国时期（1790—1869 年）、大学转型时期（1870—1944 年）、大众化时期（1945—1975 年）、当代（1976—1998 年）。殖民地时期末期，美国只有近 1‰的人进入学院学习。②美国高等教育毛入学率 1869 年达到 1.82%，1919 年达到 6.58%，1945 年达到 14%，1974 年达到 53.06%。③与马丁·特罗以高等教育毛入学率为指标划分高等教育大众化阶段略有不同，科恩以 1944 年国会颁布的《退伍军人权利法案》作为美国高等教育步入大众化时期的起因，以《退伍军人权利法案》《总统特别委员会关于高等教育的报告》的颁布、国家自然科学基金委员会的建立等重大事件作为高等教育大众化进程的动因；把 1976 年作为这个时期的结束，却是因为美国高等教育本身发生了质的变化，步入了一个多元化的时代。这个划分与马丁·特罗本人对于高等教育大众化的把握也不违背："数字并不是一个非常重要的因素，并不一定具有实际的意义，5%、15%、50%并不是一个固定的区别标准，它们并不代表一个点……我是在说明由于高等教育规模在量上的增加，高等教育的全部活动都要发生变化。"④被亚

---

① 黄宝印，唐继卫，郝彤亮. 我国专业学位研究生教育的发展历程. 中国高等教育，2017（2）：18-24.
② 亚瑟·科恩. 美国高等教育通史. 李子江译. 北京：北京大学出版社，2010：157-186.
③ 张炜. 中美两国高等教育学生规模的比较与思考. 高等教育研究，2008（8）：104-109.
④ 转引自邬大光. 高等教育大众化理论的内涵与价值——与马丁·特罗教授的对话. 高等教育研究，2003（6）：6-9.

瑟·科恩喻为一个传奇的美国高等教育从精英化到大众化阶段历时20余年；从大众化进入普及化阶段历时近30年。

我国高等教育从大众化到普及化进程无疑彰显了发展背后的中国经验和世界奇迹。一方面，高等教育大众化乃至普及化从客观上重构了高校的内部活动和外部关系，高校内部从专业到课程等教育教学活动、质量标准、学术职业发展逻辑、科学研究乃至服务社会的方式方法都呈现出学术特征和专业职业特征共生并行的复杂性和多样性。另一方面，高校内部活动与外部关系的变化使得我国高等教育系统分化，复杂化、多样化、实用化、职业化的高等教育发展现实为高校分类发展提供了基本前提。

五、构建学术型-应用型并行的高校分类体系

高等教育机构多样化是高校分类的基本前提。但值得注意的是，我国高等教育大众化最初更多地关注量的增加，对于量的快速增加的预警意义却缺乏充分的准备，高等教育规模结构与产业结构、经济增长相脱节，在国家高等教育资源配置和发展评价模式左右下形成了盲目跟从国家重点战略建设高校的发展模式、同质化的发展路径依赖和整体层级向上流动的集体行为。一般来说，多样化的环境能够增强体系的多样性，同质和单一的环境则弱化多样性。由此可得出以下两个命题：第一，高等教育组织环境条件单一性程度越高，高等教育体系多样化程度越低；第二，高等教育组织中的学术准则和价值观影响越大，高等教育体系多样化程度越低。①我国高等教育规模的扩张并没有使高等教育多样化实现真正意义的增强，只是成为精英教育阶段的"扩充版"。

截至2021年，我国普通高校中的147所国家战略重点建设高校，2000年以前除却国家战略重点建设高校之外的460所本科院校、2000年以后673所新增本科院校，1486所高职（专科）院校，分别以不同的发展路径并行于我国高等教育系统之中。②普及化时代我国高等教育发展新格局需要建立与之相适应的高等学校分类体系，构建学术型-应用型高等学校分类体系，形成学术型高校和应用型高校分类发展、协同创新的高等教育新格局，有助于优化我国高等教育的结构和布局，促进普及化时代我国高等教育系统的良性运行和高质量发展。

---

① 乌尔里希·泰希勒. 迈向教育高度发达的社会——国际比较视野下的高等教育体系. 肖念，王绽蕊译. 北京：科学出版社，2014：24-26.

② 本数据是根据《1999年—2021年全国教育事业发展统计公报》（http://www.moe.gov.cn/jyb_sjzl/sjzl_fztjgb）计算得出。

第二节 学术型-应用型：我国普通本科高校分类依据

一、逻辑学依据

按照逻辑学的概念，分类就是划分某一概念的外延。正确分类必须坚持以下四个要求："类概念的外延之总和恰等于种概念的外延""类概念是最近的类的概念""每次分类根据同一标准""各类概念互相排斥"。[①]从逻辑学上分析，高校分类逻辑的关键点有三个：一是分类名称在概念界定上要符合逻辑，二是不同类型要有分类的标准，三是要按同一个标准进行分类。

首先是分类名称在概念界定上符合逻辑的问题。逻辑学分类要求是，在对基本问题的回答中，只有找到并抓住有关概念中最具关键意义的一个做出充分说明，而后延伸到相关概念和概念联系，才能将问题回答清楚，则这个关键概念可以被视为基本问题回答的起点，这个起点也就自然而然地成为理论体系构建的起点，使逻辑链条的前端明确到一个具体起点意的概念上。[②]在逻辑学上，"由于一个类就是具有某些共同特征事物的一个汇集，所以给定的属的所有元素都具有某些共同特征"[③]。分类的过程就是根据我国高等教育的实际和现状对同一类型高校中发展元素所具有的共同特征进行清晰概括的过程，不同类型高校外延的总和要涵盖所有普通本科院校。

按照逻辑学理论，分类就是分割某一概念的外延。明确高校不同类型外延的过程就是确立不同类型高校分类标准的过程。分类名称没有明确的外延或没有明确的标准，不可避免地造成分类体系的逻辑混乱，使其分类标准及其分类结果成为一个简单汇总或拼凑的组合，进一步说，也就没有进行逻辑学意义上的分类。

二、分类学范式

虽然高校分类研究的目的、方法、内容呈现多元化，但分类的范式基本上有两种：一是分类学，即基于可观测和可测量的经验性特征来区分项目，分类学范式的适用范围尽管更广，但往往只限于静态地揭示某一时间截面上现实高等教育

---

① 齐大衍. 逻辑学教程. 上海：中华书局，1951：58.

② 周越，徐继红. 逻辑起点的概念定义及相关观点诠释. 内蒙古师范大学学报（哲学社会科学版），2006（5）：16-20.

③ 欧文·M. 柯匹，卡尔·科恩. 逻辑学导论. 张建军，潘天群，顿新国，等译. 北京：中国人民大学出版社，2014：119.

的某些特定维度的发展状况；二是类型学，即在概念意义上从多种维度划分一组既定的项目，类型学在高校分类中的运用往往侧重于阐释不同类型高校之间的关系，将高等教育作为一个系统或整体来还原高校分类问题。有学者认为，高等教育分类的目的之一就是根据概念性的称谓、实证验证和对正式结构的有效测量对院校进行描述和排名。[①]

分类学范式下的分类方法，需要有明确的分类理由，有特定的分类组织和单元选择组织的特征或分类维度，然后基于数据分析将组织划入不同的类别，美国卡内基分类法应是这一范式的具体运用。美国卡内基分类，1971 年问世以来，按照高等教育机构授予学位类型和数量进行分类是其一贯的分类依据。其基本分类的结构框架始终为博士学位授予机构、硕士学位授予机构、学士学位授予机构、副学士学位授予机构、专门领域机构和部落学院等类型，每类高校的界定都有具体的标准。

尽管类型学范式下的分类结果相对抽象，却可以动态地展现不同时间高等教育多维度的发展情况，特别胜任在经济社会生活大框架下探讨高等教育体系结构。联合国教科文组织国际教育标准分类（ISCED）中的高等教育分类是这种范式的典型应用，它以高等教育的概念作为"有关概念中最具有关键意义的一个"和"分类体系构建的起点"，然后确定基本分类单位为国家（或地区）的教育课程和相关的公认教育资格证书。《国际教育标准分类法》（2011 版）（简称 ISCED-2011）对"高等教育"进行了重新定义：高等教育是建立在中等教育之上，在专业化的教育学科领域提供学习活动。高等教育是高度复杂和高度专业化的学习，不仅包括通常所说的学术教育，还包括高级职业或专业教育。在这一定义框架下，高等教育被分为不可直接获得高级研究资格和可获得高级研究资格两个阶段，包括 5 级（短线高等）、6 级（学士或等同）、7 级（硕士或等同）、8 级（博士或等同）4 个级别。在高等教育级的课程定向中，6 级、7 级、8 级分别使用了"学术"和"专业"两个定向类别，各自代替 ISCED-1997 中的"普通"和"职业"。[②]ISCED-2011 首先抓住"高等教育"这个关键概念做出充分说明，将其作为整个分类理论体系构建的起点，然后将这个分类的逻辑延伸至"教育课程"的定向中，两者同时将"学术"和"专业"作为两个类别共存于高等教育级中，使

① Lang D W. Similarities and differences: Measuring diversity and selecting peers in higher education. Higher Education，2000，39（1）：102.

② United Nations Educational，Scientific and Cultural Organization. International Standard Classification of Education ISCED 2011. http://uis.unesco.org/sites/default/files/documents/international-standard-classification-of-education-isced-2011-en.pdf. [2019-05-26].

整个高等教育级的分类清晰，分类体系符合逻辑。也就是说，第一，"学术"和"专业"两个类别的高等教育机构实然存在于世界各国的高等教育系统之中；第二，通过两种不同的教育课程定向形成两种不同的连贯或有顺序的教育活动，通过两种不同的人才培养模式达到不同的教育目标；第三，专业高等教育与劳动力市场发展紧密联系。

三、职业带理论

1981 年，联合国教科文组织（UNESCO）出版了一套有关工程教育研究的丛书，共九部，其中第七部为弗伦奇（H. W. French）所著的《工程技术员命名和分类的若干问题》，本书提出了"职业带"的概念，将工程领域的技术职业范围表示为一个连续带（图 1-1）。[①]职业带是一个既连续又分区域的职业分布理论模型，工程领域中各种类型的人才分布在职业带的不同区域和位置，从左往右依次是技工和技术工人区域、技术员区域（技术员或技术师）、工程师区域，三类人才在不同职业区域中显示各自的理论知识与操作技能两个方面的能力结构要求。[②]

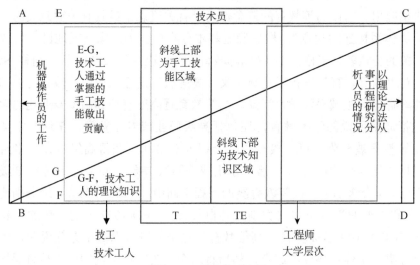

图 1-1 职业带示意图

随着经济水平提高、产业结构升级、科学技术进步，工程领域中的三类人才分布区域虽然还是一个连续的职业带，但不同类型人才所需的技能和理论知识的

---

① French H W. Engineering Technicians Some Problems of Nomenclature and Classification. Paris：The United Nations Educational，Scientific and Cultural Organization，1981：16.

② 黄波，于淼，黄贤树. 职业带理论与现代职业教育体系建设. 职业技术教育，2015（1）：23-27.

比例会相应地发生变化，其对应的教育层次会相应地提升，如在工程师区域的人才培养中出现了研究生教育层次，尤其加大了专业学位研究生教育力度；技术员区域的人才培养主要由本科教育承担，在技工和技术工人区域人才培养中，则出现本专科层次职业教育。

四、国际经验

从世界高等教育发展来看，德国柏林大学成立以来，科学进入大学完成了教学与科研结合；美国霍普金斯大学成立，研究生教育成为高等教育的有机组成部分，两者的共同作用促进了以科研和研究生教育为本质特征的学术型大学的崛起，形成了科研-教学-学习的人才培养机制。但在从精英高等教育到大众化高等教育乃至普及化高等教育发展历程中，应用型高等教育作为一种新型高等教育机构在各国经济社会发展和产业升级密切联系中应运而生，具有与学术型高等教育机构并行的基础和资质。它们不以科研和研究生教育作为主要任务，而是致力于与经济社会发展、产业结构转型和技术升级相结合的专业训练。欧洲则是通过双轨制建立不同类型的机构来实现高等教育多样化。如德国，高等教育的主体一类是有博士学位授予权的学术性高校，包括综合性大学及与其同等级的高校；另一类是偏重实际应用研究的非学术性高校，通常被称为应用科学大学，这类高校最初形成于 20 世纪六七十年代，从最初的无博士学位授予权到某些应用科学大学具备学术性特征的个别专业可以通过特殊方式得到独立的博士学位授予权。与德国类似的还有成立于 20 世纪 90 年代的芬兰应用科学大学，以及成立于 20 世纪 70 年代的荷兰等国家的应用科学大学等。综观世界各国高等教育，学术型和应用型高等教育作为两种发展内涵和发展特征具有显著差异的高等教育类型，并存、并行于各国高等教育系统中。

从我国高等教育的实然发展分析，我国适合借鉴欧洲高等教育多样化的分类模式，建立学术型和应用型两种不同的高等教育机构，创建多样化的高等教育发展环境，养育多样化的高等教育体系，形成不同类型高校不同的资源竞争方式和不同的学术准则，建立高等教育多样化的质量观。

五、学界探讨

早在 2003 年，潘懋元就在《大众化阶段的精英教育》一文中提出：中国现时并无高等教育或高校的分类标准，可参考卡内基分类和联合国教科文的国际教育标准分类，将中国高校分为三大类：少量的综合性研究型大学，大量的专业性应用型的大学或学院，更大量的职业性技能型的高职院校。[①]自 2005 年起，潘懋元开始关注并着手进行作为精英教育的学术性研究型大学和作为大众化教育主力的实用性职业技术型的高职高专的高等教育机构的研究。[②]2009 年以来，他通过多篇学术论文反复、明确地提出我国高校可分为三种基本类型：学术型大学、应用型本科高校、职业技术高校或多科性（或单科性）的院校。[③][④][⑤]

第三节 学术型-应用型：我国普通本科高校分类体系框架

一、分类路径设计

首先，运用逻辑学理论和类型学范式确定分类的核心概念和分类名称。运用逻辑学理论，从有关概念中最具有关键意义的一个概念构建普通本科院校高校分类体系的核心概念，借鉴 ISCED-2011 对"高等教育"的定义：高等教育是建立在中等教育之上，高度复杂和高度专业化的学习，不仅包括通常所说的学术教育，还包括高级职业或专业教育，并将这一概念确定为分类的核心概念。在这一核心概念的定义框架下，运用类型学范式确定普通本科高校分类名称，将我国高校分为学术型和应用型两大类别。其中，学术型高校是以学科建设和学术研究生教育以及本科教育为主的高校；应用型高校是以专业建设、专业研究生教育和本科教育为主的高校。然后，根据两类本科院校在我国高等教育体系中形成的两个发展序列，将学术型高校和应用型高校进行二次类型细分。

其次，按照同一标准进行高校分类，明确不同类型高校的边界，在分类范围上涵盖我国所有普通高校。借鉴美国卡内基分类法，将高等教育机构授予学位类型和高校能级作为分类标准，将是否具有学术博士学位授予权作为学术型-应用型高校分类的遴选标准，将学术博士学位授权高校界定为学术型高校，其他为应用型高校。在学术序列中，以学术创新和创新人才培养为标志性特征，根据博士研究生培养和研究规模的能级不同，形成学术Ⅰ型和学术Ⅱ型序列，其中，学术Ⅰ型为列入"双一流"建设名单的高校，学术Ⅱ型是以学术研究生教育为主体的其他学术博士学位授权的高校。在应用序列中，以"专业"和"职业"为主线，以与经济社会发展的匹配度和贡献度为标志性特征。应用型人才在产业价值链上

① 潘懋元. 大众化阶段的精英教育. 高等教育研究, 2003（6）: 1-5.
② 潘懋元, 吴玫. 高等学校分类与定位问题. 黄河科技大学学报, 2005（1）: 1-5.
③ 潘懋元, 董立平. 关于高等学校分类、定位、特色发展的探讨. 教育研究, 2009（2）: 33-38.
④ 潘懋元, 王琪. 从高等教育分类看我国特色型大学发展. 中国高等教育, 2010（5）: 17-19.
⑤ 潘懋元. 合理分类 正确定位 科学发展 办出特色. 西安欧亚学院学报, 2012（3）: 1-3.

的端点不同使得所形成的人才需求的知识与技能、规格、类型、层次不同，形成应用研究型–应用技术型–应用技能型序列，其中，应用研究型是以专业研究生教育为主体的硕士学位授权高校，应用技术型为其他本科高校，应用技能型为本科层次职业学校。

学术型和应用研究型是以研究生教育为主体的高校，其根本特征区分在于研究生人才培养的类型不同。学术型是以学术研究生教育为主的高校，应用研究型是以专业研究生教育为主的高校，以及由此带来的教学、科研和社会服务的发展模式的不同。

二、学术型–应用型高校发展定位

高校分类旨在引导不同类型高校科学地定位，根据发展定位确定发展战略和发展目标，立足当前、面向未来进行分类建设，提高自主办学、自我发展、自我约束的办学能力，办出特色、办出一流，提升竞争力，从而进一步优化高等教育发展规模、类型、层次结构和空间布局，加快构建多样化、普及化、现代化的高等教育体系。

（一）学术型高校

学术型高校以学科建设为龙头，注重培养教学与科研相结合的创新型和复合型人才，并支持高新科技前沿发展；面向国家和区域重大战略需求，面向经济社会主战场，面向世界科技发展前沿，以推动国家产业转型升级与服务地方重大创新为主；开展理论研究与创新，建设一流学科、培养一流人才，科研–教学–学习融合度高，高新科技产出高。学术型高校有足够的资源支撑学术型博士研究生、硕士研究生和本科生的培养；学位授予层次覆盖学士、硕士和博士，且研究生培养占较大比重。其中，学术Ⅰ型高校为国家"双一流"建设培养所需的高层次人才和创新团队，是国家战略科技力量的主力军，集中服务国家重大战略需求，着力培养拔尖创新人才；学术Ⅱ型高校为省域"双一流"建设培养所需的高层次人才和创新团队，集中服务省域重大战略需求，着力培养复合创新人才。

高质量的学术博士研究生教育，是我国基础研究和高层次创新人才培养的主体，是国家创新驱动发展战略中的主力军和生力军。从知识生产模式 1 到知识生产模式 2 乃至知识生产模式 3 的转变过程中[①]，大学与产业的边界越来越模糊，

---

① 迈克尔·吉本斯，卡米耶·利摩日，黑尔佳·诺沃茨曼，等. 知识生产的新模式：当代社会科学与研究的动力学. 陈洪捷，沈文钦，等译. 北京：北京大学出版社，2011：1-147.

结合越来越紧密，但由于基础研究非功利、非商业性的本性，尽管实业界发展基础研究条件比许多大学实验室要好，但并不比大学从事基础研究更具优势。基础研究时间的难以掌控、目标的难以预测与公司项目研究的时间限制、财富最大化的终极目标追求之间存在着难以调和的矛盾，当研究目标与公司的总体战略需要协调时，当基础研究的时间和经费超过预期时，实业界的研究越来越屈从于战略和财政方面的考虑，研究的基础性会逐渐变窄。因此，一个国家的创新之源头在很大程度上在于学术型高校的科学研究及其人才的培养质量。早在 1944 年，《科学：没有止境的前沿》的报告中就明确写道："一个在新基础科学知识上依赖其他国家的国家，它的工业进步将是缓慢的，它在世界贸易中的竞争地位将是虚弱的，不管它的机械技艺多么高明。"①以基础研究为重要特征的学术型大学是既能研究新的科学知识又能培养训练有素的科学研究后备人才的场所，从高等教育服务于国家战略来说，我国一定要有世界一流的顶级学术型大学。

（二）应用型高校

应用型高校以省属或行业高校为主体，主动适应并满足我国产业转型升级对应用型人才不断增强并逐渐细化的需求。

应用研究型高校主要培养掌握某一专业（或职业）领域坚实的基础理论和宽广的专业知识、具有较强的解决实际问题的能力，能够承担专业技术或管理工作、具有良好的职业素养的高层次应用型专门人才。应用研究型高校以产教融合培养为鲜明特征，将学术性与职业性紧密结合，以优势学科带动卓越专业建设，重视实践教学、校企合作和应用研究，服务于省域经济和产业转型，科技成果转移转化能力强。学位授予层次主要包含学士、硕士（包括专业硕士）和少量专业博士，学士学位授予人数占学士、硕士、博士学位授予人数的比例较大，专业学位研究生数占研究生在校生数比例大。

应用技术型高校中，学位授予层次主体为学士。应用技术型高校可授予专业硕士学位。应用技术型高校主要培养面向生产、建设、管理、服务一线的工程师和管理者，主要服务区域技术技能创新，融入区域产业发展，与行业和区域经济发展与产业升级产生联动，对接行业和企业对人才的需要；通过卓越实践教学、校企合作等方式进行人才培养。

应用技能型是学士学位层次职业学校，学位授予层次是学士（职业类），主要面向区域技术技能创新，培养能够应对工作场所中复杂职业情境和技术技能难

---

① V. 布什，等. 科学：没有止境的前沿. 范岱年，解道华，等译. 北京：商务印书馆，2004：64.

题的高层次生产、制造、技术、管理、服务等高端技能人才和技术技能人才。

（三）应用型人才培养体系

应用研究型高校、应用技术型高校、应用技能型高校都是以应用型人才培养为根本、体现产教融合鲜明特征的高校，共同构成我国普通本科院校应用型人才培养体系。其中，应用技术型与应用技能型两类高校并行于两个不同的高等教育类型中，无层次高低之分，但有类型差异，应用技术型高校类属于普通教育，应用技能型类高校属于职业教育。三个类型具有差异性，主要体现在人才培养目标所处职业带的区域不同及其所需的学科知识和职业技能的比例不同。

应用研究型高校主要针对社会特定职业领域需要，培养具有较强专业能力和职业素养、能够创造性地从事实际工作的高层次应用型专门人才，毕业生就业岗位主要在知识密集、需要较高专业技术或实践创新能力、具有鲜明职业特色、社会需求较大的领域，体现了职业性与学术性的高度统一。

应用技术型高校是普通教育类型，其专业人才培养体现学术性与职业性的统一，专业设置要以学科为依托，专业处在学科体系与社会职业需求的交叉点上，体现学科分类与职业分类的内在一致性。

应用技能型是职业教育类型，其专业人才培养体现鲜明的职业性特征，专业设置要与产业需求对接，以产业、行业分类为主要依据，兼顾学科分类进行专业划分和调整，原则上专业大类对应产业，专业类对应行业，专业对应职业岗位群或技术领域，课程内容对接职业标准，教学过程对接生产过程，毕业证书对接职业资格证书。

学士学位层次高等职业教育与专科层次高等职业教育同在职业教育类型中，其根本区别在于人才培养层次的不同，以及由此带来的工作场所中职业情境的复杂程度和技术技能问题的难易程度不同。

第四节　实施两级分类管理：高校分类设计的政策维度

一、突出分类的宏观高等教育管理属性

阿特巴赫（P. G. Altbach）认为，分类不同于排名，其目的是按照职能和角色对学术机构进行归类，以便于人们更好地理解它们之间存在的区别。庞大、复杂、多元化的学术体系需要按照机构特征和角色来进行度量。真正科学的分类体系将有助于学生选择最合适的高校，为高校发展规划提供指导。最关键的是，它

将在分析复杂的学术系统、描述各种各样的高校时，为人们引入科学理性的分析框架。①在他看来，高校分类主要是将庞大复杂、多元化的学术系统进行归类，使同类高校具有一定的同质性，以便于进行度量和科学、理性的分析，有利于学生择校和学校规划。

在我国，高等教育的主体是公立高校，各级政府对高校具有行政职权，高校分类除以上所述作用之外，还有一个重要的功能和目的，就是更加突出高等教育分类管理，高校分类是政府为了增加高校资源配置效率和建立合理秩序而使用的管理手段②，通过对不同类型高校进行协调、规划、引导、控制和服务等一系列过程，确保高校分类发展服务于国家利益、经济发展，并使人民满意。

二、建立中央和省级政府两级高等教育分类管理政策框架及分类标准

我国高等教育行政管理实行中央和省级政府两级管理，以省级政府管理为主，其行政管理属性决定了我国高等教育分类管理也要在两级管理的框架下进行并组织实施。

第一，实施两级分类管理的前提是更清晰地划分中央和地方两级教育行政管理部门的领导和管理责任，进一步优化高等教育两级行政管理的运行方式。"中央政府业务部门要担任领导的责任，将国家的长远利益和根本利益渗透到高等教育的政策中，国家必须掌握高等教育立法和拨款两个手段，保留必要的行政手段，搞好全国高等教育规划并控制高等教育的总规模和结构；地方政府要担负大学管理的责任，掌握大学的资格审查、办学条件及办学质量评估等的权限，监督区域内大学按照国家的总体要求健康发展。"③

第二，建立国家和省市自治区的高校两级分类标准。分类标准不仅是正确分类的前提，还是判断公共政策水平的重要标准。分类标准量化的过程就是对同一类型高校共同特征进行提炼和归纳的过程；分类标准形成的过程就是同一类型高校共同特征进行汇集的过程。重视中央和省级政府两级分类标准的建立，按照统一标准进行高校分类，明确不同类型高校的边界，是我国高校分类需要解决的关键问题，也是我国高等教育发展的必由之路和当务之需。

---

① 邱德雄. 我国普通高校定位的理性选择. 成都：巴蜀书社，2009：35.

② 孙伦轩，陈·巴特尔. 高等学校的分化、分类与分层：概念辨析与边界厘定. 国家教育行政学院学报，2016（10）：22-27.

③ 张茂聪. 大学内部管理制度改革与创新研究——基于国际比较的视野. 济南：山东人民出版社，2018：45.

（一）国家高等教育分类管理职责

在国家高等教育行政管理层面，一是制定以学术型-应用型为基本框架的高校分类体系，根据不同类型高校发展特征及其核心支撑要素，科学地构建我国学术型-应用型高校分类设置的基本标准；二是以"双一流"建设为引领，建立能够与世界一流大学、一流学科对标的学术型大学评价体系，为国家创新战略实施和创新人才培养提供人才支撑和制度保障；三是制定省级高校分类的指导性意见，为各省属地方高校分类管理提供基本政策支撑。由此，逐步形成学术型、应用型并行，不同类型高校之间各安其位、相互协调，同一类型高校之间有序竞争、争创一流的高等教育发展格局，优化高等教育多样化发展环境。

（二）省级高等教育分类管理职责

在省级高等教育行政管理层面，我国各省份在经济社会发展状况和高等教育发展状况上千差万别，要针对各省份高等教育发展现状、发展水平和发展目标，以及经济社会发展和现代产业体系的特征进行管理：一是在国家学术型-应用型高校分类基本框架的指导下，建立与本省份高等教育和经济社会发展实际相匹配的高校分类体系；二是建立具有省域特色、符合省域高等教育发展实际的高校分类设置标准，主动对接经济社会发展需求；三是构建分类评价指标体系，引导高校分类发展，对不同类型的高校实施分类评价，完善竞争开放、动态调节机制，强化绩效激励，深化综合改革，推进高校科学定位，注重高校的内涵式发展、特色发展；四是逐步建立健全省属地方高校分类管理制度体系，在招生考试、学科专业、人才培养、产学研协同创新、社会服务、师资评聘、绩效拨款等方面进行配套改革；五是建立资源配置分类评价制度，充分发挥政府在政策指导和资源优化配置中的作用，实现不同类型高校获得不同的政策支持、资源配置和评价考核。

三、尊重高校办学自主权

从根本上说，高校分类管理不是管理主体单方的意志和行为，高校分类管理政策方案制订和实施的过程是分类管理主体与分类管理对象之间平等、协商、信任、对话的过程。在划分高校类型，制订分类标准、分类评价指标体系的过程中，要将主导推动与协调组织相结合，充分分析和研究高校发展的现实基础、特色优势、威胁和挑战；充分征求不同类型高校面对不同分类标准和分类评价指标的意见，尊重不同高校发展的规律和内在发展逻辑。另外，在政策出台后，中央和地方政府要在政策规定的分类框架内，尊重高校根据发展的现实基础和未来发展的战略自主选择办学类型；在一定发展时期之后，根据高校发展能级变化，允许高校重新选择办学类型。这是管理主体尊重高校办学自主权的体现，也是高校各安其位，特色发展，激发高校内生办学活力的动力源泉。

四、建立类型相对稳定的动态调节机制

某一类型中的高校，其能级结构从量变发生质变时，就会显现另外一个类型高校的同质特征。也就是说，高校分类体系可以在一个较长的时期内处于相对稳定状态，但并不是恒久不变的，因此，中央和地方政府有必要在一个固定的时期内对其进行动态调整，打破学校分类一旦被确定就出现发展的"天花板"的静态固化现象。

我国普通本科高校分类体系构建，其前提是高校评价维度和测量尺度的多样化；其核心是根据不同类型高校发展特征、发展核心要素，科学构建分类评价指标体系；其目标是科学谋划高等教育发展新格局，优化高等教育发展规模和结构，加快构建与高质量、多样化、普及化、现代化高等教育发展相适应、与新时代现代化高教强国建设相匹配的、既充满活力又有序竞争的普通本科教育发展体系和管理体系。

第二章　我国省域高校分类管理政策文本分析

　　与高校分类研究相比，我国高校分类管理研究相对薄弱，从中国知网检索结果看，仅有赵庆年和祁晓对高校分类管理的内涵与具体内容研究[①]，宋尚桂主持的"山东省高等学校分类管理政策研究"笔谈[②]，杨希文对分类管理的理性思考[③]，梁金霞对分类管理办法的思考[④]，杜瑛基于绩效的高校分类管理[⑤]，张珏对分类评价管理的研究[⑥]，以及习勇生[⑦]、平和光等[⑧]的研究综述等。

　　政策文本分析是理解省域高校分类管理政策的基本手段。研究以 2011 年以来已在网上公布的 16 个省份高校分类管理相关政策文本（具体见表 2-1）为研究对象，从政策主体（政策制定者）、政策客体（政策对象）、政策目标、政策措施、政策环境等 5 个要素建立省域高校分类管理政策文本的分析框架，将对政策文本的微观分析与政策文本所处的宏观历史脉络相结合、国家高等教育政策与文本演变的内在逻辑相结合，探寻我国高等教育分类管理政策的制定背景、演变逻辑、实施路径和基本特征，分析政策存在的问题，提出了改进策略。

---

① 赵庆年，祁晓. 高等学校分类管理：内涵与具体内容. 教育研究，2013（8）：48-56.
② 宋尚桂，等."山东省高等学校分类管理政策研究"笔谈. 济南大学学报（社会科学版），2013（1）：20-35.
③ 杨希文. 实施分类管理推动高等教育质量全面提高. 中国高等教育，2013（5）：20-22.
④ 梁金霞. 探索分类指导分类管理办法 落实高校办学自主权——国家教育体制改革试点调研报告. 中国高教研究，2014（10）：37-43.
⑤ 杜瑛. 基于绩效的高校分类管理机制探析. 国家教育行政学院学报，2017（12）：37-43.
⑥ 张珏. 创新分类评价管理体系 促进高等学校差异化发展. 中国高等教育，2018（1）：22-23.
⑦ 习勇生. 我国高校分类管理研究十年（2000—2009）. 高校教育管理，2011（1）：86-91.
⑧ 平和光，杜亚丽，刘新财. 我国高校分类管理研究述评. 现代教育科学，2016（11）：1-5.

表2-1　16个省份高校分类管理政策颁布情况统计分析（以发布时间为序）

地区	颁布机构	颁布时间	文件名称	分类名称
山东	山东省教育厅、山东省发展和改革委员会、山东省经济和信息化委员会、山东省财政厅、山东省人力资源和社会保障厅	2011-02-23	《山东省高等教育内涵提升计划（2011—2015年)》	应用基础型人才培养的特色名校、应用型人才培养的特色名校、技能型人才培养的特色高职高专院校
	山东省教育厅、山东省财政厅	2011-12-07	《关于山东省高等教育名校建设工程实施意见》	
	山东省人民政府办公厅	2019-10-25	《山东省本科高校分类考核实施方案（试行)》	Ⅰ类（博士学位授予权高校）、Ⅱ类（硕士学位授予权高校）、Ⅲ类（其他公办本科高校)
黑龙江	黑龙江省人民政府	2011-06-17	《关于加强全省高等学校分类管理和分类指导的意见》	实施"1161"工程，支持"985工程"院校建设，使其成为世界一流大学；"211工程"院校建设，使其达到国内同类院校一流水平；重点建设10所省属本科院校、6所特色应用型本科院校，10所示范性高等职业院校
陕西	陕西省教育厅	2012-12-14	《陕西省普通高等学校统筹管理与分类指导实施办法》	国家"985工程"和"211工程"高校、省属高水平大学、应用型本科院校、高职院校、民办高校
天津	天津市教委	2014-12-31	《关于加强高等教育分类管理、分类指导、分类评价的指导意见》	未见
浙江	浙江省人民政府	2015-04-10	《关于推动我省高等教育新一轮提升发展的若干意见》	研究为主型、教学研究型、教学为主型与多科性、综合性交叉
	浙江省教育厅	2016-08-08	《浙江省普通本科高校分类评价管理改革办法（试行)》	
	浙江省教育厅办公室	2019-09-26	《关于印发〈普通本科高校分类评价管理指标体系（修订稿)〉暨做好2017—2018学年普通本科高校分类评价工作的通知》	具有博士生培养高校、具有硕士生培养高校、学士学位授予型高校和独立学院
河南	河南省人民政府办公厅转发	2015-11-30	《关于促进普通高等学校分类发展指导意见》	高水平综合性大学、特色骨干大学、应用技术类型大学、高职高专院校
上海	上海市教育委员会、上海市发展和改革委员会、上海市人力资源和社会保障局、上海市财政局、上海市规划和国土资源管理局	2015-12-28	《关于印发〈上海高等教育布局结构与发展规划（2015—2030年)〉的通知》	学术研究型、应用研究型、应用技术型和应用技能型
		2018-08-08	《关于深入推进上海高校分类管理评价 促进高等教育内涵式发展的指导意见》	

续表

地区	颁布机构	颁布时间	文件名称	分类名称
广东	广东省教育厅	2016-07-28	《广东省"十三五"高等教育"创新强校工程"总体方案（试行）》	高水平大学、高水平理工科大学、应用型本科高校、高职院校
安徽	安徽省人民政府	2016-12-28	《一流学科专业与高水平大学建设五年行动计划》	高校：世界一流、特色高水平、应用高水平、技能型高水平；学科：一流学科、优势特色学科、应用型专业、高职专业
	教育部 安徽省人民政府	2021-05-24	《关于印发推动结构优化建设高质量 高等教育体系共同行动方案的通知》	继续推进"双一流"高校建设；支持地方高水平大学分类发展，建设特色高水平大学和优势特色学科专业，建设应用型高水平大学和国内一流应用型专业，建设一批高水平职业院校和专业
云南	云南省人民政府办公厅	2016-09-27	《加强全省高等学校分类发展和分类管理的指导意见》	高水平大学、骨干特色高校、应用型本科高校、技术技能型高职院校
吉林	吉林省人民政府办公厅转发	2017-09-19	《关于加强普通高等学校分类管理和分类指导的意见》	研究型高校、应用研究型高校、应用型高校和职业技能型高校
辽宁	辽宁省人民政府	2017-01-03	《统筹推进世界一流大学和一流学科建设实施方案的通知》	研究型大学、应用研究型大学、应用型大学
	辽宁省人民政府办公厅	2017-01-16	《关于改革省属高校财政拨款制度促进人才科技供需协调发展的意见》	
河北	河北省教育厅	2017-03-08	《关于核定高等学校办学规模和探索构建高等教育分类体系的通知》	应用研究型、应用型和职业技能型（专科）
重庆	重庆市教育委员会、重庆市发展和改革委员会、重庆市财政局、重庆市人力资源和社会保障局	2017-11-27	《关于促进普通高等学校分类发展的意见》	综合研究型高校、应用研究型高校、应用技术型高校、技能技艺型高校
江苏	省政府办公厅	2017-04-05	《江苏高水平大学建设实施办法（暂行）》	入选国家"双一流"建设行列的高校，综合办学水平进入或接近全国百强的省属高校，"四大专项"建设高校
北京	中共北京市委 北京市人民政府	2018-06-08	《关于统筹推进北京高等教育改革发展的若干意见》	研究型大学、特色大学、应用型大学、技能型大学
	中共北京市委教育工作领导小组	2020-05-06	《北京市属公办本科高校分类发展方案》	高水平研究型大学-高水平研究型大学（B类）、高水平特色型大学-高水平特色型大学（B类）、高水平应用型大学

注：江苏省四大专项是指江苏高校优势学科建设工程、品牌专业建设工程、协同创新计划、特聘教授计划等 4 个"专项"项目。

第一节　省域高校分类管理的政策演变逻辑

本章首先选择了从我国高校分类管理政策的层级性视角分析看省域高校分类管理的政策演变逻辑。高校分类管理在国家层面的政策中提出，最早可追溯到1993年中共中央、国务院印发的《中国教育改革和发展纲要》指出，"要区别不同地区、科类和学校，确定发展目标和重点"。1993—2010年，未见出台我国高等教育分类管理细化或再规划政策。2010年以来，国家政策层面有3个政策出台有效地推动了省域高校分类管理政策出台。

一、国家教育体制改革政策推动

高等教育分类管理是我国教育体制机制改革的一个重要组成部分。2010年下发的《国务院办公厅关于开展国家教育体制改革试点的通知》，在专项改革试点"改革高等教育管理方式，建设现代大学制度"中，提出"探索高等学校分类指导、分类管理的办法，落实高等学校办学自主权"，并在北京、黑龙江、上海、江苏、浙江、安徽、湖北、广东、云南等9个省份进行改革试点。2017年9月，中共中央办公厅、国务院办公厅印发《关于深化教育体制机制改革的意见》，再次提出"要改进高等教育管理方式。研究制定高等学校分类设置标准，制定分类管理办法，促进高等学校科学定位、差异化发展，统筹推进世界一流大学和一流学科建设"。

在2010年公布的9个试点省份中，2011年6月—2018年6月，有8个省份在网上公布了高校分类相关政策文件，只有湖北未见在网上公布相关政策文件。

二、引导部分地方普通本科高校向应用型转变的推动

2015年3月下发的《中共中央 国务院关于深化体制机制改革加快实施创新驱动发展战略的若干意见》明确指出，加快部分普通本科高校向应用技术型高校转型；同年10月印发的《教育部 国家发展改革委 财政部关于引导部分地方普通本科高校向应用型转变的指导意见》指出，要"确立应用型的类型定位和培养应用型技术技能型人才的职责使命"，"建立高校分类体系，实行分类管理，制定应用型高校的设置标准"。2017年2月印发的《教育部关于"十三五"时期高等学校设置工作的意见》指出，"以人才培养定位为基础，我国高等教育总体上可分为研究型、应用型和职业技能型三大类型"，"推动具备条件的普通本科学校向

应用型转变，将办学思路真正转到服务国家和区域经济社会发展上来"。2017年1月，教育部 国务院学位委员会印发《学位与研究生教育发展"十三五"规划》，在发展改革任务中提出："加快完善专业学位体系，满足各行各业对高层次应用型人才的需求……探索硕士专业学位研究生教育与应用型本科和高等职业教育相衔接的办法"，将应用型人才培养体系从本科层次向研究生层次延伸、与高等职业教育相衔接。在16个省份高校分类管理的政策文本中，有14个省份将应用型高校作为一个类型存在于高校分类体系中，其中2015年3月以前出台政策文本的5个省份为山东、黑龙江、陕西、天津、上海。

三、国家"双一流"建设政策推动

2015年10月，国务院印发《统筹推进世界一流大学和一流学科建设总体方案》，确立了推动一批高水平大学和学科进入世界一流行列或前列的总体目标。2017年1月，教育部、财政部、国家发展改革委印发《统筹推进世界一流大学和一流学科建设实施办法（暂行）》，提出"按照'一流大学'和'一流学科'两类布局建设高校……努力形成支撑国家长远发展的一流大学和一流学科体系"。截至2021年，有11个省份在网上公布了高校分类管理的政策方案，分类普遍以"双一流"建设为目标，加强高水平大学或研究型大学等高校类型的建设，其中安徽、辽宁、北京3省份直接将高校分类与"双一流"建设政策有机结合，将高校分类建设作为高水平大学建设的有机组成部分。

第二节　省域高校分类管理的基本特征

一、省域高校分类政策出台与国家政策推动息息相关

政策是党和政府为了实现一定时期的特定目标而制定的计划和行动指南。通常，中央政府主要就某类问题制定原则性、宏观性、指导性的规范；地方政府需要将中央的顶层设计与地方的具体实践相结合，并确保党中央的方针政策能够纵向到底、横向到边地顺利执行。[①]从政策属性来看，国家层面至今并没单独出台高校分类管理政策文件，省域高校分类政策出台，既是国家教育体制改革、地方普通本科高校向应用型转变、国家"双一流"建设等多个政策出台共同作用的结

---

① 潘健平，马黎珺，范蕊，等. 央地交流与政策执行力：来自政策文件大数据的证据. 世界经济，2022（7）：181-204.

果，也是各省级政府在执行国家出台的相关政策过程中所形成的具体行为模式的直观体现。与此同时，省域之间政策出台过程和实施方案带有竞争、强制和模仿的多重特征：既带有自上而下试点与强制的某些属性，又有省域之间相互学习、彼此模仿的痕迹。

二、分类名称和分类体系体现国家政策主导特征

虽然各省份分类名称各有不同，但分类对象都是各省份普通高校，分类体系框架主要固定在国家战略重点建设高校、应用型本科院校、技能型高职高专院校的三分框架范围内，或在国家战略重点建设高校、应用型本科院校之下进一步细化为国家重点建设-省属重点建设、应用研究-应用技术等类别。从 16 个省份高校分类体系来看，其分类政策基本上是在国家高等教育相关政策的推动下出台的，其分类框架基本上以国家高等教育相关政策为分类依据，体现了国家高校分类目标与省域高校分类目标的一致性。

三、政策制定多主体，但以政府主导推动和多部门协同为主

政策制定主体可分为 4 个类别。第一类是省级人民政府，有 5 个省份，占 31.2%；其中，北京由市委、市政府联合发文，安徽由教育部和安徽省人民政府联合发文。第二类是省级人民政府办公厅或由办公厅转发，有 4 个省份，占 25.0%。第三类是由几个厅级部门联合发文，有 3 个省份，占 18.8%。第四类由省教育厅（市教育委员会，简称"市教委"）独立发文，有 4 个省份，占 25.0%。其中，省级人民政府作为政策颁布机构占比最高，由省级政府、省级政府办公厅（含转发）及其多部门联合发文占网上颁布总数的 75%。从政策制定主体看，高校分类管理是一个系统工程，涉及高校发展定位、教育体制改革、资源配置和政策协调等多个属性目标，需要政府各部门配合、参与，以省级政府为政策制定主体具有政策主导、高位推动、有效协调、顺畅实施等多方优势，有助于政府不同的职能部门之间的相互协同和配合，达成多元参与者目标集群，形成整体性的分类治理效应和共担责任。但高校作为主要的政策执行主体，与各级政府推动力相比，其内生驱动力明显不足。

四、政策文本名称主题词集中，具有同质性

各省域政策文本名称多以分类管理、分类发展、分类评价为主题词，兼有内

涵式发展、高水平大学建设。在 16 个省份政策文本中，文本名称以高校分类管理或分类发展为主题词的有黑龙江、陕西、天津、河南、云南、吉林、河北、重庆等 8 个省份，以高校分类评价为主题词的有浙江省，以高等教育布局结构与发展为主题词的有上海市，以内涵式发展、高水平大学建设为主题词的有山东、广东、安徽、辽宁、江苏、北京 6 个省份。

第三节　省域高校分类管理的推进策略

一、政策目标

无论各省份高校分类管理政策目标有多少差异，但从整体上看，有三点是基本一致的：一是形成具有省域特色的、分类发展的现代高等教育体系；二是建立与省域经济社会发展、产业结构及市场需求相互支撑相互适应的人才培养类型结构，满足经济社会发展对人才培养的多层次、多样化需求；三是推进高校科学定位、内涵式发展、特色发展，实现高质量发展。

政策目标的差异性概括起来大致有以下三种。一是以高水平高校建设为主线，促进普通高校分类发展。通过促进分类管理、分类指导，引导高校科学定位，确定不同类型高校差异化的发展目标和发展思路，支持不同类型高校办出特色、办出水平、争创一流，如建设"双一流"大学、地方特色高水平大学、地方应用型高水平大学、地方技能型高水平大学等。二是以高校分类为基础，重点进行不同类型示范高校建设。通过不同类型示范高校重点建设，充分发挥示范带动引领作用，推动高校科学定位，彰显优势特色，提升办学质量和水平，提高综合竞争力。如山东和重庆等地，采用了这种分类管理、分类建设模式。三是将分类建设与博士、硕士学位授予单位重点立项建设相互结合，将分类建设与提高高等教育结构层次相互渗透，如教育部与安徽联合下文，支持安徽"双一流"高校按程序申报学位授权，扩大专业学位研究生培养规模；支持安徽地方特色高水平大学扩大本科及以上层次招生规模，适度增加硕士生推免名额；支持安徽地方应用型高水平大学按程序申请新增硕士授权单位和授权点。

二、政策重点

（一）强化分类管理

强化分类管理就是要以加强高校分类管理、分类发展为主体，将高等教育发展与各省份经济社会发展和产业转型升级相结合，将高校职能与国家发展战略、地方重大需求相结合，引导高校科学定位、突出办学特色和优势，提升人才培养质量。

（二）强化分类建设

强化分类建设就是分类建设学科专业、人才培养体系、科研创新能力、教师队伍；分类改革招生考试制度、研究生培养体系；分类实施办学质量评价；分类实行高校拨款，探索差异化资源配置机制；分类立项建设博士硕士学位授予单位。

（三）强化分类分阶段建设目标

强化分类分阶段建设目标就是以时间为轴心，通过高校分类建设、分阶段实施，以一流大学、一流学科、一流专业建设为根本，以建设目标为导向，全面提升不同类型高校的人才培养能力、科技创新能力和学科专业建设水平，提高省域高等教育的核心竞争力。

第四节　省域高校分类管理存在的问题

一、以重点建设为引领的发展模式导致高校分类体系基石不牢

我国优质高等教育资源集中于重点建设高校和重点项目建设，形成了以重点建设为引领的高等教育发展模式，造就了各省份以重点建设为主体分类政策实施策略的路径依赖：在分类管理过程上，强调通过"重点""高水平""示范""一流"等高水平建设，增强不同省份高校在国内同一类型高校中的纵向竞争力和综合实力；或通过省部共建等政策合力提升高等教育层次结构。在管理手段上，更加突出"项目带动"和"结果增量"，更加强调办学绩效与财政拨款挂钩、办学优势与办学层次挂钩。在评价标准上，衡量的则是同类高校在不同省域向上竞争的标尺度，或高层次人才培养规模扩大，而非高校特色化、差异化发展与省域经济社会发展的契合度。这一分类管理模式，一方面，再次模糊了高校差异化边界，导致不同类型高校分界不清、分类标准缺失；另一方面，导致分类管理难以承载高校分类发展的运行逻辑，加剧了高等教育结构性失衡，高校分类体系无法从内涵和外延上涵盖各省域高等教育体系中所有高校。

第一，分类名称在内涵和外延的界定上混乱。由于不同类型名称之间的内涵

和外延界定模糊，由此呈现出分类名称多样，如高水平大学建设与应用型本科高校建设，按照逻辑学分类的二分法，高校分为高水平大学和非高水平大学，从根本上，无论我国高校如何分类，其分类的宗旨之一就是在不同类型的高校之间形成特色鲜明的高水平大学，非高水平大学并非就是应用型大学；再如研究型大学、特色大学，研究为主型大学、教学研究型大学、教学为主型大学等，特色大学在本质界定上与研究型大学、教学研究型、教学型大学并无明确的区分度。由于在描述各省份不同类型的高校时缺乏清晰的界定，导致分类名称的界定容易产生歧义，不同类型之间的内涵有交叉、重复乃至缺失的地方。

第二，大多省份高校分类缺少分类标准。在 16 个省份的政策文本中，只有浙江、上海和河北有分类标准。如果高校分类没有分类标准，或分类标准不是根据同一标准，那么同一类型高校所具有的共同特性或属性就不确定，也就意味着高校分类本身没有明确的外延，进而导致不同类型高校分类的边界混乱。

二、高校分类体系没能准确描述各省份高等教育体系的实然存在

一个组织与其所处的环境之间相互作用导致其对资源的依赖，由于我国高等教育资源不充足，资源配置方式及其获得资源的评价方式在某种程度上决定了高校发展是趋同化还是差异化。我国高等教育宏观管理体制建立了中央和省级政府两级管理、以省级政府管理为主的基本框架，但与此同时也形成了以中央和省级政府两级自上而下分级推进的政策实施模式和资源配置模式，同样内化为我国高校分类管理的路径依赖。趋同的政策推进模式、单一的资源配置方式及其获得资源的评价方式，直接导致高校分类难以走出同质化轨道的困境，具体到各省份的高校分类政策上，存在以下问题。

第一，各省份高校分类体系的个性特征不明显。综上所述，国家政策推动是各省份高校分类政策出台的主要原因，但这些国家推动政策并不是从我国高等教育体系建设的角度提出来的，以研究型大学为分类名称的高校与国家建设世界一流大学的政策推动相联系；以应用型为分类名称的高校以国家 2000 年以来的新建本科院校转型政策出台相联系。我国省域之间的经济社会发展和高等教育发展水平具有比较明显的差异性，从理论上讲各省份高校分类主体、分类标准和分类目的同样要具有多样性和多元化，在以研究型和应用型命名的高校分类之间还有一个高校群体。这一高校群体在各省属本科院校中居于中坚地位，并且是最能代表各省份高等教育特色的高校群体。但恰恰是这一高校群体处于研究型和应用型之间的模糊地带，分类名称多样且既不能很好地反映这一高校群体在各省份经济

社会发展的显要地位，也不能概括其所独有的特征。虽然在政策文本的表述上大多强调具有省域特色的、分类发展的现代高等教育体系构建，但在国家政策推动和省域之间政策的相互模仿和学习中，从各省份高等教育分类体系来看，资源竞争增强了各高校在自我发展定位中的被迫元素，分类管理引导高校多样化发展和创新发展的内生动力减弱，高校对于分类类型的路径依赖进一步强化，高校分类路径的选择并不具有明显的差异性，反映高校内生发展动力的本质属性和自主发展的个性特征并不显著，高校类型和特色从分化走向固化。

第二，没有明确的分类评价指标体系。如果说分类标准是分类的必要因素，那么不同类型的分类评价指标就是分类管理的依据。在 16 个省份政策文本中，有不同类型评价指标体系的有上海、浙江和山东。其他省份多以分类指导思想、基本原则、总体目标、主要任务、工作要求及保障措施等政策文本框架结构，对各省高校分类具有宏观指导作用，但没有很好地表述政策过程中多个实践主体和要素之间相互作用的关系，缺少指向分类根本的、具有操作性的清晰路径。

三、高校分类"双一流"建设竞争压力和分类发展的现实困境中又走向分层的权宜之地

一方面，省域高等教育面临高水平大学和高水平学科建设任务重、高等教育大而不强、研究生培养规模和博硕比例须需提升的竞争压力；另一方面，省域高校分类建设、分类管理又面临类型名称难以达成共识、分类体系难以有效运行等政策制订和实施的现实困惑。在我国高等教育"双一流"建设和高校分类难成体系的现实背景下，部分省域高校分类建设、分类管理政策从层中有类、类中有层又重新回到了层类合一、层类同质的权宜之计。虽然高校分类不能缺少分层的维度，但是分类等同于分层、分类与分层型混用，确实就失去了高校分类的必要和意义。

以山东和浙江为例。2019 年，山东本科高校分类政策由 2011 年以来应用基础型、应用型人才培养特色名校分类建设转向了按办学层次进行分类考核：根据经济社会发展对不同层次人才的需求和高校发展基础，按照 I 类（博士学位授予权高校）、II 类（硕士学位授予权高校）、III 类（其他公办本科高校）三个类型，对省属公办本科高校实施分类考核。就在同年，浙江修订了 2015 年以来的研究为主型、教学研究型、教学为主型的普通本科高校分类评价管理指标体系，根据学位授予层次及培养能力重新对高校进行了分类，将普通本科高校分为具有博士生培养高校、具有硕士生培养高校、学士学位授予型高校和独立学院进行分类评

价。山东在政策解读中对分类名称做了如下解释：鉴于目前国内尚未建立明确的、社会普遍认可的高校分类体系，为避免对分类名称理解不同而产生的歧义，分类考核沿袭了传统的按人才培养层次定位的分类方式。浙江则强调着力引导促进高校在不同层次、不同领域，办出特色、创建一流。

第五节　构建更加科学合理的高校分类体系

从根本上讲，高校分类是对高等教育系统结构的优化，旨在通过更加科学合理的高校分类体系，实现不同类型高校之间协调发展、有序竞争，建设与省域经济社会发展相匹配的高质量高等教育体系。实现高校分类管理，是国家及地区实现高校分类发展和高等教育高质量发展的重要举措。

一、明确高校分类体系的逻辑

对不同类型高校共性特征的清晰界定的基础上，促进高校从纵向层级竞争的单一发展模式走向平行协同的横向多元发展模式，建立与省域高校特征、经济社会发展水平相匹配的高校分类体系，是高校分类发展、分类管理的内在逻辑。按照分类逻辑设置分类评价指标体系、建立有机整体的分类体系都应是省域高校分类管理政策需要改进和重视的问题。

第一，明确省域高校分类的逻辑起点。多样化是高校分类首要且核心的关键要素，分化的高等教育体系、多样化的高等教育发展模式是各省高校分类的客观现实依据；地方性是省域高校生存的根基和底蕴，任何一所高校都是在遗传和环境的共同作用下，既蕴涵大学普适意义的固有属性，又衍生出与地方经济社会、产业结构、域地文化等生存环境息息相关的个性特征和发展特色。多样性生态反映的是省域高等教育系统活力，地方性生态则孕育着省域高等教育系统生命力，两者共同构成了省域高校分类的基本前提和分类管理的逻辑起点。

第二，分类名称在概念界定上要符合逻辑。在省域高校分类体系的设计中，分类名称是高校分类理论体系构建的起点，具有定向类别的功能，在高校分类体系的理论构建中是最具有关键意义的因素。综观各省份政策文体，由于缺乏对高校分类核心概念的现实把握和理念建构，所以分类名称杂而混乱，缺乏通过概念、判断、推理、论证而形成的严密分类逻辑。分类名称的内涵和外延要清晰、明确，不仅同一类型的分类名称要汇集同一类型高校的共同特征，而且不同类型的分类名称必须准确描述高等教育的整体发展状况和所有高校的固有属性及职能特征，其外延要涵盖并高度概括已经实然存在的复杂化、多样化、多元化的省域高等教育体系。只有分类名称在概念界定上符合逻辑，高校分类体系的构建才能符合逻辑。

二、构建明确的高校分类标准框架

高校分类标准规定了各类高校的设置条件和质量目标，阐明高等教育机构的不同类别以及同一类别高等教育机构的特征和职责，是高校分类的基本准则，也是不同类型高校在高等教育系统中角色和功能互认的依据。从政府统筹管理高等教育的基础职能出发，建立分类标准、实施分类评价、推进分类发展，对不同类型高校实施不同的质量要求与评价标准，是建设不同类型高校协调发展、同一类型高校竞争发展的高质量高等教育体系的基本策略，有助于提升高校分类管理的科学性和有效性。

第一，明确不同类型高校的设置标准。省域高校的分类的设置标准，是多样化、差异化高等教育体系分类设置的基本条件，既体现了高校分类设置的核心要素和关键共性特征，又具体了不同类型高校学校边界的刚性限定，是高校分类的门槛标准，需要切实、简洁、易操作。

第二，构建省域高校分类评价标准。从某种程度上说，分类本身就是评价，因为同一类型的高校是要根据"同类同质"的原则进行聚类，按照同一的分类标准做出边界划分；高校分类评价就是根据高校自身的多样化和差异性，构建不同类型高校的评价指标体系。

如果说设置标准体现了高校分类标准的刚性和强制性，那么高校分类评价的指标体系则要适度增强分类评价的柔性、灵活性和开放性，在保证质量的前提下，最大限度地凸显高校自身的办学特色、发展优势，鼓励高校创新发展。

三、建立与高校分类体系相适应的公共优质资源配置制度

高校分类的根本是促进高校的多样化、特色化、差异化发展。不同类型的高校，其发展模式不同，其获得资源配置的方式也不同。以重点建设为引领的高校发展模式和优质资源竞争模式，在一定程度上加剧了高校阶层固化、声望固化以及不同类型高校发展所面临的分类"天花板"的问题。随着"双一流"建设战略的推进，动态调整彰显了区位优势与"双一流"建设高校聚集的马太效应：诚然，不必所有高校都去争夺"双一流"建设高校，但每个省份都理所当然地拥有争夺"双一流"的雄心，因为"双一流"建设高校数量彰显着区位创新程度。但

是，高校分类不只是单纯的"博士—硕士—学士—高职高专"层次划分，不只是单纯的以高校重点建设为引领的办学水平竞争，利用好国家高等教育重大政策和资源竞争优势与建立省域高校分类体系之间有时是一个悖论，两者做好取舍和平衡方能有效地彰显省域高等教育分类政策制定的路径创新。

社会认可和识别不同类型高校是通过发展模式而形成的高校标识不同而建构起来的，高校类型本身就是获得社会资本的一种重要方式。多样化的高校分类体系与差异化的公共高等教育资源配置互为条件，两者相辅相成、相互促进。政府政策是在市场竞争、资源配置与高校类型的协同中，通过平衡不同类型高校的公共高等教育资源配置，重构不同类型高校的竞争秩序；通过加快建立和完善适应高校分类发展的财政拨款制度，调整优化高校财政拨款结构，稀释高校分类发展的分层效应，推动不同分类中的高校不断凝练办学特色，提高人才培养质量，提升服务贡献能力和影响力水平。这既是省域高校分类管理政策不可或缺的重要组成部分，又是优化和深化省域高校分类管理难以逾越的重要着力点。

四、建立健全高校类型选择与退出制度

尊重高校办学主体地位，需要建立健全高校类型选择与退出制度。

一方面，将政府的主导推动与协调组织相结合。无论是单一管理主体还是多元管理主体，在划分高校类型、制订分类标准、分类评价指标体系的过程中，都既要充分发挥省级政府对高等教育统筹权和协调功能，又要充分分析和研究省域高校发展的现实基础、特色优势、办学使命，建立多元主体在高校分类政策制订过程中的沟通渠道和协商机制，广泛征求不同类型高校不同层面对分类标准和分类评价指标的意见，促进高校分类发展的多元主体的价值共建。

另一方面，允许高校自主选择和重新选择办学类型。在政策出台后，要在政策规定的分类框架内，尊重高校办学主体地位，允许高校根据发展的现实基础和未来发展的战略选择自主选择办学类型，既要尊重不同类型高校发展历史的沉淀和内在发展逻辑，又要尊重传统高校转型发展、创新发展的多元诉求；鼓励传统大学办学体制创新，扶持新型大学办学模式创新，激发和增强高校自主变革的内生动力。在一定发展时期之后，要适时建立分类评价的动态调整机制，根据高校发展能级变化，给予具备类型跨越条件的高校实现跨越的政策空间，发挥分类管理在打破固化、同类适度淘汰和不同类型适度流动中的协调和引导作用。

第三章　高层次应用型人才培养
体系构建及其制度突破

我国高层次应用型人才培养体系构建，既是一个全新的研究领域，也是一个具有挑战性的研究领域。其全新性在于应用型人才在学界和教育界都没有形成一个能够达成共识的、明确的概念，其内涵和外延的界定模糊；相应地，应用型人才体系在类别与层级的构建中没有明确标准，其建构路径、培养路径还处于探索状态，相对成熟、具有借鉴意义的理论探索、现实经验不多。其挑战难度在于：①从整体上看，我国高层次应用型人才培养体系横跨高等教育人才培养体系与职业教育人才培养体系，其建构底部的办学主体多元并立、复杂共生；其建构过程的办学主体既独立并行又多元协同乃至互交、汇合和重组；其构建的顶端多元办学主体则走向聚集和融合，研究需要在普通本科教育和普通职业本科教育人才培养体系的独立处、交汇处和融通处，全方位地重构一个全新的高层次应用型人才培养体系；②两类人才培养体系在国家教育体制机制的设计、不同类型高校的设置标准、办学资源的配置及自我寻位过程中仍存在诸多问题，各办学主体的独立处定位不清晰，其交汇点的设定及其交汇后的前行路径不确定，其融通之路不衔接、不顺畅、不立体，需要在国家教育体制机制的框架内，通过各级各类教育统筹和制度创新，实现我国高层次应用型人才培养体系的科学构建和良性运行。

第一节　高层次应用型人才培养体系中的不同模块

我国高层次应用型人才培养体系构建过程中，目前大致形成三大模块。

一、现代职业教育体系内的职业本科教育和职业技术师范本科教育

这一模块已经初显我国职业教育类型的特征。

第一，本科院校与高职院校合作办学联合培养高层次应用技术人才。2010年12月印发的《国务院办公厅关于开展国家教育体制改革试点的通知》，提出改革职业教育办学模式，构建现代职业教育体系，探索建立职业教育人才成长"立交桥"，构建现代职业教育体系。各试点地区开始探索创新职业教育与普通高等教育之间的沟通与衔接的体制和机制，通过普通本科院校与高等职业院校"3+2"或"3+3"、本科中职"3+4"贯通培养、"4+0"高等职业院校与普通本科院校联合培养等方式，实现职普融通高层次应用型人才培养。截至2018年9月，全国20多个省份启动了本科院校与高职院校合作办学联合培养应用技术人才的试点工作。①

第二，本科层次职业教育试点与推进发展。2019年2月，国务院印发《国家职业教育改革实施方案》提出，开展本科层次职业教育试点。同年，教育部批准设置了首批15所本科层次职业教育的试点学校。到2022年，我国共计有职业本科学校32所。②2021年1月，教育部印发《职业本科学校设置标准》《职业本科专业设置管理办法》，对职业本科教育设置进行了基础规范。2021年全国职业教育大会和2021年7月印发的《教育部关于"十四五"时期高等学校设置工作的意见》，同时强调了稳步发展本科层次职业学校。2021年10月，中共中央办公厅、国务院办公厅印发《关于推动现代职业教育高质量发展的意见》，提出到2025年，职业本科教育招生规模不低于高等职业教育招生规模的10%。2022年4月修订的《职业教育法》从法律层面明确了职业教育是与普通教育具有同等重要地位的教育类型，明确了高等职业学校教育由专科、本科及以上教育层次的高等职业学校和普通高校实施。这既依法保障了职业本科教育稳步发展，又为高等职业教育向高层次应用型人才培养提供了法律依据。

第三，职业技术师范本科教育人才培养。1959年，国务院在天津、上海、沈阳、开封成立4所专科层次的技工教育师范院校，进行职教师资培养。这些院校几经停办、改制、增设、合并等，至今还有8所独立设置的职业技术师范院校，即天津职业技术师范大学、吉林工程技术师范学院、江苏理工学院、安徽科技学院、河北科技师范学院、江西科技师范大学、河南科技学院和广东职业技术师范大学。其办学层次也由原来的专科院校升格为本科院校，部分院校具有自主培养硕士研究生和博士研究生的资格。例如，天津职业技术师范大学目前拥有1个服务于国家特殊需求的博士人才培养项目、10个一级学科硕士点、3个专业学位硕士点、1个博士后工作站，成为培养三个层次职教师资的高等院校。2019年9月

① 唐琳，付达杰. 本科高职联合培养高层次应用技术人才的问题与改进. 天津中德应用技术大学学报，2019（4）：35-38.

② 吴月. 教育部推动职业本科教育发展. 人民日报，2022-02-24.

27 日，全国职业技术师范院校联席会议在天津召开，与会院校联合发布《天津行动宣言》，达成四点共识：建立培养院校协作创新的新机制，完善职教教师教育新体系，探索职教教师教育新范式，坚持德业双修、高质量育人的新目标。

二、地方本科高校转型发展中的应用型人才培养

2013 年 6 月 28 日，35 所以应用技术类型高校为办学定位的地方本科院校，在天津职业技术师范大学发起成立了应用技术大学（学院）联盟，以此为标志，开启了地方本科院校向应用技术型高校转型之路探索。2014 年 4 月，178 所高校聚集驻马店，以产教融合发展为主题，共同探讨"部分地方本科高校转型发展"和"中国特色应用技术大学建设之路"，形成《驻马店共识》，呼吁建设技术技能人才培养体系和技术技能积累创新体系。2014 年以来，国家政策文本相继提出引导一批普通本科高校向应用技术类型高校转型、支持定位于服务行业和地方经济社会发展的本科高校向应用技术类型高校转型发展、引导和推动地方本科院校向应用技术类型高校转型、引导部分地方普通本科高校向应用型转变、推动具备条件的普通本科高校向应用型转变等，推动具备条件的普通本科高校向应用型转变作为高等教育结构调整的重要举措。山东、广东、河南、辽宁、吉林、云南等 20 多个省份出台了引导部分普通本科高校向应用型转变的文件，开展了转型改革试点，应用型高校建设已成为各级政府财政支持及其地方本科院校改革与发展的一个重要领域。

三、我国研究生教育中的专业学位研究生人才培养

1991 年我国开始实行专业学位教育制度以来，专业学位研究生教育的种类逐渐增加，结构不断优化，规模逐年扩大。表 3-1 为 2020 年全国在校研究生的规模和结构，如表 3-1 所示，2020 年专业学位研究生占全国在校研究生的 53.45%，其中，在校博士专业学位研究生占全国在校博士研究生的 7.52%，硕士专业学位研究生占全国在校硕士研究生的 61.40%。

表 3-1　2020 年研究生教育在校生规模和结构

类型	专业学位		学术学位		合计	
	人数	比重/%	人数	比重/%	人数	比重/%
博士研究生	34 487	2.08	424 345	29.32	458 832	14.76
硕士研究生	1 627 275	97.92	1 022 828	70.68	2 650 103	85.24
合计	1 661 762	100	1 447 173	100	3 108 935	100

注：在校研究生包括全日制、非全日制研究生和在职攻读硕士学位研究生

资料来源：教育部官网《2020 年教育统计数据》.

专业学位研究生教育作为相对独立的教育模式，以产教融合培养为鲜明特征，主要满足社会特定职业领域的需要，体现职业性与学术性的高度统一，是培养具有较强专业能力和职业素养的高层次应用型专门人才的主渠道。随着我国专业学位研究生教育加快发展和专业学位研究生教育体系的进一步完善，以及产教融合培养机制、专业学位与职业资格衔接机制不断健全，专业学位研究生教育在高层次应用型人才培养体系中的地位和作用会更加彰显。

第二节　高层次应用型人才培养体系框架

我国高层次应用型人才培养体系的构建目的在于在职业教育与普通教育协调发展中优化教育结构，既要强化职业教育类型特色，又要实现职业教育体系与普通教育体系的相互融通；应用型人才培养体系既要成为现代职业教育体系的有机组成部分，又要成为普通高等教育的有机组成部分。其具体构建框架（图 3-1）以本科教育为人才培养的底层，以博士研究生教育为人才培养的顶层，以本科教育-专业学位研究生教育为骨干，以职教分层、普职融通、高层次应用型人才培养"立交桥"为重点，具体包括：①以人才培养定位为核心，明晰应用型普通本科高校发展体系；②提升高等职业教育层次，发展本科及以上层次的高等职业教育，构建从中职、专科、本科到专业学位研究生各个层次的技术技能人才培养体系，凸显职业教育的类型特征；③以本科层次职业教育与应用型本科教育为基础，建立职业教育与高等教育既相互独立又彼此融通的高层次应用型人才培养立交桥；④积极建设国家资历框架，进一步畅通高层次应用型人才培养"立交桥"；⑤以专业学位研究生教育为交汇点，以打造国家战略科技力量、服务国家创新体系建设、提升区域创新发展水平为根本，融通高层次应用型人才培养与高层次学术型人才培养路径，打破教育类型壁垒，实现高层次创新型、应用型、复合型人才的"跨界"培养。

一、构建以人才培养定位为核心应用型普通本科教育体系

培养适应和引领现代产业发展的高层次应用型人才，有助于为现代化经济体系建设提供强有力的人才支撑，而建立健全应用型普通本科教育体系的关键是明确应用型人才培养的核心定位。我国应用型普通本科教育体系在今后相当长的时期内可从以下两个方面进行重点建设。

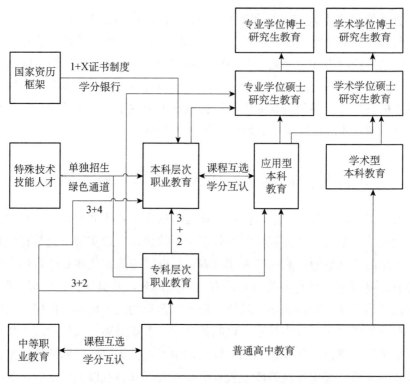

图 3-1　我国高层次应用型人才培养体系构建框架

（一）我国应用型普通本科高校体系建设

我国在引导部分地方本科高校向应用型转变系列政策基础上，通过新一轮本科教育教学审核评估更加清晰地刻画了应用型普通本科高校的整体架构。2021 年 2 月教育部印发《普通高等学校本科教育教学审核评估实施方案（2021—2025 年）》，将审核评估高校分为两类四种，更加鲜明地推进高校分类评价，更加明确地引导高校量身定制自身的办学定位、人才培养目标和质量保障体系。依据"两类四种"评估方案，以培养一流拔尖创新人才为目标的世界一流大学、重点以学术型人才培养为主要方向的普通本科高校，成为我国学术型普通本科高校的主体架构；重点以应用型人才培养为主要方向的普通本科高校、本科办学历史较短的地方应用型普通本科高校，成为我国应用型普通本科高校的主体架构。

（二）学术型高校基层学术组织中的应用型人才培养

在形成我国应用型普通本科高校的主体架构的基础上，我国普通本科高校的分类开始向更加细致、更切实际的人才培养基层学术组织内部的某些领域延伸。

一方面，重点以学术型人才培养为主要方向的普通本科高校，同时还共存着部分以应用型人才培养为特色的院系或学科专业；另一方面，重点以应用型人才培养为主要方向的普通本科高校，其中有很多是行业特色的高水平大学（原"211 工程"高校及省属重点高校），同样也呈现个别以学术型人才培养为特色的院系或学科专业。2022 年 1 月 26 日，在《教育部 财政部 国家发展改革委关于深入推进世界一流大学和一流学科建设的若干意见》中提出，要"优化管理评价机制……不拘泥于一级学科，允许部分高校按领域和方向开展学科建设"。在对学科建设进行多元评价的政策引导下，必将在以学术型-应用型为主要特征的不同类型的高校中，出现与高校类型特征存在差异性的、以基层学术组织为单位的人才培养类型特征，我国应用型普通本科教育体系已经出现从学术型-应用型的分类框架下应用型普通本科高校向重点以应用型人才培养为主要方向的学科、学院延伸。

基于以上，我国应用型普通本科教育体系建设可以概括为：重点以应用型人才培养为主要方向的普通本科高校、本科办学历史较短的地方应用型普通本科高校，以学术型人才培养为主体高校中的某些以应用型人才培养为主要方向的学科或院系。

二、构建纵向贯通的职业类高层次应用型人才培养体系

现代职业教育体系是适应现代经济与产业结构、体现终身教育及中高等职业教育协调发展、满足受教育者及社会对高素质劳动者和技能型人才需要的服务体系，在国家人才培养体系中起基础性作用。高等职业学校既是现代职业教育体系的重要组成部分，又是高等教育的重要部分，突出我国现代职业教育体系的类型特征是进一步优化现代职业教育系统结构和功能的重要基础。

（一）职业类高层次应用型人才培养目前存在"天花板"现象

我国现有职业教育体系的"主板"是中职教育和高职高专教育两大主体，高等职业教育止于专科的"天花板"现象，在"3+2"和"3+4"的职普贯通培养的通道中得到了有限度的突破；其突破的有限性最直接地体现在我国专升本招生规模的有限性上，据统计，2020 年专科起点本科招生 61.79 万人[①]。随着高职高专毕业生和招生人数持续增长（表 3-2），针对数以亿计的高职学生的职业生涯同时

---

① 2020 年全国教育事业发展统计公报. http://www.moe.gov.cn/jyb_sjzl/sjzl_fztjgb/202108/t20210827_555004.html.（2021-08-21）[2021-12-29].

止于"专科就业-技术工人"而难以突破这一现状的困境,随着职业本科教育招生规模的持续扩大,在未来将得到进一步突破。

表 3-2　2020 年我国普通本专科学生情况

比较项	毕业生数/人	招生数/人	在校生数/人
普通本专科	7 971 991	9 674 518	32 852 948
其中:本科	4 205 097	4 431 154	18 257 460
专科	3 766 894	5 243 364	14 595 488

资料来源:教育部官网《2020 年全国教育事业发展统计公报》.

(二)职业类高端技术技能人才培养体系纵向贯通的四种模式

以本科层次职业教育建设为契机,突出职业教育类型特征,可改变目前职业教育人才培养过程中的脱节、断层或重复的现象,搭建现代职业教育体系的层级梯次,构建体现职业教育类型特征的 4 种高端技术技能人才培养模式。

模式 1:本科层次职业教育人才培养。主要是通过本科层次职业学校、应用技术类型普通高校和专科层次职业学校中的部分专业进行高端技术技能职业本科层次人才培养。通过完善职业本科学校设置标准和专业设置办法,加大符合条件的国家"双高计划"建设单位独立升格为职业本科学校;加大符合产教深度融合、办学特色鲜明、培养质量较高的专科层次高等职业学校,通过升级部分专科专业试办职业本科教育。

模式 2:学制为 7 年一体化的长专业高端技能人才的中本贯通培养。紧紧围绕国家和区域经济社会产业发展重点领域,服务产业新业态、新模式,对接新职业,聚焦确需长学制培养的相关专业,按照高端技能人才的成长规律,开展三种形式的一体化全面优化贯通培养计划:一是前 3 年为中职教育阶段、中间 2 年为高职专科教育阶段、后 2 年为本科层次职业教育;二是初中起点 5 年制高等职业教育、后 2 年为本科层次职业教育的高端技能人才贯通培养;三是前 3 年为中职教育阶段、后 4 年为本科层次职业教育。

模式 3:中职-高职大类高端技能人才分段培养。一是通过"3+4"(中职 3 年+高职本科 4 年)、"5+2"(初中起点 5 年制高等职业教育+高职本科 2 年)、"3+3+2"(中职 3 年+高职专科 3 年+高职本科 2 年)本科层次职业教育人才培养;二是将"4+0"高职与普通本科联合培养中的高职专科升格为本科层次职业学校,与中职分段进行"3+4""5+2""3+3+2"等形式的本科层次职业教育人才培养。

模式 4:以本科层次职业教育-职业技术师范教育为架构的研究生层次职业教

育师资培养。通过本科层次职业教育与研究生教育层次的职业教育师资人才培养的有效衔接，从而优化现代职业教育体系的功能和结构，系统提升高等职业教育在高等教育体系的层次和地位，系统提升职业教育服务于经济社会发展的能力和支撑国家产业竞争力的能力。

三、职普融通，优化和提升高层次应用型人才贯通培养路径

目前，本科层次职业教育主要是通过中职与高职"3+2"、中职与本科（应用型）院校"3+4"、高职与本科（应用型）院校"3+2"对口贯通分段培养来实现的。高层次应用型人才培养本身就是一个多元、开放、复杂的系统，在职普融通中进一步优化和提升高层次应用型人才贯通培养路径，既是构建我国高层次应用型人才培养体系的主渠道，又是畅通我国高层次应用型人才培养体系"立交桥"的必要前提。

第一，将"具备条件的普通本科高校"转型为"应用技术类型高校"，积极探索、建立并创新应用技术类型高校"职普并立"的发展模式和发展路径。应用技术类型高校既是培养普通本科应用型人才的主阵地，又是实施职业本科教育的有机组成部分，2014 年 6 月印发的《国务院关于加快发展现代职业教育的决定》首次提出"本科职业教育"概念，但这一概念提出的初衷重在通过举办本科职业教育引导一批普通本科高校向应用技术类型高校转型；2022 年 4 月 20 日修订通过的《中华人民共和国职业教育法》明确了高等职业学校教育由专科、本科及以上教育层次的高等职业学校和普通高校实施。构建立体、多元、畅通的高层次应用型人才培养体系，其基础是应用技术类型高校在高层次应用型人才培养模式上实现职普融通，而这一制度体系的建立健全和良性运行，还需要更多的制度创新和价值共识来支撑。

第二，建设以专业学位硕士研究生教育为主体的应用型普通本科高校，打造高层次应用型专门人才的主阵地。一是按照应用技术大学的设置条件，将部分向应用型转变的普通本科高校升格为应用技术大学，建立只开展相对独立专业研究生教育的普通高校机构，使之成为应用型普通本科教育、本科层次职业教育与专业研究生教育人才培养有效衔接的主要载体；二是将部分向应用型转变的普通本科高校升格为工程技术师范大学，使之成为研究生层次的职业教育师资培养的有效载体，从而在学术型高校和高等职业院校发展之路上开拓新的发展路径，开辟应用型普通本科高校发展的新天地。

第三，在普通高校本科教学评估五年及以上的高校行业型应用类专业中，加

大开展中职与本科（应用型）院校"3+4"、高职与本科（应用研究型）院校"3+2"对口贯通分段人才培养的力度，在获得学士学位的基础上，加强学科交叉，开展形式多样的第二学士学位教育、第二学士学位+专业研究生教育，通过本专科教育贯通培养、本科教育与专业研究生教育贯通培养，更加便捷地畅通职业教育中的专科、本科、专业学位研究生培养体系，一体化地培养复合型高水平、高层次应用技术人才。

第四，以博士研究生教育为衔接点，实现应用技术大学与学术型高校高层次应用型人才培养的融通。现代职业教育体系建构中，底部以实现多元办学主体互认、衔接的制度创新为基石；顶端以多元办学主体聚集和融通为交汇点，博士研究生教育能够在普通本科教育和普通职业本科教育人才培养体系的独立处、交汇处和融通处最终实现普通教育和职业教育两种类型三个层次的有机衔接，是全方位构建创新型、复合型高层次应用型人才培养体系的制高点。其中，专业博士研究生教育通过产教融合鲜明地呈现职业性与学术性并重、专业性与应用性共生的特征，是培养高层次应用型未来领军人才的基本载体。

现代职业教育体系建设的核心是职普并行且融通，不应止于让职业教育自成一个独立的类型，而应更加开放地融入整个教育体系，在实现职业教育内部纵向流动的同时，畅通中职—专科—本科—研究生教育的层级上升通道，实现各阶段普通教育与职业教育的有效融通，实现建设创新型社会、终身学习型社会纵横贯通的"立交桥"。

四、建设国家资历框架，畅通高层次应用型人才培养立交桥

国家资历框架是用以整理和编排、规范和认可整个国家范围内存在的不同层次和类型资历，比如学历、学位、文凭证书、资格证书等的结构或体系。目前从全国范围来看，国家资历框架建设还处于课题研究和试点探索阶段，"学分银行"总体架构设计和"框架+标准"的技术路径研究已取得阶段性成果，并开展了验证试点工作；一些区域性资历框架试点试验工作持续开展，如上海于2012年7月建立了国内第一家终身教育学分银行；广东研制了7级资历标准体系，并在2017年发布国内第一个省级标准——《广东终身教育资历框架等级标准》等等。2021年，《中华人民共和国国民经济和社会发展第十四个五年规划和2035年远景目标纲要》提出要完善职业技术教育国家标准，推行"学历证书+职业技能等级证书"制度。

充分发挥国家资历框架在高层次应用型人才培养中的衔接功能，关键是建立

健全学历证书与职业资格准入及水平认证在现代职业教育体系不同层次入口处和出口处的有效衔接机制。

第一，建立健全学历证书与职业资格准入及水平认证在现代职业教育体系不同层次入口处的有效衔接机制。探索中职学历+技能人员职业资格证书的高职专科和高职本科的单独招生制度和绿色通道制度。提升学士学位证书+技能人员职业资格三级及以上证书、学士学位证书+专业技术人员职业资格证书、学士学位证书+国际职业资格在专业硕士研究生复试分数中占比，探索学历证书与职业资格证书免试（初试）招收专业学位硕士研究生招生制度。我国目前实施的工程博士专业学位、兽医博士专业学位、口腔医学博士专业学位、临床医学博士专业学位、中医博士专业学位、教育博士专业学位同属于与任职资格相联系的应用型学位，博士专业学位类别设置的重点是工程师、医师、教师、律师、公共卫生、公共政策与管理等对知识、技术、能力都有较高要求的职业领域，更有必要强化硕士学位证书+技能人员职业资格二级及以上证书、硕士学位证书+专业技术人员职业资格证书、硕士学位证书+国际职业资格在专业博士研究生申请考核制度选拔中的分量。

第二，建立健全学历证书与职业资格准入及水平认证在现代职业教育体系不同层次出口处的有效衔接机制。职业教育、普通应用本科教育、专业学位研究生教育在推进建立和完善"双证书"制度，实现学历证书与职业资格证书对接的同时，要积极探索相关专业的职业资格证书和行业岗位职业能力证书在人才培养相关课程考试考核过程中的学分实质等效转换机制。通过推进产教结合与校企一体办学，实现专业与产业、企业、岗位对接，专业课程内容与职业标准对接，教学过程与生产过程对接，强化和完善学生学业成绩和学历证书在职业资格证书和行业岗位职业能力证书获得、缩短职业资格考试实践年限和任职条件等方面的实质等效认定机制。

第三节 高层次应用型人才培养体系构建的制度突破

高层次应用型人才培养体系的构建，既是我国现代职业教育体系和普及化高等教育体系建设水平的体现，又是我国教育治理能力和治理水平在高层次应用型人才培养中的体现。

一、加大发展优质本科层次职业教育的力度

我国本科层次职业学校作为高等职业教育一种全新类型还处于试点起步时

期，目前其主要来源有三种：高职院校独立升格、高职院校与独立学院合并转设、独立学院转设，从升格到更名一般只用一年左右的时间。其中，绝大多数学校是民办院校，学校的综合实力和社会信誉普遍都不高，招生分数线基本与各省份最低的本科批次线平齐，但学费标准较高。2019 年，南京工业职业技术学院升格为职业本科学校，开始形成公办与民办职业院校共同开展职业本科教育的发展格局。

随着本科层次职业教育试点的深入推进，高质量办好本科层次职业教育需要多元化的高质量办学主体共同担当。这既是发展优质本科层次职业教育、强化职业教育类型特点的领头雁功能、建设中国特色高质量现代职业教育体系的必由之路，也是中等职业教育重构多样化办学定位、开拓"就业与升学并重"发展路径、增强其办学活力和吸引力、形成职业教育中高本一体化培养模式的主要渠道。

二、推进新时代研究生教育高质量分类发展

在以人才培养定位为基础建立高校分类管理、分类发展的基础上，强化研究生教育的高校类型特征，推进新时代研究生教育高质量分类发展。

第一，形成一批以博士研究生教育人才培养为使命担当的学术型高校。以"双一流"建设为契机，在以世界一流大学建设为目标的学术型高校中，立足面向世界科技前沿、面向经济主战场、面向国家重大需求、面向人民生命健康，建立健全直博生和硕博连读等长周期贯通培养运行机制，逐步扩大优秀本科生推免直攻博比例、硕博连读比例，积极发挥培养国家急需高层次人才和基础研究人才主力军作用。

第二，形成一批只以专业学位硕士研究生教育人才培养为使命担当的应用型高校。应用型高校以国家稳步扩大硕士专业学位授权布局为契机，充分利用"新增硕士学位授予单位原则上只开展专业学位研究生教育，新增硕士学位授权点以专业学位授权点为主，支持学位授予单位将主动撤销的学术学位授权点调整为专业学位授权点"[①]等国家政策优势，积极致力于专业学位硕士研究生教育，使之成为培养具有较强专业能力和职业素养、能够创造性地从事实际工作的高层次应用型专门人才的主阵地。

推进新时代研究生教育高质量分类发展，在强化以上两类高校的不同使命担当的同时，还需要在两类高校之间的学术型高校和具有行业鲜明特色的高水平应

---

① 国务院学位委员会 教育部关于印发《专业学位研究生教育发展方案（2020—2025）》的通知. http://www.gov.cn/zhengce/zhengceku/2020-10/01/content_5548870.htm.（2020-09-25）[2022-05-29].

用型高校中，充分发挥产教融合和行业协同的优势，大力发展专业学位博士研究生教育，优先支持行业特色鲜明的高水平应用型高校增设博士专业学位授权点，建设具有中国特色的高质量专业学位博士研究生教育体系。

三、扩大专业学位博士研究生教育的种类和规模

我国专业学位博士研究生教育发展滞后，类别设置单一，授权点数量过少，培养规模偏小，一方面不能适应行业产业对博士层次应用型专门人才的需求，另一方面则导致高层次应用型人才培养体系顶部职普融通的出口过于狭窄。从国际上看，美英法德日韩等发达国家高度重视专业学位发展，以美国为例，哈佛大学于 1920 年首设教育博士学位（Ed. D.），1930 年设立工商管理博士学位（D. B. A.）；1967 年，底特律大学实施工程博士教育，成为"现代专业博士学位的发源地"[1]；1970 年单独统计第一级专业学位，2011 年又将其绝大部分并入博士学位[2]。其专业学位博士研究生教育具有种类（领域）多、规模大等显著特征（表 3-3）。

表 3-3　US News2018 年全球大学排行榜前 10 的美国大学
2016—2017 学年博士毕业生人数分类统计　　　　单位：人

高校	学术型	专业、实践型	其他
哈佛大学	718	810	0
麻省理工学院	622	0	0
斯坦福大学	752	271	0
加州大学伯克利分校	818	364	0
加州理工学院	180	0	0
哥伦比亚大学	570	761	0
普林斯顿大学	358	0	0
约翰霍普金斯大学	553	129	0
华盛顿大学西雅图分校	624	575	138
耶鲁大学	375	334	0
合计	5570	3244	138

资料来源：IPEDS（Integrated Postsecondary Education Data System）. https://nces.ed.gov/ipeds/datacenter/InstitutionByName.aspx?stepId=1（Date from 2016.7.1 to 2017.6.30）. [2021-10-27].

在我国高层次应用型人才体系的顶端，培养的是某一专门领域的高层次应用型未来领军人才。提升高层次应用型未来领军人才的数量和质量，需要推动博士

① 张学良，张炜. 行业特色型高校开展专业博士教育的优势分析与路径优化. 研究生教育研究，2021（4）：66-71+77.

② 张炜. 美国专业博士生教育的演变与比较. 研究生教育研究，2020（3）：87-92.

专业学位与博士学术学位、博士专业学位与硕士专业学位的协调发展，同时大规模提升专业博士生教育在专业研究生教育和博士研究生教育中的比重，大幅度增加专业博士生教育的种类。

四、创新高层次应用型人才培养体系的管理体制和运行机制

高层次应用型人才培养体系的构建是现代职业教育体系与普通高等教育体系相互沟通、协商、对话的过程，是一个复杂、多样、动态的建构过程。它需要职业教育和普通教育协调发展，满足不同禀赋和潜能学生的学习需要，提供多样化的成长成才空间和通道。它需要从入口处突破，从交叉处融通，畅通职业教育体系和高等教育体系各类各层各阶段的入口，在职业教育本科和普通本科教育入口处，实现高职高专、普通高中毕业生的交叉升学；在专业硕士研究生教育入口处，实现职业教育本科毕业生和普通本科毕业生交叉升学；在学术型研究生教育、博士研究生教育入口处，多渠道构建各类现代职业教育体系和高等教育体系交叉融合。它更需要在不同类型、不同层次办学主体之间达成基本价值共识，形成共同教育空间，建立同经济社会发展需求密切对接、与加快教育现代化要求整体契合的新时代中国特色高层次应用型人才培养体系的制度和模式。建议优化各类型、各层次高校之间的协同发展的教育治理结构，进一步提升促进协商、沟通、融合教育治理能力和水平，在不同类型、不同层次办学主体之间达成基本价值共识，形成共融教育空间；建立健全国家资历证书制度中的标准制度、认定制度和转换制度，多渠道地打通高层次应用型人才培养的壁垒，构建不同层次应用型人才培养的共同教育空间，深化高校学分制改革，进一步完善区域和高校联盟间学分互认制度、学生转学制度，积极探索"学分银行"在学分认证、积累和转换等方面功能的发挥，有效实现不同层次应用型人才培养的纵向衔接认证。

第四章 基于卡内基分类的美国高等教育发展新格局

美国卡内基分类是过去 40 多年来认可和描述美国高等教育机构多样性的主要分类框架。该分类框架已被广泛用于高等教育研究，既是代表和控制高校差异的一种方式，也参与研究设计，以确保抽样高校、学生或教师的充分代表性。其中，2015 版、2018 版、2021 版美国卡内基分类是卡内基高等教育委员会于 1970 年制定的传统分类框架的第 7 次、第 8 次、第 9 次更新，其基本分类都有 7 大类、多维平行分类都有 5 类。另外，从 2018 版开始采用即时数据更新，卡内基分类认为即时性比所有数据来源的时间对齐更重要，采用数据更新的方法比固定版本的分类更能体现美国高校的发展情况。

以 2018 版美国卡内基分类为主体，比较分析与 2015 版和 2021 版美国高等教育机构发展的前后变化趋势，有助于彰显美国高等教育系统的动态变化，从而更加清晰地呈现美国高等教育发展新格局。

第一节 2018 版卡内基分类

2018 版卡内基分类主要基于 2016 年和 2017 年数据的院校属性和行为特征，基本分类把美国 4324 所高等教育机构分为了 7 大类 33 小类（表4-1）。[①]7 大类包括博士学位授予大学、硕士学位授予院校、学士学位授予院校、学士/副学士学位授予院校、副学士学位授予院校、专门院校、部落学院，其中前 5 大类仅限于未被认定为部落学院或专门院校的高校。

---

① Basic Classification Description. https://carnegieclassifications.iu.edu/classification_descriptions/basic.php.（2019-04-15）[2019-07-22]

表 4-1   2018 版卡内基基本分类美国高等教育机构分布情况及在校生情况

高等教育机构类别		院校		在校生		
		数量/所	占比/%	总数/人	占比/%	校均规模/人
博士型	博士学位授予大学：非常高研究活动	131	3.0	3 809 417	19.0	29 080
	博士学位授予大学：高研究活动	135	3.1	1 948 172	9.7	14 431
	博士学位授予大学：学术/专业博士	152	3.5	1 471 676	7.3	9 682
硕士型	硕士学位授予院校：较大项目	350	8.1	2 975 538	14.8	8 502
	硕士学位授予院校：中等项目	196	4.5	636 634	3.2	3 248
	硕士学位授予院校：较小项目	139	3.2	343 750	1.7	2 473
学士型	学士学位授予院校：文理科为主	241	5.6	383 755	1.9	1 592
	学士学位授予院校：多元化领域	334	7.7	515 063	2.6	1 542
学士/副学士型	学士/副学士学位授予院校：混合学士/副学士	151	3.5	384 496	1.9	2 546
	学士/副学士学位授予院校：副学士学位为主导	111	2.6	886 244	4.4	7 984
副学士型	副学士学位授予院校：高转学率-高传统	122	2.8	1 158 079	5.8	9 492
	副学士学位授予院校：高转学率-混合传统/非传统	118	2.7	1 083 938	5.4	9 186
	副学士学位授予院校：高转学率-高非传统	82	1.9	442 787	2.2	5 400
	副学士学位授予院校：混合转学/职业&技术-高传统	123	2.8	894 894	4.5	7 276
	副学士学位授予院校：混合转学/职业&技术-混合传统/非传统	106	2.5	685 162	3.4	6 464
	副学士学位授予院校：混合转学/职业&技术-高非传统	112	2.6	592 419	3.0	5 289
	副学士学位授予院校：高职业&技术-高传统	138	3.2	332 955	1.7	2 413
	副学士学位授予院校：高职业&技术-混合传统/非传统	98	2.3	297 529	1.5	3 036
	副学士学位授予院校：高职业&技术-高非传统	101	2.3	320 660	1.6	3 175
专门学院型	两年制专门院校：卫生专业	267	6.2	123 396	0.6	462
	两年制专门院校：技术专业	67	1.5	33 649	0.2	502
	两年制专门院校：艺术与设计	31	0.7	5 938	0.0	192
	两年制专门院校：其他领域	67	1.5	20 792	0.1	310
	四年制专门院校：与信仰有关的院校	300	6.9	88 185	0.4	294
	四年制专门院校：医学院和中心	57	1.3	119 238	0.6	2 092
	四年制专门院校：其他卫生专业院校	261	6.0	217 190	1.1	832
	四年制专门院校：工程学院	7	0.2	10 440	0.1	1 491
	四年制专门院校：其他技术相关院校	14	0.3	21 309	0.1	1 522

续表

高等教育机构类别		院校		在校生		
		数量/所	占比/%	总数/人	占比/%	校均规模/人
专门学院型	四年制专门院校：商业与管理学院	77	1.8	81 787	0.4	1 062
	四年制专门院校：艺术、音乐和设计学院	121	2.8	106 311	0.5	879
	四年制专门院校：法学院	36	0.8	18 791	0.1	522
	四年制专门院校：其他专门学院	45	1.0	37 191	0.2	826
部落学院		34	0.8	16 424	0.1	483
所有院校		4 324	100.0	20 063 809	100.0	4 640

2018 版卡内基高校基本分类共有七大分类标准。

一、博士学位授予大学分类标准

（一）博士学位数量

2016—2017 学年，博士学位授予大学至少授予 20 个研究/学术博士学位，或者至少在 2 个项目中授予至少 30 个专业、实践博士学位。

（二）研究活动水平

根据研究活动指数，在 2016—2017 年度至少授予 20 个研究/学术博士学位，且报告的总研究支出至少为 500 万美元的高校将被分配到前两个类别中的一个。研究活动指数包括以下研究活动的相关性：一是研发经费，包括科学与工程（S&E）的研发（R&D）支出，非科学与工程领域的研发支出；二是科学与工程研发人员（博士后、其他非教职有博士学位的研究人员）；三是博士学位授予数量，包括人文科学、社会科学、STEM（科学、技术、工程和数学）领域，以及其他领域（如商业、教育、公共政策、社会工作）。

研究活动指数使用主成分分析对以上数据进行了统计学组合，以创建两个研究活动指数反映这些指标的总变异（基于每个分析中的第一个主成分），其中一个指数代表研究活动的总体水平，另一个指数反映了人均研究活动（用支出和人员配置除以助理教授、副教授和正教授等全职教师人数）；两个指数都非常高的大学将被分配到"非常高研究活动"组，而至少有一个指数为高的大学（或两者都不是非常高）将被分配到"高研究活动"组。

二、硕士学位授予院校分类标准

首先根据研究生学位的授予数量进行划分，然后按照学位授予的学科数量和布局（包括授予学位在学科领域的集中性，或者各学科领域的组合情况）进行归类。在 2016—2017 学年，至少授予 50 个硕士学位、但不到 20 个研究型博士学位的院校，归入该类别。一些拥有规模较小硕士学位授予的院校也包括在内。

硕士学位授予院校的规模是根据 2016—2017 学年颁发的硕士学位数量计算的。授予至少 200 个学位的被归入较大的硕士项目组（M1）；授予 100—199 个学位的被归入中等硕士项目组（M2）；授予 50—99 个学位的被归入较小的硕士项目组（M3）。如果院校授予少于 50 个硕士学位，并且招生结构分类是全部研究生/专业学位，或招生结构分类是大多数研究生/专业学位或授予的研究生/专业学位比本科学位多，那么也归入较小的硕士项目组。

三、学士学位授予院校分类标准

2016—2017 学年，学士学位至少占所有授予学位的 50%、并且授予的硕士学位不到 50 个的院校，归入该类别。文理科至少有一半的学士学位专业授予机构被归入"文科和理科组"，其余机构则被归入"多元化领域组"。

2018 版分类对主要研究领域的分析是基于 IPEDS 完成的学位授予数据。相关院校一个学生最多可以报告两个专业的学士学位，并同时被考虑用于数据分析。例如，某院校拥有 1000 名学士学位获得者，如果其中有一半学生获得了双学位，那么，分析将其认定为 1500 个专业学士学位。

一如既往，有些硕士学位授予院校可以根据其总体情况归类于学士学位授予院校，但需要符合以下标准：①全日制在校生人数不足 4000 人（大学生特征分类）。②学生住宿比例高（规模和设置分类）。③或以下之一：招生结构分类为"非常高的本科生"或"高本科生"，与研究生或某些研究生不重合（根据本科教学计划分类）；招生结构分类中本科生占据大多数，且不与研究生重合。

四、学士/副学士学位授予院校分类标准

这类院校包括四年制院校、凭借至少一个学士学位课程项目，授予超过 50% 副学士学位的院校（但不包括专门院校、部落院校，以及有足够硕士或博士学位的院校）。这类院校分为两个子类别。①学士/副学士混合型院校：学士或更高学位（不超过 90% 的副学士学位）授予 10% 以上。②副学士学位主导型院校：学士或更高学位（至少 90% 的副学士学位）授予不到 10%。

五、副学士学位授予院校分类标准

首先，根据总授予（副学士学位和证书）是否主要在一个或几个学科领域将这些院校进行区分。这些学科领域根据前两位数字，或者在某些情况下根据 CIP①代码的四位数字进行识别。除了两个一般学科：人文科学、多学科/跨学科研究外，任何院校仅在一个学科领域提供至少 75% 的学位授予；或者在一个学科领域提供 70%—74%，同时不超过两个其他学科领域授予学位；或在一个学科领域提供 60%—69%，但在不超过一个其他领域授予学位的院校将归入两年制专门院校小组中的一个。未指定为两年制专门院校的将根据课程和学生两个因素的组合进行分类，共计 9 类。

由于 IPEDS 未捕获有关副学士学位授予类型的信息（如 AA、AS、AAA 或 AAS），因此 2018 版将授予副学士学位的研究领域和长期证书（至少 1 年但不到 2 年）作为替代标准，将院校归入 3 个混合项目组合之一：高转学率、混合转学/职业-技术和高职业-技术。这个命名来源于学士学位授予院校的文理科学位和专业学位的区别。然后根据全国授予副学士学位或不到两年证书水平的百分比进一步区分专业学科。然后对 CIP 代码进行进一步审查，如果 CIP 代码大多数是职业和技术，或者研究领域与不需要更高学历证书的就业机会明显关联，那么其他 CIP 代码将从专业变为职业和技术。

在职业和技术学科中授予 40% 或更少学位的院校被指定为高转学率组。在这些学科中至少授予 60% 学位的则被认定为高职业-技术组。其余在职业和技术领域授予 41%—59% 学位的院校被归类为混合转学/职业和技术组。这种分类基于以下理由：职业和技术计划旨在为学位获得者提供在该领域内立即就业的证书。其他领域（专业、文理科）的学位通常需要接受进一步的教育才能获得需要在该领域获得学士学位或更高学历的工作。目前许多副学士学院将在特定领域（文理科、基础研究或人文学科）授予的学位作为"转学学位"。但是，2018 版更广泛地考虑了转学准备，包括最终的副学士学位或超过一年但不到两年的证书不足以在需要学士学位或更高学位证书就业的领域。此外，2018 版还考虑了各个州和个别院校在非职业-技术领域是否为学生转学到四年制学院做好准备的政策和实践上互相存在差异的客观现实因素。

在 2018 版中，学生组合取决于学位生与非学位生相比占总在校生比例，以

---

① CIP 即 Classification of Instructional Programs，通常翻译为学科专业分类目录。CIP 的代码分三个层次：两位数代码、四位数代码和六位数代码。两位数代码代表相关学科专业群（summary groups），四位数代码代表中间学科专业类别（intermediate aggregation），六位数代码代表具体的学科专业（specific instructional program）。

及秋季注册人数与年度非重复人数比率的组合。具体来说就是将这两个比率相乘，并指定高度传统的学生关注那些最后数值大于 0.58 的院校。低于 0.47 的院校被指定为"高度非传统"，其余院校被指定为"混合传统/非传统"。学生混合指数是通过检查这些院校内学生在所述变量中的分布、兼职学生的百分比和 25 岁或以上的学生百分比来创建的。派生因子的选择基于数据可用度的全面性和允许识别 3 个大致相等数量院校组合截止点的分布特性。

六、专门院校分类标准

专门院校是基于某单一学科领域或相关学科领域在本科生和研究生两个水平的学位集中度来归类的。如果高校满足以下任何一个条件，则可归入这个类别。

1）除"人文科学"（CIP2=24）之外，仅在 1 个领域（由 CIP 代码的前两位数确定）授予至少 75% 的学位。CIP 是指由国家教育统计中心维护的教学计划分类法。

2）在 1 个领域授予 70%—74% 的学位，并在不超过 2 个其他领域授予学位。

3）在 1 个领域授予 60%—69% 的学位，并且在不超过 1 个其他领域中授予学位。

七、部落学院分类标准

部落学院是美国中学后教育数据综合系统（IPEDS）中确定的美洲印第安人高等教育联盟成员的学院和大学。根据美国联邦政府 1978 年颁布的《部落自主社区学院援助法案》对部落学院的界定，部落学院由印第安部落政府负责管理，学院以提高印第安人受教育层次、保护印第安文化为教育目标；在校学生大部分为印第安人，联邦政府应该对印第安部落学院提高经济资助。

第二节　2018 版 vs. 2015 版：卡内基分类更新的主要变化

一、院校性质和基本分类类别的总体变化[①]

2018 版卡内基分类包括美国所有有学位授予权、符合第四项联邦基金（Title

① Indiana University Center for Postsecondary Research（2018）. Carnegie Classifications 2018 Public Data File. https://carnegieclassifications.iu.edu/downloads/CCIHE2018-PublicDataFile.xlsx. [2019-07-22].

Ⅳ）资格条件、在目标年度（2016/2017 学年）至少授予一个学位的高等教育机构。

（一）公立和私立高等教育机构的变化

美国高校按照机构性质分为公立高校、私立非营利高校、私立营利高校等。与公立高等教育机构相比，私立高等教育机构（尤其是私立营利性院校）总体上一直处于不断变化之中，如表 4-2 所示。

表 4-2　2015 版和 2018 版卡内基分类数据
（按高等教育机构性质）　　　　　　　　　单位：所

比较项	2015 版	2018 版新增	总数	在 2015 版 不在 2018 版	2015 版总数
公立	1627	27	1654	23	1650
两年制	873	9	882	16	889
四年制	754	18	772	7	761
私立非营利	1670	71	1741	90	1760
两年制	81	20	101	8	89
四年制	1589	51	1640	82	1671
私立营利性	808	121	929	454	1262
两年制	382	87	469	166	548
四年制	426	34	460	288	714
总数	4105	219	4324	567	4672

从 2015 版和 2018 版卡内基分类看，3 年间，美国公立和私立高等教育机构一直处于动态变化。总体分析，公立高等教育机构总体处于稳定状态，虽然 2018 版卡内基分类院校总数（4324 所）比 2015 版更新的数量（4672 所）减少了 7.4%，但公立高等教育机构却增加了 4 所，其中两年制院校减少了 7 所，四年制高校增加了 11 所。与 2015 版卡内基分类相比，2018 版中私立非营利院校减少了 19 所，私立营利性院校减少了 333 所。比数量变化更大的是美国高等教育机构内部的调整和优化，在 2015 版卡内基分类不在 2018 版的学校共计 567 所，其中公立、私立非营利和私立营利性的高校分别为 23 所、90 所和 454 所，一些院校的关闭以及大量的合并和重组是这些高校消失的主要原因。

（二）高等教育机构分类类别的变化

表 4-3 描述了 2015 版和 2018 版卡内基分类包括的 4105 所院校的分类变化，主要根据人才培养项目的全面性和学位水平进行定义的大类分类。

表 4-3　2015 版和 2018 版卡内基分类中院校基本分类类别的变化　单位：所

分类	博士	硕士	学士	学士/副学士	副学士	专门院校：两年制	专门院校：四年制	部落学院
博士	320	13						
硕士	92	616	28				11	
学士	1	42	484	6			7	
学士/副学士		3	33	195	4	1	12	
副学士				49	950	34	3	
专门院校：两年制				1	24	296	14	
专门院校：四年制	4	7	15	7		7	792	
部落学院								34
总数	417	681	560	258	978	338	839	34

注：横表头为 2018 版卡内基分类，纵表头为 2015 版卡内基分类。

二、博士学位授予大学分类变化

（一）博士学位授予大学分类性质的变化

美国的专业、实践博士可分成普通职业型博士学位和第一职业学位中被称为博士的学位。第一职业学位代表的是具备进入某类职业工作的基本能力和基本从业要求，也是申请对应职业任职资格或执业资格的必要条件之一，它真正的教育层次可能是博士层次，也可能低于博士层次。[①]2018 版卡内基分类拓展了博士学位授予高校的分类标准，"至少授予 20 个研究/学术博士学位"与"至少在 2 个项目中授予至少 30 个专业实践博士学位"并行进入分类标准，第一次将医学博士（M.D.）、法律博士（J.D.）、药学博士（Pharm.D.）、神学博士（D.Div）等第一职业学位博士数量计入博士学位授予大学的分类标准。

（二）博士学位授予大学分类数量和名称的变革

表 4-4 为 2015 版和 2018 版卡内基分类博士学位授予大学的变动情况。

表 4-4　2015 版 vs.2018 版卡内基分类博士学位授予大学的主要变化　单位：所

2018 版博士学位授予大学	2015 版博士学位授予大学			2015 版其他大学		
	最高研究	较高研究	中度研究	硕士	学士	四年制专门学院
非常高研究活动	115	16				

① 张永泽，张雨菲，张海滨. 我国"博士专业学位"与美国"专业博士"辨析——兼论美国药学博士（Pharm.D.）教育层次. 江苏高教，2020（7）：56-61

续表

2018 版博士学位授予大学	2015 版博士学位授予大学			2015 版其他大学		
	最高研究	较高研究	中度研究	硕士	学士	四年制专门学院
高研究活动		87	34	13		1
博士/专业学位	3		65	80	1	3
其他 2018 版（硕士）		1	12			

1）2015 版卡内基分类属于"博士大学-最高研究"类别的 115 所院校进入 2018 版的"博士大学-非常高研究"类别。

2）2015 版卡内基分类属于"博士大学-较高研究"类别的 16 所大学，进入 2018 版的"博士大学-非常高研究"类别。

3）2015 版卡内基分类属于"博士大学-较高研究"类别中的 87 个机构进入 2018 版的"博士大学-高研究"类别，还有 3 个进入 2018 版新创建的"博士/专业学位大学"类别，以容纳专业、实践博士学位。13 个硕士学位授予机构和 1 个四年制专门学院进入 2018 版的"博士大学-高研究"类别。

4）在 2015 版卡内基分类的 111 个"博士大学-中度研究"中，有 65 个存在于 2018 版创建的"博士/专业学位大学"类别中；有 34 个进入 2018 版的"博士大学-高研究"类别；有 80 个授予硕士学位的机构、1 个授予学士学位的机构和 3 个四年制专门学院进入 2018 版新创建的"博士/专业学位大学"类别；有 1 个 2015 版卡内基分类的"博士大学-较高研究"类别和 12 个"博士大学-中度研究"大学类别进入 2018 版硕士学位授予大学。

第三节　2018 版卡内基分类下的美国高等教育发展格局

2018 版卡内基分类下的美国高等教育格局可归纳为以下 6 个方面：一是基本分类中的少数大型招生规模院校 vs. 数量庞大的小型招生规模院校，二是大学生培养项目分类中的文科及理科学位 vs. 专业/职业/技术学位，三是研究生培养项目，四是招生结构分类中本科生和研究生的组合，五是大学生特征分类中课程负荷、转学和选择性，六是规模和设置分类中课程负荷、转移和选择性。具体如下[①]。

一、基本分类：少数大型招生规模院校 vs. 数量庞大的小型招生规模院校

从卡内基分类来看，美国具有学位授予权的高校的特点是招收大量学生的院

---

① Indiana University Center for Postsecondary Research（2018）. Carnegie Classifications 2018 Public Data File. https://carnegieclassifications.iu.edu/downloads/CCIHE2018-PublicDataFile.xlsx. [2019-07-22].

校相对较少，而招收较少学生的院校相对较多。从 2017 年秋季在校生数量来分析（表 4-5），两个最大的基本分类类别是博士学位授予大学和副学士学位授予院校，分别占学位授予院校在校生总数的 36% 和 29%；校均在校生规模分别为 17 295 人和 5808 人；副学士学位授予院校占院校总数的 23.1%，博士学位授予大学只占院校总数的 9.70%。两年制和四年制专门院校数量分别占院校总数的 10.0% 和 21.2%，在校生人数分别占在校生总人数的 0.9% 和 3.5%，校均入学规模分别为 425 人和 763 人。部落院校占院校总数的 0.8%，其在校生人数仅占在校生总人数的 0.1%，校均在校生规模分别为 483 人。

表 4-5　按学位和课程重点分类的美国高等教育机构

比较项	院校		2017 年秋季在校生	
	数量/所	百分比/%	数量/人	百分比/%
博士大学	418	9.7	7 229 265	36.0
硕士院校	685	15.8	3 955 922	19.7
学士院校	575	13.3	898 818	4.5
学士/副学士院校	262	6.1	1 270 740	6.3
副学士院校	1 000	23.1	5 808 423	29.0
专门院校：两年制	432	10.0	183 775	0.9
专门院校：四年制	918	21.2	700 442	3.5
部落学院	34	0.8	16 424	0.1
总数	4 324	100	20 063 809	100

二、大学生培养项目分类：文科及理科学位 vs. 专业/职业/技术学位

该分类主要考虑高等教育机构三方面的指标：一是学位授予水平（副学士或学士学位），二是文理学科和职业学科授予的学士学位比例，三是授予大学生和研究生的学位在同一学科领域的比例。

大学生培养项目分类主要关注本科生教育，而不考虑研究生教育。分类基于以下三个主要信息：获得本科教育学位（副学士或者学士）的比例，获得文理学位、专业领域学位、两年制机构中职业技术领域学位的比例，在同一领域获得研究生学位的情况。大学生培养项目分类根据 2016—2017 学年授予的学士学位（副学士或者学士）的比例，对具有副学士学位授予权的院校和四年制本科院校进行了描述（这些学位所属的专业指向专业领域、技术和职业技术轨迹、文理学科领域）。对于副学士学位授予院校，2018 版对仅需要副学士学位的职业技术领

域以及通常需要进一步教育才能进入与研究领域直接相关职业的所有其他领域（这些领域被标记为转学重点）进行了区分，然后将这些区别按连续性进行分类。副学士学位授予院校划分为3个类别，两年制专门院校和学士/副学士院校单独归类，并不包含其中。四年制学院和大学由5个类别构成。

如表4-6所示，在副学士学位授予院校的3种类型中，从院校数量分布看，副学士学位授予院校的数量相对分布均匀。从在校生规模看，高转学类院校在校生规模较大，占2017年秋季在校生总数的50.5%，这类院校包含许多大型公立社区学院；其次是混合转学/职业技术类院校，占2017年秋季在校生总数的33.9%，通过转学制度进入四年制本科院校成为半数以上学生的最重要入学选择。从校均在校生规模看，高转学类院校为8583人，这类院校数量多，校均在校生规模大；混合转学/职业技术类院校为6327人；高职业技术类院校为2609人，这类院校数量多，但校均招生规模小。在美国高等教育历史和传统中，副学士学位授予院校一直发挥着美国高等教育系统转学中转站的功能和作用。这一制度的良性运行机制，进一步奠定和彰显了副学士学位授予院校在美国高等教育系统和高等教育普及化进程中不可或缺的重要地位。

表 4-6　副学士学位授予院校——大学生培养项目分类

比较项	院校		2017 年秋季在校生	
	数量/所	百分比/%	数量/人	百分比/%
高转学	342	34.2	2 935 267	50.5
混合转学/职业技术	311	31.1	1 967 804	33.9
高职业技术	347	34.7	905 352	15.6
总数	1 000	100	5 808 423	100

如表4-7所示，在四年制院校的五种类型中，专业学科教育的院校和在校生规模均大于文理学科教育的院校。从院校数量分布看，专业学位为重点院校（占30.3%）、专业学位附加文理学位院校（占30.7%）占五类院校总数的61.0%。从在校生规模看，专业学位为重点院校（占11.7%）、专业学位附加文理学位院校（占38.0%），占2017年秋季在校生总数的49.7%。

从校均在校生规模看，文理学位为重点类院校为2808人，这类院校数量虽然少，但校均在校生规模高于专业学位为重点类院校；文理学位附加专业学位类院校为5743人；文理学位/专业学位并重类院校为9584人，这类院校校均招生规模最大；专业学位附加文理学位类院校为7121人；专业学位为重点类院校为2212人，这类院校虽数量多，但校均招生规模小。

表 4-7　四年制院校——大学生培养项目分类

比较项	院校		2017 年秋季在校生	
	数量/所	百分比/%	数量/人	百分比/%
文理学位为重点	162	7.5	454 980	3.7
文理学位附加专业学位	185	8.6	1 062 535	8.5
文理学位/专业学位并重	495	22.9	4 744 249	38.1
专业学位附加文理学位	664	30.7	4 728 528	38.0
专业学位为重点	656	30.3	1 450 962	11.7
总数	2 162	100	12 441 254	100

三、研究生培养项目

2018 版卡内基分类中研究生培养项目分类首先基于研究生学位授予水平（硕士，研究/学术博士，专业博士和其他博士学位），将研究生培养高等教育机构分为硕士学位和专业博士学位授予院校、研究/学术博士学位授予院校两个大类；然后按照学位授予的学科数量和布局（包括授予学位在学科领域的集中性，或者各学科领域的组合情况）进行二次归类。

如表 4-8 所示，有 66.3% 的院校是硕士学位和专业博士学位授予院校，但这类院校 2017 年秋季在校生只占在校生总数的 33.8%。而 33.7% 授予研究/学术博士学位和其他博士学位的机构，其 2017 年秋季在校生却占在校生总数的 66.2%。提供硕士学位和专业博士学位的机构数量多，但研究生招生规模小；授予研究/学术博士学位的机构数量少，但研究生招生规模大。

表 4-8　研究生培养项目分类

比较项	院校		2017 年秋季在校生	
	数量/所	百分比/%	数量/人	百分比/%
硕士学位和专业博士学位授予院校	1 348	66.3	4 131 443	33.8
单一学科领域	354	17.4	280 103	2.3
专业类	457	22.5	866 756	7.1
文理科类	442	21.7	1 879 657	15.4
综合类	95	4.7	1 104 927	9.0
研究/学术博士学位授予院校	686	33.7	8 082 833	66.2
单一学科领域	234	11.5	960 095	7.9
专业类/文理科类	279	13.7	2 694 512	22.1
综合类	173	8.5	4 428 226	36.3
总数	2 034	100	12 214 276	100

四、招生结构分类：本科生和研究生的组合

招生结构分类按照高等教育机构各层次学生构成和各级学位授予比例进行划分。如表 4-9 所示，2018 版卡内基分类根据本科生和研究生的组合将招生结构进一步区分为五类院校：全部为两年制本科院校、全部为四年制本科院校、很高的本科生比院校、高的本科生比院校、大部分为本科生院校、大部分为研究生院校、全部为研究生院校。

表 4-9 招生结构分类情况

比较项	院校		2017 年秋季在校生	
	数量/所	百分比/%	数量/人	百分比/%
全部为两年制本科院校	1 450	33.5	5 998 187	29.9
全部为四年制本科院校	770	17.8	1 723 797	8.6
很高本科生比院校	644	14.9	2 985 139	14.9
高本科生比院校	644	14.9	5 865 571	29.2
大部分为本科生院校	327	7.6	2 575 401	12.8
大部分为研究生院校	193	4.5	753 431	3.8
全部为研究生院校	296	6.8	162 283	0.8
总数	4 324	100	20 063 809	100

全部为两年制本科的院校中，大部分为社区学院、专门院校、职业及技术学院，院校总数和在校生总数所占比例分别为 33.5% 和 29.9%。以本科生教育为主体的高校（全部为四年制本科、很高本科生比、高本科生比、大部分为本科生）院校数和在校生数所占比例都较高，分别为 55.2% 和 65.5%；其中，入学率最高的是"高本科生比院校"，这类院校本科生占学生总数的 76%—90%。[1]大部分为研究生和全部为研究生的院校数量和在校生人数都相对较低，但美国有 296 所全部为研究生院校，这类院校数量占所有高校总数的 7%，其招生人数仅占招生总人数的 0.8%，这类高校与大部分为研究生的院校一起，共同彰显了美国研究型大学的群体特征。

五、大学生特征分类：课程负荷、转学和选择性

该分类按照大学生三方面的特征进行分类：一是不同性质大学生（全日制、非全日制）的比例；二是初次入学大一学生的学业成就特征；三是从其他高等教育机构转入生的比例。卡内基教学促进基金会认为，这些指标虽然不显示大学教

---

[1] 2018 Update Facts & Figures. http://carnegieclassifications.iu.edu/definitions.php. [2021-12-26].

育的质量，却能体现高等教育机构对学生的服务如何。2018 版根据这三个因素对学生特征进行了分类。

第一，根据全日制和非全日制学生的比例组合（课程负荷）对两年制和四年制院校进行了描述，如表 4-10 和表 4-11 所示。

表 4-10　两年制院校学生的课程负荷强度

比较项	院校		2017 年秋季在校生	
	数量/所	百分比/%	数量/人	百分比/%
较高非全日制（<40% FT）	544	38.0	4 131 740	68.9
混合全日制/混合非全日制（40%—59%FT）	332	23.2	1 463 911	24.4
中度全日制（61%—90% FT）	190	13.3	231 208	3.9
较高全日制（>90% FT）	367	25.6	168 325	2.8
总数	1 433	100	5 995 184	100

表 4-11　四年制本科院校学生的课程负荷强度

比较项	院校		2017 年秋季在校生	
	数量/所	百分比/%	数量/人	百分比/%
较高非全日制（<60% FT）	439	17.4	2 326 545	16.8
中度全日制（60%—79%FT）	449	17.8	2 389 876	17.2
较高全日制（80%+ FT）	1 635	64.8	9 152 344	66.0
总数	2 523	100	13 868 765	100

两年制院校分为四类，分别为：①较高非全日制院校，2017 年秋季在校生中，68.9%的学生兼职入学这些副学士学位授予院校。②混合全日制/混合非全日制院校，40%—59%的学生兼职入学这些副学士学位授予院校。③中度全日制院校，10%—39%的学生兼职入学这些副学士学位授予院校。④较高全日制院校，<10%的学生兼职入学这些副学士学位授予院校。表 4-10 显示，更多的非全日制学生进入了两年制院校，尽管有 38.9%的两年制院校拥有中度或较高比例的全日制学生，但大部分院校招收了大量非全日制学生；由于中度和较高全日制院校在校生规模相对较小（包括许多专门院校、两年制院校），较高非全日制、混合全日制/非全日制高校招收了绝大多数（93.3%）的学生入学。

四年制院校分为三类：较高非全日制院校、中度全日制院校和较高全日制院校。其中，中度全日制院校和全日制院校又有更为细化的分类。

高度非全日制院校为至少 40%的学生兼职入学这些学士学位或更高学位授予院校。

中度全日制院校为 60%—79% 的学生全日制入学这些学士学位或更高学位授予院校，又分 4 小类。①中度全日制、全纳性、较低转入率院校，只有不到 20% 的学生是转学生；②中度全日制、全纳性、较高转入率院校，至少 20% 的学生是转学生，这两类院校要么没有报告考试成绩数据，要么成绩表明它们在学业准备和成就方面为广泛的学生群体提供了教育机会；③中度全日制、难进或比较难进、较低转入率院校，少于 20% 的学生是转学生；④中度全日制、难进或比较难进、较高转入率院校，至少 20% 的学生是转学生，这两类院校一年级学生的考试成绩数据表明，这些机构在录取方面属于难进或比较难进。

全日制院校为至少 80% 的学生全日制入学这些学士学位或更高学位授予院校，又分为 6 小类。①全日制、全纳性、较低转入率院校，少于 20% 的学生是转学生。②全日制、全纳性、较高转入率院校，至少 20% 的学生是转学生。这两类院校要么没有报告考试成绩数据，要么成绩表明它们在学业准备和成就方面为广泛的学生群体提供了教育机会。③全日制、难进、较低转入率院校，少于 20% 的学生是转学生。④全日制、难进、较高转入率院校，至少 20% 的学生是转学生。这两类院校一年级学生的考试成绩数据表明，这些机构在招生方面属于难进（在所有学士学位院校中的难进度处于 40%—80%）。⑤全日制、较难进、较低转入率院校，少于 20% 的学生是转学生。⑥全日制、较难进、较高转入率院校，至少 20% 的学生是转学生。这两类院校一年级学生的考试成绩数据表明，这些机构在招生方面较为难进（在所有学士学位院校中的难进度处于 80%—100%）。

与更多的非全日制学生进入两年制院校这一状况相比，大多数四年制院校呈现主要为全日制学生服务的状态。如表 4-11 显示，较高全日制院校的院校占比和 2017 年在校生占比分别占 64.8% 和 66.0%。

第二，根据转入学生比例对四年制院校进行描述。表 4-12 显示 69.7% 的四年制院校为大量的转学生提供学习机会，并且高转入率院校在校生占比远大于低转入率院校。

表 4-12　四年制本科院校的学生转入率

比较项	院校		2017 年秋季在校生	
	数量/所	百分比/%	数量/人	百分比/%
低转入率（<20%）	765	30.3	3 599 405	26.0
高转入率（≥20%）	1 758	69.7	10 269 360	74.0
总数	2 523	100	13 868 765	100

第三，根据初次入学大一学生的学业成就特征对四年制院校进行描述。美国

大学入学考试（ACT）分为四个部分：英语、数学、阅读和科学推理。各部分满分均为 36 分，总分取平均分。作文满分 12 分，不计算在总分中，单独给出分数。表 4-13 显示，复合 ACT 成绩低于 18 分的为全纳性院校；复合 ACT 成绩在 18—21 分的为选择性院校；复合 ACT 成绩高于 21 分的为更多选择性院校。尽管大多数院校、机构有全纳性招生选择标准，但其在校生占比仅为 36.2%。三种类别的院校注册人数分布相对均匀。

表 4-13　四年制院校的选择性

比较项	院校		2017 年秋季在校生	
	数量/所	百分比/%	数量/人	百分比/%
全纳性院校（<18）*	1 406	55.7	5 024 874	36.2
选择性院校（18—21）*	689	27.3	4 495 146	32.4
更多选择性院校（>21）*	428	17.0	4 348 745	31.4
总数	2 523	100	13 868 765	100

*根据复合 ACT 成绩的平均 25%分位数或等效的 SAT 成绩。对于非强制考试入学的院校则基于录取率。

六、规模和设置分类：课程负荷、转移和选择性

规模与设置分类是按照高等教育机构的规模和住宿特征进行分类的，这一分类只区分了包含本科学生的院校（专门的研究生院校没有被分类）。规模即在校生人数，2018 版分别将两年制院校分为 5 类，将四年制院校分为 4 类。设置是将每个类别的四年制院校根据住在学校拥有、经营或隶属住房的学生比例进行进一步区分。

在规模分类中，很小规模和小规模的院校数量多，但招收的学生比例相对较少；大规模的院校数量少但招收的学生比例相对较多。在两年制院校中，规模大和很大的两个类别仅占院校总数的 14.4%，但学生数占在校生总数的 56.6%（表 4-14）。在四年制院校中，规模为中等和大的两个类别占院校总数的 32.7%，但 2017 年秋季在校生数占在校生总数的 84.9%（表 4-15）。

表 4-14　两年制院校的规模类别

比较项	院校		2017 年秋季在校生	
	数量/所	百分比/%	数量/人	百分比/%
很小（<500）	502	34.6	131 708	2.2
小（500—1999）	436	30.1	759 740	12.7
中等（2000—4999）	303	20.9	1 716 891	28.6
大（5000—9999）	144	9.9	1 695 284	28.3
很大（≥10 000）	65	4.5	1 694 564	28.3
总数	1 450	100	5 998 187	100

表 4-15　四年制院校的规模类别

比较项	院校		2017 年秋季在校生	
	数量/所	百分比/%	数量/人	百分比/%
很小（<1000）	1 014	39.4	496 674	3.6
小（1000—2999）	719	27.9	1 614 285	11.6
中等（3000—9999）	539	20.9	3 845 802	27.7
大（≥10 000）	304	11.8	7 945 942	57.2
总数	2 576	100	13 902 703	100

在设置分类中，所有四年制院校中，44.7%的院校招收的学生主要是非住宿学生。这类院校 2017 年秋季在校生占在校生总数的 45.5%。虽然高住宿率院校（住宿生>50%，全职学生数>80%）占所有四年制院校的 33.5%，但其 2017 年秋季在校生数仅占四年制院校在校生总数的 19.5%（表 4-16）。

表 4-16　四年制院校的学校住宿情况

比较项	院校		2017 年秋季在校生	
	数量/所	百分比/%	数量/人	百分比/%
主要为非住宿生	1 151	44.7	6 328 530	45.5
主要为住宿生	561	21.8	4 863 544	35.0
高住宿率	864	33.5	2 710 629	19.5
总数	2 576	100	13 902 703	100

卡内基教学促进基金会认为，"规模"与机构的结构、复杂度、文化、财政情况等因素相关；"住宿"或"非住宿"特征反映了校园环境、高等教育机构所服务的学生规模，以及培养项目和服务的融合。

第四节　2021 版卡内基分类下的美国高等教育结构变革*

2021 年版卡内基分类是卡内基教学促进基金会对 2019—2020 学年至少授予一个学位的高等教育机构进行分类，分类数据基于截至 2021 年 2 月 18 日。与 2018 版 vs. 2015 版卡内基分类主要变化相比较，2019 年以来，美国高等教育发展格局最显著变化的是高等教育机构总数和总招生规模都在下降，但博士研究生教育机构数和在校生数却呈现出明显的增长趋势。这一变化在一定程度上彰显出美国高等教育系统内部的组织和结构整合与变革过程，有可能预示着美国高等教育

* 本节数据和图表资料来源于 2021 Carnegie Classifications Update Facts & Figures Report. https://carnegieclassifications. acenet.edu/downloads/CCIHE2021-FactsFigures.pdf.（2021-02-18）[2023-02-11].

系统正在悄然发生新的变革。

一、高等教育机构数减少，博士学位授予大学数量增长明显

2021 版卡内基分类中，美国高等教育机构共计 3940 所，与 2018 版卡内基分类相比机构数量下降了 9%。如图 4-1 所示，在基本分类的 7 大类高等教育机构中，只有部落学院和博士学位授予院校的数量在增长，其他五大类的高等教育机构的总体数量都在下降。院校数量下降幅度最大的是学士/副学士学位授予院校和专门学院，其中，四年制专门院校和两年制专门学院数量分别下降了 18.7%和21.3%，共计下降了 40%；其次是学士/副学士授予院校下降了 22.9%。数量增长幅度最大的是博士学位授予大学，增长了 12.2%。

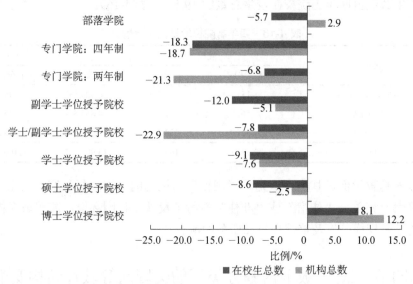

图 4-1　2021 版与 2018 版卡内基基本分类中的机构总数与在校生总数的变化

二、研究生教育中研究/学术博士学位授予机构数和入学人数占比在提高

2018 版卡内基分类更新以来，美国高等教育越来越多的研究生培养项目机构开始提供研究/学术博士学位研究生教育，研究/学术博士学位授予机构的在校生数同时在增加。2021 版多维平行分类的研究生培养项目中，2020 年秋季仅提供硕士学位和专业博士学位授予机构共计 1227 所，约占机构总数的 63%，但在校生总数为 3 548 300 人，只占在校生总数的 29%；而研究/学术博士学位授予院校和特殊研究机构共计 722 所，虽只占机构总数的 1/3，但在校生总数为 8 790 589

人，占在校生总数的 71%。在仅提供硕士学位和专业博士学位授予机构中占大多数的属于各种"专业类"，尤其是"商科主导专业类"的机构，其规模更大，在在校生总数中所占比例也更大。在研究/学术博士学位授予院校和特殊研究机构中占绝大多数的属于"综合类"机构，而这些"综合类"机构大多数属于"非常高研究活动"（R1）"高研究活动"（R2）两个研究子类别。具体表 4-17 所示。

表 4-17　2021 版卡内基分类研究生培养项目中各子类别机构数量和在校生总数

比较项		机构数量				在校生总数			
		2021 版更新/所	占比/%	2018 版更新/所	占比变化/%	2021 版更新/人	占比/%	2018 版更新/人	占比变化/%
硕士学位和专业博士学位授予院校	教育-单一或主导学科领域	211	11	354	−40.4	606 875	5	280 103	116.7
	商科-单一或主导学科领域	266	14	457	−41.8	1 009 148	8	866 756	16.4
	其他专业-单一或主导学科领域	656	34	442	48.4	1 151 435	9	1 879 657	−38.7
	文理科类/综合类	94	5	95	−1.1	780 842	6	1 104 927	−29.3
	小计	1 227	63	1 348	−9.0	3 548 300	29	4 131 443	−14.1
研究/学术博士学位授予院校	单一学科领域	261	13	234	11.5	1 298 417	11	960 095	35.2
	专门类	283	15	279	1.4	2 809 782	23	2 694 512	4.3
	综合类	178	9	173	2.9	4 682 390	38	4 428 226	5.7
	小计	722	37	686	5.2	8 790 589	71	8 082 833	8.8
总数		1 949	—	2 034	−4.2	12 338 889	—	12 214 276	1.0

三、博士学位授予大学三个子类别中"非常高研究活动"机构增长迅速

2021 版卡内基分类在博士学位授予大学大类中，2018 版中的博士学位授予大学大多数仍然属于同一类别，特别是在"非常高研究活动""高研究活动"两个研究型的子类别机构中。2018 版卡内基分类中"博士学位授予大学：非常高研究活动"机构再没有一所离开 R1 类别；在 2018 版卡内基分类 134 所"博士学位授予大学：高研究活动"机构中，有 15 所进入了"非常高研究活动"的机构类别，3 所进入了"学术/专业博士"机构类别，3 所转入其他类别。在博士学位授予大学三个子类别中，进入博士学位授予大学大类最多的是"学术/专业博士"机构子类别，2018 版卡内基分类 142 所"学术/专业博士"机构中，有 9 所院校进入"高度研究活动"类别，15 所院校进入其他类别；有 68 所院校是从其他类别进入"学术/专业博士"机构类别。值得注意的是，博士学位授予大学中新增了一

个"专门研究机构"(special focus research institution),这类机构仅在有限的学术项目中授予博士学位,但要达到研究型大学(R1、R2)分类标准。表 4-18 为 2018 年、2021 年卡内基分类博士学位授予大学中 3 个子类别机构的变动情况。

表 4-18 2018 版、2021 版卡内基分类博士学位授予大学中 3 个子类别机构的变动情况

单位:所

比较项		2021 版 博士学位授予大学			2021 版 其他			合计
		非常高研究	高研究	学术/专业博士	硕士	本科	专门学院	
2018 版博士学位授予点	非常高研究	131	—	—	—	—	—	131
	高研究	15	113	3	1	—	2	134
	学术/专业博士	—	9	121	12	3		142
2018 版其他	硕士	—	10	48	—	—	—	58
	本科	—	—	7				7
	专门学院	—	2	10				12
合计		146	134	189	—	—	—	469

美国是世界上最早实现高等教育普及化的国家,高等教育普及化早已处于高级发展阶段。2018 年以来美国高等教育层次结构呈现了向博士研究生教育层次上移的发展态势,研究/学术博士学位授予机构数和入学人数占比都在提高,尤其是"博士学位授予大学:非常高研究活动"机构发展规模快速增长。美国高等教育发展的这一态势,一方面,反映了在美国高等教育普及化高度发达时代中博士研究生教育的地位和作用不断被强化并得到社会广泛的认可;另一方面,也折射出了当今美国国家竞争和创新战略的实施与高等教育卓越发展之间的共时同频。

第五章　美国高校及州转学制度概况

高校学生转学制度是美国高等教育质量保证的重要制度之一。美国高校之间存在广泛的转学方式、学分互认和各种转学政策协议，很多学生同时在不同学校注册并有转学行为。灵活的学生转学不仅为达不到学业标准的学生提供了新的学习出路，彰显了学生选择大学、专业时的理性判断和自主发展等个性特征，更重要的是确保了人才培养的标准和质量乃至高校文凭的含金量。本章从美国高校学生转学方式入手，全方位、立体化地描述和剖析学生转学的运行模式和保障机制。

第一节　美国高校转学制度概述

虽然高等教育扩张背景下美国的大学文凭已经发生了通货膨胀[①]，但 2012 年美国有统计数据表明，美国连续 5 年本科平均毕业率低于 50%，比起之前 10 年这一数据有所下降[②]。美国高校的低毕业率，一方面是基于严格的学位文凭标准是大学作为学生培养质量守门人的职责和对高深知识敬畏的体现，另一方面则与美国高校成熟的学生转学制度息息相关。

一、美国高校学生转学方式

根据 2002 年全美高校学生纵向数据进行的一项研究发现，虽然仅有 47%进入本科院校的学生能在 5 年后从同一所大学毕业，但是另外 29%的学生仍然继续被录取或是从另一所大学毕业。[③]学生觉得学校和专业对自己学业成长不适合

---

① 兰德尔·柯林斯. 文凭社会. 刘冉译. 北京：北京大学出版社，2018：中文版序.

② Shapiro D，Dundar A. Completing College：A National View of Student Attainment Rates. https://files.eric. ed.gov/fulltext/ED538117.pdf.（2012-11-10）[2021-09-08]

③ Choy S P. Access &Persistence：Findings from 10 Years of Longitudinal Research on Students. https://files. eric.ed.gov/fulltext/ED466105.pdf.（2002-02-09）[2021-09-10]

时，就会选择退学或转学。很多学生同时在不同学校注册等现象成为美国大学生学习的典型特征之一。美国学生资料库（NSC）研究中心联合印第安纳大学的学术成就项目组研究了 2006 年秋季在校生，包括约 2800 万名来自美国所有类型高校的全日制和非全日制大学生 5 年来的所有转学行为，并于 2012 年 2 月发布美国高校学生转学统计报告。报告显示：①1/3 的学生在 5 年内至少转学 1 次，25%的学生转学次数超过 1 次；非全日制学生的转学率要比全日制学生的转学率高。②与公立和私立非营利性院校相比，私立营利性高校由于大学课程体系不同，学分转移受限，转学率最低。③在所有转学学生中，大二学生转学率最高，占转学总数的 37%；22%的学生在入学后的第四年或第五年转学；27%的学生跨州转学；43%的学生转到公立两年制学院。学生选择最多的转学目标高校为两年制公立高校。①

由于学费较低，很多大学生选择把社区学院作为跳板，在此获得副学士学位后再转入四年制院校。来自低收入、少数族裔家庭和家族第一代的大学生到社区学院就读的比例较高。社区学院目前和四年制院校就此形成共识：彼此在转学政策和协议上的合作能有效提高学校的毕业率，并能更好地实现高等教育的人才培养标准。转学制度的设计为不同需要、不同种族、不同社会阶层的大学生接受高等教育提供了多样化的选择和通道。

目前美国高校的转学方式主要有以下几种。

1）正向转学，即 2+2 转学。一般被称为传统转学，又称垂直转学或向上转学②，主要指从两年制院校转学至四年制院校。正向转学包含两种情况：未获得副学士学位的学生转学和已获得副学士学位的学生转学。两年制院校主要指美国的社区学院，为学生提供相当于大学一、二年级的学院课程，学生符合一定的条件后，如修满规定学分、成绩达到要求或取得副学士学位等，可进入四年制大学或学校的高年级深造。③

2）横向转学，即 2-2 转学和 4-4 转学，主要指从两年制院校转学至另一所两年制院校，或从四年制院校转学至另一所四年制院校，不论最后是否回到原来的院校。

3）反向转学，即 4-2 转学，主要指从四年制院校转学至两年制院校，不论最后是否回到原来的院校。

---

① Hossler D，Shapiro D，Dundar A. Transfer & Mobility：A National View of Pre-Degree Student Movement in Post-Secondary Institutions. https://files.eric.ed.gov/fulltext/ED536121.pdf.（2012-02-10）[2021-09-08]

② Dougherty K J，Kienzl G S. 2006. It's not enough to get through the open door：Inequalities by social background in transfer from community colleges to four-year colleges. Teachers College Record，108（3）：452-487.

③ 孙曼丽，周志群. 美国社区学院"转学教育"的历史变革. 福建师范大学学报（哲学社会科学版），2011（1）：122-127.

4）旋转式转学，通常指学生在两年制和四年制院校之间的转学次数超过 1 次，它混合了上述 2-2、2+2、4-2、4-4 转学。20 世纪 70—90 年代，旋转式转学在超过 1 所高校注册入学的学生在学士学位获得者中占 49%—58%。①

旋转式转学主要包含以下三种形式：①修读两年制院校暑期课程。主要指原本在四年制院校入读的学生，其间修读两年制院校暑期课程，然后将这些课程的学分转入四年制院校。②同时注册两年制和四年制院校，然后将两年制课程学分转入四年制院校。③高中时参加社区学院提供的双学分课程，高中毕业后将这些学分转入四年制大学。②

二、美国高校学生转学运行模式

美国高校学生转学运行模式概括起来大致可以分为两种：州通过立法确定转学衔接协议模式；州通过成立教育理事会设立转学中转站模式。

（一）州通过立法确定转学衔接协议模式

该模式的主要服务对象是在社区学院获得文学副学士（AA）或理学副学士（AS）学位的学生。为了保障这部分转学生在四年制院校顺利获得学士学位，美国各州通常推行"2+2 转学衔接协议"。美国已有 23 个州针对 2+2 转学出台了相关法律。制定这些政策和协议的目标是：①减少因不必要的课程重修导致的毕业延误；②为从社区学院转到四年制院校的学生提供明确的信息；③向学生保证他们为获得社区学院副学士学位所得学分将适用于提供学士学位的四年制院校。③负责接收转学生的四年制院校通常会考虑转出院校的机构认证程度和所修课程的相似性，因为这两者决定了多少学分可以转移。④

佛罗里达州发布的转学衔接协议是 2+2 转学的典型代表。协议保证了在佛罗里达州获得副学士学位的转学生可将 60 个学分转移至州立大学，这些学分在申请学士学位时同样有效。此外，佛罗里达州还为此设计了共同的课程编码系统和

① Clifford A. Answers in the Tool Box：Academic Intensity，Attendance Patterns，and Bachelor's Degree Attainment. https://files.eric.ed.gov/fulltext/ED431363.pdf.（1999-06-02）[2021-08-10].

② Townsend B K，Ignash J. Assumptions about Transfer Behavior in State-Level Articulation Agreements：Realistic or Reactionary? https://files.eric.ed.gov/fulltext/ED450855.pdf.（2000-11-02）[2021-08-16].

③ Creech J D，Lord J M. Clearing Paths to College Degrees：Transfer Policies in SREB States. https://eric.ed.gov/?id=ED498404.（2007-08-10）[2021-08-16].

④ Ashby C M. Transfer Students：Post Secondary Institutions Could Promote More Consistent Consideration of Coursework by Not Basing Determinations on Accreditation. https://files.eric.ed.gov/fulltext/ED486448.pdf.（2005-10-18）[2021-08-17].

转学生权利法案。该法案规定：根据《全州转学衔接协议》（州教育委员会细则 6A-10.024），从佛罗里达州的学院（通常称为社区学院）毕业并获得文学副学士学位的转学生享有以下权利：①可被 11 所州立大学之一录取，除了某些限制入学项目；②州立大学接受至少 60 个学期学时；③基于学生首次在佛罗里达州院校入学时的生效目录，遵守学校的要求，前提是该学生保持连续注册；④在全州课程编号制度下进行同等课程的转学；⑤接受州立大学的加速课程学分（如"大学水平考试计划"、双录取、大学预修课程、国际文凭课程和高级国际教育）；⑥没有额外的通识教育要求；⑦提高限制入学项目的学业选拔标准；⑧同本校大学生一样拥有平等机会学习某些限制入学项目。[①]明尼苏达州和北达科他州签订了一个双方共同认可的转学衔接协议：在两个州内的高校获得的副学士学位和通识教育学分可以在正向转学过程中进行自由转移或学位认定。

（二）州通过成立教育理事会设立转学中转站模式

除了 23 个州通过立法确定转学衔接协议，美国还有包括阿拉斯加州、夏威夷州、佛蒙特州、怀俄明州等在内的 23 个州成立州理事会或董事会，承担制定州立机构转学政策、制定社区学院与四年制院校间转学协议等职责，推动学生转学机制的运行。

1. 成立州理事会

纽约州的高等教育主要包含纽约市立大学和纽约州立大学两大教育系统，共有 45 所公立四年制院校，35 所公立两年制社区学院和 182 所私立院校（其中包含 119 所独立四年制院校、22 所独立两年制院校、9 所四年产权制院校、32 所两年产权制院校）。

纽约州教育理事会的主要责任是进行高等教育规划、制定高等教育政策、收集院校数据以及监督纽约州立大学和纽约市立大学两个公立理事会。其重要功能是发挥学生转学的协调作用、行使学位审查和审批权、负责审批学位课程及全州的数据采集。但它没有高等教育的预算审批权限，预算由纽约州立大学、纽约市立大学、州长办公室以及州立法机构进行谈判协商决定。目前它是美国唯一一个州立教育认证机构。

20 世纪 60 年代以来，美国所有公立院校都作为纽约州立大学和纽约市立大学的子系统进行管理：纽约州立大学拥有 32 所四年制院校和 29 所两年制院校，

---

① Bautsch B. Hot Topics in Higher Education：State Policies to Improve Student Transfer. https://vtechworks. lib.vt.edu/bitstream/handle/10919/83161/StatePoliciesStudentTransfer.pdf?sequence=1.（2013-01-08）[2021-08-17].

纽约市立大学拥有 13 所四年制院校和 6 所两年制院校。纽约州立大学理事会和纽约市立大学理事会负责对州内各自辖区的社区学院进行监管，并制定两年制院校的转学政策和监督其执行情况。无法进行学分转移的学生可向纽约州立大学理事会或纽约市立大学理事会进行申诉。

纽约州立大学一直是四年制院校中入学淘汰率最高的院校。20 世纪 70 年代以来，很多纽约市立大学附属院校的录取标准转向开放式入学。随着纽约市立大学在 2000—2002 年取消学士学位课程中的补习教育，四年制院校的录取标准随之提高。目前，纽约州教育理事会正密切关注新录取政策的实施情况。对比之下，所有纽约州立大学和纽约市立大学的社区学院仍然坚持开放入学政策。两者都要求学生在没有 ACT 或 SAT 成绩的情况下参加标准化考试来评估他们对大学课程的准备情况。分数不达标的学生需要参加补救课程学习，之后他们将获得大学录取入学的学分，而不是学位学分。

2. 设立转学中转站

隶属于纽约州立大学和纽约市立大学的社区学院一直发挥着转学中转站的作用。所属院校之间签署的转学衔接协议和学分转移认可政策明显倾向于已获得副学士学位的学生，而且两者辖属院校对副学士学位有独立的核心课程要求。转学衔接协议需要在两所院校的系统内进行单独协商。两者之间也没有通用的课程编号系统。1997—2002 年，纽约市立大学针对转学生一直采用电子课程目录以及转学信息和课程规划体系（TIPPS）。在这个体系内，学分转移政策允许完成转学核心课程的社区学院学生基于学院位置在纽约州立大学和纽约市立大学之间就已获得的学位学分进行转移。①纽约州立大学一直坚持对辖属社区学院的对等课程进行分析，并对允许反向转学的对等课程进行及时更新和发布，此外还采用了名为"学位等级"（degree work）的学位审计系统，该系统能够自动进行学位审计，使用该系统的转学生可以自行选择审计目前或其他意向中的学位进度。②即使转学生无法保证被首选的意向院校或学位专业录取，纽约州内很多录取条件相对宽松的院校也愿意接受条件合格的转学生。

三、美国高校学生转学的保障机制

美国高校学生转学的保障机制主要体现在以下 6 个方面：学分制；共同课程

① Wellman J V. State Policy and Community College-Baccalaureate Transfer. https://files.eric.ed.gov/fulltext/ED468890.pdf.（2002-08-18）[2021-04-17].

② Taylor J l，Bragg D D. Optimizing Reverse Transfer Policies and Processes：Lessons from Twelve CWID States. https://files.eric.ed.gov/fulltext/ED558760.pdf.（2015-01-08）[2021-08-24].

编号系统；通识教育核心课程体系；构建转学协议网站；转学财政资助政策；转学政策的法治取向和以学生为中心的顾客导向。表 5-1 为美国各州转学及衔接的基本政策列表。

表 5-1　美国各州转学及衔接基本政策

州	基本的转学核心课程规定（通过立法形式）	基本的转学核心课程规定（通过其他政策）(1, 2, 3/4)	共同课程编号系统（通过立法形式）	共同课程编号系统（通过其他政策）(1, 2, 3/4)	2/4 转学学位规定（以立法形式）	2/4 转学学位规定（通过其他政策）(1, 2, 3/4)	通过网站公布转学及衔接政策	反向转学
亚拉巴马州	√						√	
阿拉斯加州		1	√			1	√	
亚利桑那州	√		√		√		√	
阿肯色州	√		√		√		√	√
加利福尼亚州	√		√		√		√	
科罗拉多州	√		√		√		√	
康涅狄格州	√			3	√		√	
特拉华州						4	√	
佛罗里达州	√		√		√		√	√*
佐治亚州		1		1		1	√	
夏威夷州		1				1		√
爱达荷州		2				2		
伊利诺伊州		2			√		√	
印第安纳州	√		√		√		√	
艾奥瓦州		4				2	√	√
堪萨斯州				1		1		
肯塔基州	√		√		√		√	
路易斯安那州					√		√	
缅因州				1		1	√	
马里兰州		2		1		2	√	√
马萨诸塞州	√				√		√	
密歇根州		4					√	√
明尼苏达州	√		√			1	√	
密西西比州				3		1		
密苏里州	√					2		√
蒙大拿州				1		1	√	
内布拉斯加州		4				4		
内华达州				1	√			
新罕布什尔州						4		

续表

州	基本的转学核心课程规定（通过立法形式）	基本的转学核心课程规定（通过其他政策）（1，2，3/4）	共同课程编号系统（通过立法形式）	共同课程编号系统（通过其他政策）（1，2，3/4）	2/4 转学学位规定（以立法形式）	2/4 转学学位规定（通过其他政策）（1，2，3/4）	通过网站公布转学及衔接政策	反向转学
新泽西州					√		√	
新墨西哥州	√		√					
纽约州		4				1		√*
北卡罗来纳州	√		√		√			√*
北达科他州		2		2		2		
俄亥俄州	√				√		√	
俄克拉何马州	√		√		√		√	
俄勒冈州	√		√		√			√*
宾夕法尼亚州	√				√		√	
罗得岛州						2	√	
南卡罗来纳州		2		2		2		
南达科他州	√			1	√		√	
田纳西州	√		√		√		√	
得克萨斯州	√			√	√		√	
犹他州	√		√		√		√	
佛蒙特州						4		
弗吉尼亚州	√				√		√	
华盛顿州		2		3	√			
西弗吉尼亚州		2				2		
威斯康星州							√	
怀俄明州		4		4		4		

资料来源：2012 年佛罗里达州教育部①.

注：1 为董事会或州立大学董事会政策（比如，管理或协调多校区、公立高等教育的委员会）；2 为州立机构政策（比如，州立学校董事会、州立高等教育委员会）；3 为社区学院系统政策；4 为院校间协议（比如，自愿加入转学协议的院校系统）。

*目前仅有部分高等教育院校加入了反向转学协议。

（一）学分制

美国使用最为普遍的学分制是学时学分制，主要特征是根据与教育工作者的接触时间，强调教学的投入，而不是学生所展现的特定结果。其层次表现为每个课程都有相应的级别，共有 5 个等级（100、200、300、400、500）：100 级别和

---

① Bautsch B. Hot Topics in Higher Education：State Policies to Improve Student Transfer. https://vtechworks. lib.vt.edu/bitstream/handle/10919/83161/StatePoliciesStudentTransfer.pdf?sequence=1.（2013-01-08）[2021-08-24].

200 级别的课程是低年级的通识教育；300 级别和 400 级别的课程是高年级的主修和辅修课程；硕士和学士课程在 400 级别的重叠部分也包括 500 级别的课程；博士课程是 500 级别及以上级别的课程。学分量化为学分数的方法如下：讲授课是正式教学的 15 小时（每周 1 小时）=1 学分；实验课是 1 门讲授课程的 2 或 3 倍。因此，1 学分=正式教学 15 小时的 2 或 3 倍；实践课是 1 门讲授课程的 3 或 4 倍。因此，1 学分=正式教学 15 小时的 3 或 4 倍。完整学年通常为 30 学分左右。课程组成的特点表现为单独的课程是由各种形式的课组成（如讲授课、实验课、实践实习课等）。一个学年被分为两个学期，夏季通常作为每一年的第三学期。①

美国高校转学制度的基础是各类高校学分制教学管理制度的成熟及高校之间学分互认制度的完善，其价值体现则是对学生个性发展的尊重。1871 年，哈佛大学提出利用学分来衡量学生的学习量。1872 年，学分制正式作为一项教学管理制度在哈佛大学诞生。自此，美国高校以学分管理、选课制、弹性学制等方面积累下来的独特优势形成了完善的学分制体系。在特拉华大学机构研究办公室的一项研究中，美国 95%的高校把学分当作记录学生学习成绩的主要方式。②学分制的核心是选课制，其前提是学校能够提供足够的教师和足够的课程供学生根据自己的兴趣、专长进行选择，学分得到转入高校的接受和认可则是美国高校转学的基本前提。

（二）得克萨斯州公共课程编号系统

得克萨斯州公共课程编号系统（TCCNS）对州内公立两年制和四年制学院的可比课程使用了相同的标题、标识号和课程描述，这简化了美国高等教育机构之间的学分转移程序。当来自使用 TCCNS 高校的大学生在两所院校之间转学时，在原来学校获得的学分可以转移到接收院校。在许多州，共同的课程编号系统仅适用于新生和二年级课程。在这些情况下，TCCNS 政策的目的是减轻低层次课程学分转移的难度，从而为来自技术学院或社区学院的学生转到四年制大学铺平道路。目前包括阿肯色州、路易斯安那州和北卡罗来纳州在内的 15 个州对通用课程编号系统做出了法律规定。另外 15 个州，包括爱达荷州、堪萨斯州、密歇根州和蒙大拿州通过董事会或社区学院政策制定了共同的课程编号系统（详见表 5-1）。

---

① 孔令帅，赵芸. 美国和欧盟高校学分互认的挑战、举措与启示. 高教探索，2015（9）：51-55.

② Shedd J M. Policies and Practices in Enforcing the Credit Hour. https://onlinelibrary.wiley.com/doi/epdf/10.1002/he.107.（2003-07-25）[2021-08-24].

（三）通识教育核心课程体系

美国高校注重对学生进行通识基础课程的教育，通识教育核心课程包括大一和大二水平的大学课程，即所有学生在入学的前两年实施通识教育，不细分专业。这些课程的学分通常可以从一所大学转至另一所大学，以完成通识教育要求。作为通识教育的核心部分，各州之间可进行互换的学分学时数量不等（大致范围为27—64）。包括加利福尼亚州、佛罗里达州、俄勒冈州、得克萨斯州等在内的23个州的法律对通识教育核心课程做出了规定。17个州通过董事会政策、州立机构政策或院校间的自愿协议对通识教育核心课程做了相应的规定。

以通识教育为专业基础的课程体系，使学生在同一高校各专业之间、不同高校之间进行学分互认互转变得相对简单和顺畅。高校之间灵活、多样的学分互认、具体细致的各种转学政策和协议等转学机制的良性运行，不仅使不同层级、不同类别的高校之间加强了竞争和合作，还使教育资源得到进一步合理配置。

（四）构建转学协议网站

帮助转学生了解各州的转学政策是提高学生转学成功率的重要部分。美国已经有包括印第安纳州、肯塔基州和宾夕法尼亚州在内的29个州构建了转学协议网站，以帮助有转学意向或已经转学成功的学生了解相关信息。一旦网站投入使用，为了让转学生从转学协议网站中充分受益，网站的宣传推广工作变得十分重要。例如，印第安纳州花了很多精力通过大学辅导员和外展网络向学生推荐该网站的可用资源。

（五）转学财政资助

目前美国很多州出台了相关政策为转学生提供学费优惠或财政援助。为了能让更多符合副学士学位考核要求的转学生顺利获得学位，2012年，美国5所基金会联合发起"及时给予学分"计划，该计划鼓励资助社区学院和大学为反向转学生提供更多获得副学士学位的机会。最初只有12个州参与该计划，伊利诺伊大学的社区学院研究与领导办公室被指定为第三方机构监督整个项目的运作。2013年底，有15个州[①]（表5-1，带星号的为后期加入的3个州）加入该计划，至少有6个州已专门针对反向转学出台相关立法[②]，越来越多的州准备加入"及时给

---

①　15个州分别为阿肯色州、马里兰州、北卡罗来纳州、科罗拉多州、密歇根州、俄亥俄州、佛罗里达州、明尼苏达州、俄勒冈州、密苏里州、夏威夷州、纽约州，以及后期加入的佐治亚州、田纳西州、得克萨斯州。

②　Taylor J L，Bragg D D. Optimizing Reverse Transfer Policies and Processes: Lessons from Twelve CWID States. https://files.eric.ed.gov/fulltext/ED558760.pdf.（2015-01-08）[2021-08-24].

予学分计划"。随着美国高等教育预算日益紧张，得到"及时给予学分计划"慈善基金资助的州不仅尽可能地扩大了转学生的受益群体规模，而且对现有的州立反向转学法规进行了必要且积极的改革。

以纽约州为例，其私立四年制院校数量在全国最多。根据 2002 年的一项研究，纽约州公立院校的入学率在全国最低但是学费最高：2000 年社区学院的平均学费为 2500 美元，四年制院校的平均学费为 3850 美元。纽约州拥有美国最大的州立财政援助项目之一："学费援助计划"（TAP）。每年该计划援助金额超过 6 亿美元。"学费援助计划"仅限于注册入学 8 个学期的全日制大学生，它在很大程度上将来自于低收入家庭的社区学院学生排除在外，因为这部分学生更有可能兼职入学并且完成学士学位花费的时间更长。兼职入学补助在资助金额上比"学费援助计划"少得多，主要针对社区学院兼职入学的学生且仅限于学费补助，此外它还要求学生至少要有一半时间注册入学。纽约州立大学为转学生提供了部分学费减免，纽约市立大学的转学生则有可能获得"城市学院学费减免计划"的资助。"城市学院学费减免计划"主要资助在纽约市立大学的 6 所社区学院进行注册入学的本市居民。此外纽约州还专门设立了年资助金额约为 4500 万美元的"邦迪援助计划"，该计划基于私立院校授予的学位数量提供资助：两年制院校的副学士学位每个资助 600 美元，四年制院校的学士学位每个资助 1500 美元，硕士学位每个资助 950 美元，博士学位每个资助 4550 美元。很多私立院校与所在地区的社区学院保持着密切的合作伙伴关系，它们承诺为转学生提供学费援助和其他形式的资助。多样化的资助项目在鼓励四年制院校接收转学生和帮助他们获得学士学位方面起到了积极作用。①

（六）转学政策的法治取向和以学生为中心的顾客导向

第一，以立法的形式对转学政策做出规定。参照 2012 年佛罗里达州教育部发布的美国各州转学及衔接基本政策报告（表 5-1）可以看出，以立法形式对基本的转学核心课程进行规定的有 24 个州，以立法形式对共同课程编号系统进行规定的有 15 个州，以立法形式对 2+2 转学进行规定的有 23 个州。美国各州在高校转学制度设计上存在差异，但是无一例外地对转学以立法或出台相关政策的方式做出了规定，充分体现了法治取向的特点。

第二，体现了以学生为中心的顾客导向。美国高等教育的高度产业化、商业化、成熟的市场化运作机制使得学生成为高校最主要的服务对象。教育的国际化

---

① Wellman J V. State Policy and Community College-Baccalaureate Transfer. https://files.eric.ed.gov/fulltext/ED468890.pdf.（2002-08-18）[2021-04-17].

和全球化使得生源的竞争日益激烈，而知识越来越像是流水线上生产的商品，学生变成了高校最重要的顾客和消费者。美国各州的州立行政部门及院校在转学政策及项目执行上做出调整和完善的目的只有一个：争取尽可能多的、符合院校资质要求的学生选择转入该州或该校，并使学生在转学过程中受益。例如，原本某些州对反向转学生的数量及资质进行年度审计的做法可能会延误这部分人获得副学士学位的时间并导致部分学生中途退学或辍学的风险加大，"及时给予学分计划"允许参与州将年度审核改为季度审核；此外，为了保证转学生及时获知转学信息并作出适合自己的转学决定，某些州定期、多次发送电子邮件提醒学生注意转学相关事宜；为了使更多学生从内心认可副学士学位的价值和意义，某些州的社区学院积极邀请顺利毕业的反向转学生参加毕业典礼。这些做法都显示美国教育部门对转学生给予了充分的人性化支持和关怀，其经验值得借鉴。

随着越来越多的学生选择在社区学院开始自己的大学生涯，转学政策的制定对提高院校的毕业率变得至关重要。至少有 1/3 的学生在大学期间转学一次，美国各州已出台一系列政策帮助学生简化转学过程，并努力减少学生在转学过程中发生学分丢失或浪费的现象。转学立法的初衷是为学生和高等院校创造一个透明、公正、服务到位的转学环境。良好的转学制度不仅使美国的两年制和四年制院校从中受益，而且能为学生减轻高昂学费的负担，最终使各州顺利完成高等教育人才的培养目标。[1]

四、美国高校为了提高毕业率而采取的措施

（一）提高毕业率的倡议

大学毕业率较低已成为美国高等教育面临的日益重要的问题。奥巴马政府计划到 2020 年将美国的大学毕业率提高到 60%，并至少增加 1000 万来自社区学院和四年制院校的毕业生。[2]该计划的主要目的是"确保国家经济的活力""加强社区学院的力量培养世界上受过最好教育和最具竞争力的劳动力"[3]，提高大学学位完成率的必要性促使社区学院和四年制院校合作制定实现这些目标的策略。提

---

① 高源，宋旭红. 美国高校学生转学的运行模式和保障机制. 高教发展与评估，2019（5）：51-61+I0004-I0005.

② Kanter M，Ochoa E，Nassif R，et al. Meeting President Obama's 2020 College Completion Goal. https://view.officeapps.live.com/op/view.aspx?src=https%3A%2F%2Fwww.ed.gov%2Fsites%2Fdefault%2Ffiles%2Fwinning-the-future.ppt&wdOrigin=BROWSELINK.（2011-07-21）[2021-04-17].

③ Parke S，Wilson N，Dufour M. Executive Summary: Illinois Community College System Complete College America Progress Report. https://www.iccb.org/pdf/reports/cca2012/Combined_CCA_June2012_Executive_Summary.pdf.（2012-06-12）[2021-04-18].

高学位完成率的一项常见举措是鼓励学生完成大学学位，美国许多机构和州正在参与范围更广泛的推进计划。

1."双赢项目"

"双赢项目"是高等教育政策研究所（IHEP）和州高等教育执行官（SHEEO）之间达成的合作伙伴关系，由鲁米纳教育基金会提供资金（在密歇根州则由 Kresge 基金会提供）。根据高等教育政策研究所 2011 年的报告，"双赢项目"的参与者包括 9 个州（佛罗里达州、路易斯安那州、密歇根州、密苏里州、纽约州、俄亥俄州、俄勒冈州、弗吉尼亚州和威斯康星州）的 64 所社区学院和 4 所大学，向"不再在任何地方就读、从未被授予任何学位、但学分记录证明他们有资格获得副学士学位"的学生授予该学位。①截至 2013 年 7 月，"双赢项目"参与者能够在高等教育政策研究所机构政策论坛上展示初步调查结果，报告称在 6455 名潜在毕业生中，有 4260 人获得了副学士学位。②

2."美国学位完成"计划

"美国学位完成"（CCA）计划是一个由比尔和梅琳达•盖茨基金会、纽约卡内基公司、福特基金会、鲁米纳教育基金会、凯洛格基金会和美国基金资助的项目。"美国学位完成"计划与美国州长协会（NGA）合作，通过美国州长协会的"毕业有竞争力"计划来增加大学毕业生的数量。"毕业有竞争力"计划旨在"提高大学完成率、提高高等教育效率"，鼓励每个参与州"收集和报告平行数据并实施政策"以提高大学完成率。③"美国学位完成"计划使用一系列指标例如进度、结果和背景来衡量绩效，"毕业有竞争力"计划使用 10 个结果和进度完成指标④；这些指标的设定很重要，因为它们使政策制定者和州领导人能够衡量比较各州的措施和政策，从而更好地为未来的资助决策提供信息。

（二）新式反向转学

1."反向转学"定义的变化

由于高等教育机构之间的学生流动发生了重大变化，许多研究人员在关注转

---

① Institute of Higher Education Policy. Getting across the Finish Line with Project Win-Win. https://www. ihep.org/projectwinwin.cfm.（2013-07-15）［2021-04-18］.

② Institute of Higher Education Policy. Getting across the Finish Line with Project Win-Win. https://www. ihep.org/projectwinwin.cfm.（2013-07-15）［2021-04-18］.

③ Reyna R，Reindl T，Witham K. Complete to Compete：Common College Completion Metrics. https://files. eric.ed.gov/fulltext/ED516183.pdf.（2010-10-15）［2021-04-18］.

④ Parke S，Wilson N，Dufour M. Executive Summary：Illinois Community College System Complete College America Progress Report. https://www.iccb.org/pdf/reports/cca2012/Combined_CCA_June2012_Executive_Summary.pdf. （2012-06-12）［2021-04-18］.

学生的流动模式时注意到转学调整和模式所涉及的复杂性。学生的流动模式是一种在研究中以不同方式定义的复杂现象，如转学、旋转等。虽然转学的术语和途径有多种，但必须澄清定义才能仔细研究特定模式。汤森和德弗在 1999 年的研究中为反向转学生定义了三种转学模式。首先，他们将反向转学定义为"从四年制大学转到两年制院校的学生"，因为他们"以与传统模式相反的方式转学"。这一分组的学生被称为"本科逆转学生"（URTS），他们要么"在四年制学校开始接受教育，然后转入两年制学校并在那里待一段时间"，要么临时反向转学，"学生通常在夏季就读两年制院校，只是为了获得一些可以转回四年制大学的学分"。第二个分组在哈格多恩和卡斯特罗于 1999 年展开的工作中被称为"夏季学期生"。①第三种类型的反向转学分组被称为"学士后反向转学生"（PRST）。这个群体在入读两年制院校之前已经至少获得了学士学位，并且"可能为了个人发展、探索新的职业领域或在他们目前的领域取得进步而进入两年制院校"。②霍斯勒等在 2012 年提出的术语"反向转学"是指学生从四年制大学入学然后转入两年制院校。③

　　几十年来，美国高等教育专业人士和研究人员使用"反向转学"一词来描述特定的学生群体。从历史上看，反向转学指的是学生在完成四年制学院或大学的学位之前，从四年制院校转到社区学院。自 2006 年起，"反向转学"一词已扩展到包括新的反向转学在内的所有反向转学方式，指的是从两年制社区学院转学到四年制学士学位机构但没有先获得副学士学位的学生仍有可能获得副学士学位。新式反向转学成为美国高校学生完成学位的创新举措，"反向转学"这个术语的含义已经在背景和语义上发生变化。这种新模式的出现伴随着社区学院寻求各种方法支持大量未获得副学士学位、离开并转学到四年制大学的学生。反向转学已成为社区学院寻求学生服务创新、提高学位完成率的途径。

　　通过反向转学，在四年制学士学位机构获得的学分如果符合并完成副学士学位的要求，学生就可以将学分转至两年制社区学院，进行副学士学位的审核和评估。获得副学士学位的主要益处是，即使转学生目前正在攻读学士学位，副学士学位是对其已完成工作的认可，也不会妨碍其获得学士学位。在社区学院就拿到

---

① Hagedorn L S，Castro C R. Paradoxes：California's Experiences with Reverse Transfer Students. https://files.eric.ed.gov/fulltext/ED431439.pdf#page=21.（1999-07-20）[2021-04-18].

② Townsend B K，Dever J T. What Do We Know about Reverse Transfer Students? Understanding the Impact of Reverse Transfer Students on Community Colleges. https://eric.ed.gov/?id=EJ588431（1999-07-20）[2021-04-19].

③ Hossler D，Shapiro D，Dundar A. Transfer and Mobility：A National View of Pre-degree Student Movement in Postsecondary Institutions（Signature Report）. https://pas.indiana.edu/pdf/Transfer%20&%20Mobility.pdf.（2012-02-10）[2021-04-18].

副学士学位有很多好处，如果学生毕业时获得文学副学士或理学副学士学位，可以确切地知道哪些通用核心课程已完成以及未来的高年级课程还需完成多少学分。①副学士学位为学生提供了公认且有意义的证书，可以增加他们获得工作和加薪的可能性。研究表明与进入大学但未完成学位的人相比，完成副学士学位平均每年可带来约 4600—7200 美元的额外收入。某些州的学位授予增长率达到 5%—18%，表明通过反向转学获得学位的学生更有可能留下，并完成学士学位。②

学生获得反向转学学位的要求是：曾就读于副学士学位授予机构，并在该机构获得一定数量的课程学分；从所有就读过的机构中获得总计 60 个或更多学分；学生进入四年制院校之后可以咨询授予副学士学位的机构是否愿意评估在四年制院校获得的学位学分，以及可转移学分的要求。对于学生离开社区学院之后继续获得反向转学学位的时间限制，随着时间的推移，每个副学士学位授予机构对学分的认可时间有不同的政策。有些机构无论何时都会接受学分，而其他机构则有时间限制。③美国各州在反向转学政策及协议的内容上存在多样性，各州对学生需要满足的课程要求及院校在此过程中负有的责任有不同的具体规定。由于州的治理结构不同，高校反向转学政策的大部分实施过程可能发生在州立法监管的范围之外。

为了提高这种转学生的学位完成率，社区学院与大学合作建立正式的反向转学方案。奥巴马政府的学位完成议程和州问责措施（例如基于州绩效的资助模式）也推动了院校对创新性完成学位计划的需求。大学学分反向转移是提高社区学院完成率的一种创新方式，这种新的反向转学途径对学生、大学管理人员和政策制定者很重要，主要原因有以下三点。

（1）完成副学士学位与及时完成学士学位呈显著正相关

对传统反向转学生的研究并未显示出积极的成果。例如，美国国家学生信息交换所研究中心（NSCRC）的一项研究调查了从四年制院校入学然后转入两年制学院学生的流动性和成功率。到六年学习期结束时，17.8%的人返回四年制大学，1/3 的人要么完成了副学士学位，要么仍在社区学院就读。④与传统反向转学

① Reverse Transfer. https://www.cuny.edu/about/administration/offices/undergraduate-studies/reverse-transfer/.（2019-08-16）[2021-05-10].

② Friedel J N，Wilson S L.The New Reverse Transfer：A National Landscape. https://pdfs.semanticscholar.org/9e7a/ce6ffa8bba6e41f5fe62c4a1c23b483369df.pdf.（2014-02-20）[2023-02-05].

③ Top 5 Things Students Want to Know about Reverse Transfer. https://www.studentclearinghouse.org/nscblog/top-5-things-students-want-to-know-about-reverse-transfer-2/.（2019-07-23）[2021-05-10].

④ Shapiro D，Dundar A. Completing College：A National View of Student Attainment Rates（Signature Report）. https://www.insidehighered.com/sites/default/server_files/files/NSC_Signature_Report_3.pdf.（2012-11-08）[2021-04-19].

生的结果相反，有研究表明获得副学士学位对保留率有积极影响。例如，希滕伯格于 2012 年对反向转学生和高等教育成果进行的研究发现，获得副学士学位是预测学生及时获得四年制学士学位的最重要因素之一。①

（2）获得副学士学位学生的就业率和平均工资都有所提高

美国劳工局 2012 年的统计数据显示，拥有副学士学位者每周收入中位数为 768 美元，而拥有高中文凭者每周收入减少近 130 美元。此外，2011 年拥有副学士学位者的失业率为 6.8%，而拥有高中文凭者的失业率为 9.4%。②

（3）反向转学有助于社区学院改善学位完成率和绩效表现

美国国家学生信息交换所研究中心的一份报告指出，获得副学士学位后转学的学生毕业率最高。这些学生约有 71% 在四年内获得了学士学位，近 80% 的学生要么毕业，要么在四年制大学继续学习。③学生毕业率作为公立院校人才培养质量的衡量指标，社区学院和四年制院校都清楚地意识到州政策制定者越来越关注学生成绩，并将毕业率、绩效和财政资助联系起来。

2. 得克萨斯州的新式反向转学案例

以得克萨斯州为例，2011 年得克萨斯州颁布州教育法第三编第 61 章第 61.833 节，专门针对州内高等教育机构的反向转学做了相关规定。在转入普通教学机构之前，学生必须在低年级的社区学院获得至少 30 个学分。学生如果转学，必须累计获得 66 个符合副学士学位要求的课程学分。④普通教学机构必须联系学生先获得授权，然后将成绩单发送给社区学院，以确定学生是否已获得副学士学位所需的课程学分。一旦社区学院确定学生满足所有要求，就可以授予其学位。⑤

得克萨斯大学埃尔帕索分校（UTEP）和埃尔帕索社区学院（EPCC）之间有一个自动反向转学系统，转学生需要较少的社区学院学分即可参与。美国社区学院协会在 2014 年发布的一份关于如何实施自动毕业计划的大纲中提到，"那些至少完成了 25% 的副学士学位课程后转学到得克萨斯大学埃尔帕索分校的学生会被

---

① Lichtenberger E J. Reverse Transfer Students and Postsecondary Outcomes：A Potential Opportunity：Executive Summary. https://files.eric.ed.gov/fulltext/ED531255.pdf.（2011-05-20）[2021-04-19].

② Bureau of Labor Statistics. Earnings and Unemployment Rates by Educational Attainment. http://www.bls.gov/emp /ep_chart_001.htm.（2012-03-07）[2021-05-11].

③ National Student Clearinghouse Research Center. Some College，No Degree. https://files.eric.ed.gov/fulltext/ED599535.pdf.（2019-10-20）[2021-05-10].

④ Education Code Title 3. Higher Education Subtile B. State Coordination of Higher Education Chapter 61. Texas Higher Education Coordination Board Subchapter A. General Provisions. https://statutes.capitol.texas.gov/Docs/ED/htm/ED.61.htm.（1971-09-01）[2021-05-11].

⑤ Anderson L. Reverse Transfer：The Path Less Traveled. https://www.ecs.org/clearinghouse/01/18/77/11877.pdf.（2015-05-20）[2021-05-10].

跟踪，当他们日后累积至足够获得副学士学位的学分时会得到通知"。截至 2009 年，UTEP 和 EPCC 之间的反向转学计划授予了 2874 个副学士学位（包括文学副学士和理学副学士学位），其中近 70% 的人继续获得学士学位。[1]但是得克萨斯州在反向转学的协调方面仍面临挑战，2015 年参与反向转学计划的得克萨斯州高校发现，财政和人力资源有限，以及校方和学生之间缺乏统一沟通的机制给反向转学系统的实施带来一些问题。

3. 纽约州新式反向转学案例

完成副学士学位的学生可以保证被纽约市立大学的高年级学院录取，但某些院校之间的录取标准和审核程序有很大不同。2015—2017 年，超过 1800 名学生将四年制大学的课程学分计入副学士学位，从而获得纽约市立大学的社区学院学位。[2]这个反向转学的过程允许社区学院接受之前未拿到副学士学位的学生后来在四年制大学获得的学分。此外，在纽约市立大学所谓的在途学位中，就读于 3 所提供两年制和四年制学位综合性院校的学生，如果在学士学位课程中获得必要的学分，就可以获得副学士学位。学生通过获得反向转学学位在实践和教育上受益，这为他们提供了一个可以立即在劳动力市场发挥作用的学术证书，并带来终身收入得以提升的潜力，对已取得学术成就的认可往往会促使学生继续完成四年制学位。

纽约市立大学进一步考虑的是如何适度宣传该计划，以免鼓励学生在早期就从社区学院转学，因此该计划最终仅针对已经转学的学生。纽约市立大学的中央学术事务办公室进行一次小型试点后，在没有额外资金的情况下迅速扩大了该计划的实施范围，最终的结果还要视每个校区负责咨询、注册、转学评估等人员之间的合作情况而定。从本质上讲，大学通过人工方式评估成绩单，在合理的情况下分配学分并通知学生是否有资格获得副学士学位，学生无须支付任何费用。学生一旦得到通知，必须选择加入该计划并申请学位。纽约市立大学于 2014—2015 年在布朗克斯社区学院、霍斯托斯社区学院和皇后社区学院的反向转学试点中共授予 140 个副学士学位。2015—2016 年，7 所纽约市立大学的社区学院共授予 236 个副学士学位，3 所综合性院校（梅德加埃弗斯学院、纽约市理工学院和史坦顿岛学院）共授予 370 个在途副学士学位，两者总数为 606 个；2016—2017 年，纽约市立大学社区学院授予 320 个副学士学位，综合性院校授予 751 个在途副学士学位，两者总数为 1677 个；2014—2020 年，纽约市立大学因反向转学而

———————————

① Ekal D, Badillo T. The University of Texas at El Paso and El Paso Community College: A Partnership for Student Success. https://www.aacu.org/pkal/documents/TXTeamActionLabIIBestPractices.pdf.（2014-02-14）[2021-05-10].

② Reverse Transfer. https://www.cuny.edu/about/administration/offices/undergraduate-studies/reverse-transfer/.（2019-09-16）[2021-05-11].

授予的副学士学位总数为 11 287 个（包含在途学位）。根据纽约市立大学 2016 年 11 月 1 日发布的年度转学报告，综合学院拥有更广泛、更符合预期资质的学生群体。①除了以相同的资质标准审核社区学院学生外，综合学院还可以据此审核目前获得学士学位的学生，看看他们是否获得了副学士学位。

纽约市立大学鼓励社区学院与四年制院校合作，并与学生保持联系，因为学生更有可能打开或者回应来自当前学院的信息。一些四年制学院在社区学院的提示下向可能符合条件的学生发送电子邮件，或者两者共同合作发布信息，培训顾问在咨询和迎新活动期间寻找可能符合条件的学生。电子邮件是主要的交流方式，但学校也通过信件和电话与学生联系。在可能的情况下，电子邮件会同时发送到大学和个人的电子邮件地址。一些院校附加了一个选择是否加入的表格或毕业申请的链接，有些院校则要求学生回复电子邮件。纽约市立大学建议转入高一级四年制院校之前尚未完成副学士学位的学生将反向转学作为一种选择，而不是作为普通社区学院学生的机会，强烈建议目前就读于社区学院的学生在获得副学士学位之前不要转出。四年制院校可能通过咨询办公室宣传该计划并鼓励学生进行查询，然后建议学生参加高一级院校的课程，以满足副学士学位未完成的学分要求。

五、美国高校学分转移过程中存在的主要问题

（一）缺乏国家层面的、统一的标准化转学体系

美国所有的州都在尝试建立各种促进两年制社区学院和四年制大学之间学分转移的途径，最常见的做法是建立州层面的院校衔接协议。此类协议大多在州内实行，不同州之间就学分转移尚未达成广泛共识。如果没有国家范围内系统的政策或衔接协议，学生的课业评价就没有统一的标准，而是根据个体或院校情况有所不同。这样的评价过程导致国家层面的大学课程之间缺乏系统性和连贯性，即便是州内的衔接协议也有一定的局限性。比如，仅加利福尼亚州就有超过 5000 份衔接协议，因为这些协议都是课程与课程之间、学院到大学的学分转移协议，并不具有普适性和统一性。美国缺乏一个统一的国家标准化体系方便学分转移。

（二）转出院校的认证类型使学分转移受限

美国许多院校在评价学分转移时将转出院校的认证类型视为重要标准。但是，美国教育部和各种认证机构并不提倡这一做法。它们意识到当今社会有越来

---

① Taking Credit for Credits Earned. https://www1.cuny.edu/sites/matters/2018/02/16/taking-credit-for-credits-earned/.（2018-02-16）［2021-05-11］.

越多的学生在各种新型院校接受高等教育，例如虚拟院校或非营利性院校，这些院校的课程可能不会轻易转移到传统的四年制院校。它们认为，各类院校在认证学分时要更加开放，以造福更多的学生。即便有了这样的认识，接收院校仍然把转出院校的认证类型作为学分能否转移的主要因素。根据 2010 年的统计数据，84%的高等院校把学校的认证类型作为评价学分转移的首要方法。在这些院校中，63%的院校接受地区认证院校的学分，只有 14%的院校接受国家认证的大学和院校的学分。[①]这是因为国家认证通常被认为没有地区认证严格。

（三）人文学科和职业课程学分在认可度方面存在巨大差异

美国各州的学分转移政策倾向于认证人文学科或通识课程的学分，侧重于工作和职业培训教育的课程在进行学分转移时不那么受偏爱。有研究发现，几乎所有的美国大学都认证科学、社会科学和人文科学等课程的学分，而贸易、技术和职业课程在转移学分时却不那么容易。[②]加利福尼亚州几乎所有人文课程学分都能转移，但加州大学只接受加利福尼亚社区学院转出的 27%的职业课程学分，加州州立大学只接受 73%的职业课程学分，例如软件应用、商业摄影、火灾科学等。这些问题阻碍了美国学生的自由发展。2005 年，有研究发现，从社区学院转学到四年制大学的学生比一开始就在四年制大学里学习的学生平均多修 10 个学分，并需要多出 3 个月的时间才能毕业。如果转学生换专业的话，还需要取得额外的学分，社区学院约有 17%的课程是不能进行学分转移的，这使得学生在取得学位时需要投入更多的时间和金钱。[③]

第二节　美国州转学制度概况

一、美国州转学衔接政策的维度、定义、共性因素

（一）美国州转学衔接政策的维度及定义

两年制院校建立以来，美国各州陆续制定了当地的转学和衔接协议，但直到 20 世纪 70 年代才开始在州立法的层面促进院校之间的转学和衔接。这些协议的早期版本（特别是在具有正式和法律协议的州）促进了通识教育课程的转移，确

---

① Chase，Megan M . Student Transfer Policies and Practices in the United States and Europe：Mobility without Loss of Credit. https://www-tandfonline-com.fbdyi.top/doi/pdf/10.2202/1949-6605.6022（2010-02-23）[2023-03-05].

② Striplin J C. ERIC review：An examination of non-liberal-arts course transferability in California. Community College Review，2000，28（1）：67-78.

③ 杨晨，顾凤佳. 国外学分互认与转移的探索及启示. 现代远距离教育，2011（4）：9-14..

定了哪些机构可以提供某些课程，并涵盖有关衔接服务的政策。有研究者对拥有全州衔接协议的 34 个州进行分析后发现：大多数协议仅涵盖公立院校两年制到四年制的转学，这促进了文学副学士或理学副学士学位的转学（而非应用学位），其中主要侧重于通识教育核心课程的转移，而不是专业课程。衔接协议通常作为促进转学的总体政策机制发挥效力，但州转学政策和实践比衔接协议更加广泛与复杂。表 5-2 对美国州政策监管和影响转学的几个不同维度进行了一定的概括，有助于深入理解美国州转学与衔接制度的多维性和复杂性。①

表 5-2　美国州转学和衔接政策维度及定义

政策维度	描述或定义
共同核心课程和通识教育模块	所有公立院校实施完全可转移的通识教育课程
州立法或法规	制定管辖转学或部分转学的州法令或立法。36 个州拥有州立法或法令
通用课程编号	统一规范公立院校低年级课程的通用编号系统。16 个州拥有共同的课程编号系统
社区学院和应用学士学位	制定促进技术课程转移的政策，允许拥有应用副学士学位的学生转入在 39 个州提供的学士学位课程
副学士学位的转移保证	31 个州有确保学分转移、免除转学机构通识教育要求、以大三身份录取转学生的政策
反向学分转移	49 个州有将学分从四年制转到两年制、授予转学生副学士学位的政策，其中 13 个州有立法政策
全州衔接指南和网站	根据美国各州教育协会 2016 年的报告，35 个州制定了全州指南，为学生提供有关转学机制和转学要求的信息
学生激励和奖励	22 个州制定了通过优先录取或保证录取来激励转学、免除机构特定的通识教育要求、提供大三身份和转学奖学金的政策；18 个州有基于绩效的资助公式，其中包括转学指标
副学士学位转学	学生获得副学士学位后可从两年制院校无缝过渡到四年制院校的大三，10 个州已实施或正在开发相应的州级政策和衔接途径
转学数据报告	37 个州已制定或正在开发对转学和流动性进行数据跟踪的政策
转学途径和主要课程衔接	允许制定通过特定途径或学习计划从两年制无缝过渡到四年制的政策

注：数据截至 2016 年。

（二）美国州转学衔接政策的共性要素

作为一项促进转学的功能，衔接协议为社区学院学生提供了进入更高一级的院校接受更好的高等教育的机会。衔接协议旨在确保从社区学院到四年制机构的学习计划保持连贯性，避免转学时课程内容的重复，并为转学生完成学位铺平道

① Taylor J L，Jain D. The Multiple Dimensions of Transfer：Examining the Transfer Function in American Higher Education. https://oiraa.sc.edu/about/offices_and_divisions/advising/transfer_advising/resources_for_transfer_student_advisory_council/transfer_function_in_american_higher_education.pdf.（2017-09-04）［2021-06-18］.

路。衔接过程维护社区学院和合作的四年制机构大一及大二本科课程的一致性，确保转学机构为转学生提供合法教育的学术有效性和可信度。美国各州转学衔接协议的共性要素归纳为以下几点：①州政策。立法机构和高等教育系统在州一级采用衔接协议政策。②合作协议。高等教育机构之间的合作协议允许在缺乏州或系统政策的情况下进行转学衔接。③转学数据报告。收集有关转学和学生持久率数据的州目前已拥有或正在发展监测衔接课程的能力。④奖励和激励政策。为鼓励两年制和四年制院校之间的转学，一些州通过经济援助、保证转学或优先录取为院校提供额外的奖励。⑤州衔接协议指南。州衔接协议指南提供了衔接要求的具体描述，并尝试回答学生可能对转学过程提出的问题。⑥共同核心课程。共同核心课程通过消除院校对毕业时核心课程的不同要求可能导致的混乱简化衔接过程。⑦共同课程编号。如果社区学院和四年制大学的课程编号相同，学生遭遇到学分不可转移的可能性就会大大降低。2016 年，近 200 万（37%）新生在社区学院开始接受高等教育，这个比例仅次于公立的四年制大学，后者招收了 43%的大一新生。尽管 65%的社区学院新生计划转学，但只有 24%的人在 6 年内将其付诸实践。尽管 77%的社区学院新生希望最终获得学士学位或更高学位，但只有 11%的人在 6 年内完成了这一目标。[①]虽然社区学院学生不能都转入四年制大学，但各州都在积极通过制定制度化的衔接政策和协议来提高转学率。其中，衔接课程无论是通过立法还是通过院校机构的协议或高等教育系统之间的合作协议谈判，都为转学生提供了获得学士学位的途径。2006—2016 年，美国各州转学和衔接政策数量的增加表明，州立法机构和高等教育理事会作为政策制定者已经认识到制定院校转学与衔接政策的必要性。截至 2016 年，美国有 36 个州在诸如授权立法、制订合作体系或机构协议、建立明确阐述转学政策的网站和可转让的共同核心课程等方面，实现了转学政策和制度的相互支持和彼此衔接，使学生的转学更加顺畅。

美国 50 个州转学政策及衔接协议具体指标分析如下。①转学合作协议。除阿肯色州、肯塔基州、缅因州、南卡罗来纳州、田纳西州外，其他 45 个州的院校都在不同层面制定了转学合作协议。②州衔接协议指南。除康涅狄格州、堪萨斯州、缅因州、密歇根州、密西西比州、密苏里州、蒙大拿州、纽约州、俄亥俄州、俄勒冈州、南达科他州、田纳西州、得克萨斯州、佛蒙特州、华盛顿州外，其他 35 个州都制定了全州衔接协议指南。③共同核心课程。共同核心课程旨在

---

① Miller A，Clery S，Topper A. Assessing the Capacity of IPEDS to Collect Transfer Student Data. https://nces.ed.gov/ipeds/pdf/NPEC/data/NPEC_Paper_IPEDS_Transfer_Students_Data_2018.pdf.（2018-12-05）[2022-09-23].

帮助学生掌握高级课程所需的基础知识，广泛了解学科间知识系统的联系，学会如何将知识和技能运用于现实生活，最终实现把学生培养成为有责任心、富有生产力的社会成员的目标，除阿拉斯加州、特拉华州、印第安纳州、艾奥瓦州、堪萨斯州、肯塔基州、缅因州、密歇根州、密西西比州、新罕布什尔州、纽约州、宾夕法尼亚州、罗得岛州、弗吉尼亚州、西弗吉尼亚州外，其他 35 个州都建立了共同核心课程。④共同课程编号。美国各州推进共同课程编号，其主要目的是保证社区学院学生能够有效的将衔接协议规定的课程学分顺利转移到州内的四年制大学，共计有阿拉斯加州、阿肯色州、加利福尼亚州、科罗拉多州、康涅狄格州、佛罗里达州、爱达荷州、路易斯安那州、密西西比州、内华达州、新墨西哥州、北卡罗来纳州、北达科他州、俄勒冈州、南达科他州、得克萨斯州、华盛顿州、怀俄明州共计 18 个州建立了共同课程编号。⑤州转学政策、转学数据报告、奖励和激励政策如表 5-3 所示。

表 5-3　美国各州转学政策及衔接协议具体指标分析①

州名	州转学政策	转学数据报告	奖励和激励政策
亚拉巴马州	根据州法规 16-5-8：同四年制院校一样，从两年制院校转入四年制院校的所有适用学分应符合四年制院校的学位要求	由亚拉巴马州高等教育委员会和亚拉巴马州高等教育部每年收集	转学指南对指南中概述的课程学分转移给予保证。大约有一半总学位学时在两年制大学获得
阿拉斯加州	无	无	一旦学生完成了 30 个学期学时，一些大学就不再需要高中成绩单和 ACT/SAT 成绩
亚利桑那州	根据州法规 15-1824：社区学院和大学合作运营全州的衔接和转学系统，包括将批准专业的低年级通识教育学分转入亚利桑那州四年制公立大学	每年由亚利桑那州系统收集学生转学信息	亚利桑那州通识教育课程规定，以 GPA 2.0 或更高成绩完成低年级课程的学生将被州立公立四年制机构录取并且没有额外要求
阿肯色州	根据州法规 6-61-218：规定阿肯色州 THECB 与学院和大学协商建立最低标准的核心课程、适用于州高等教育机构学士学位的通识教育核心课程要求并且可以在州之间完全转移	每学期向阿肯色州高等教育部门报告	无
加利福尼亚州	根据州教育法 66738：每个公立高等教育部门的理事会应负责制定和实施正式的、全系统的衔接协议和转学协议计划；根据州教育法 66740：加州大学和加州州立大学的每个院系、学院和专业应与社区学院教师在适当和相关的系部共同制定特定学科的衔接协议和转学协议，这些协议主要适用于那些有低年级先修课程的专业	加州高等教育委员会每年报告一次	根据州教育法 66739.5（d），为完成通识教育和低年级专业要求的转学生给予录取优先权

①　Smith M. Transfer and Articulation Policies. http://www.ecs.org/clearinghouse/90/70/9070.pdf.（2010-12-30）[2021-06-18].

续表

州名	州转学政策	转学数据报告	奖励和激励政策
科罗拉多州	根据州法规 23-13-104：阐述了全州对高等教育的期望和目标。科罗拉多州保证获得文学副学士学位或理学副学士学位的学生能够获得大三的身份；根据州法规 23-1-108：需要制定标准以促进社区学院之间以及社区学院和四年制公立院校之间的转学	院校每学期向科罗拉多州高等教育委员会报告	无
康涅狄格州	根据州法规 10a-185-10a-19a：康涅狄格州高等教育理事会已在所有公立高等教育机构建立了通识教育转学协议，该协议保证任何学生修读、通过指定类别和机构课程列表中选择的课程学分可以转移并符合学位申请要求	有	无
特拉华州	无	无	无
佛罗里达州	根据州教育法 6A-10.024：2+2 转学的衔接协议规定只要该大学有空间、资金和课程来满足学生的需求，获得佛罗里达州认可的社区学院文学副学士学位的毕业生必须能够获得任何州立大学大三的入学资格。州教育法第 48 章 K-20 教育法 1007 节规定了州转学衔接协议——衔接和报名资格	每学期	无
佐治亚州	无	有，定期进行	完成核心课程或核心领域课程的学生可以保证学分的完全转移
夏威夷州	无	每年秋季进行汇报	无
爱达荷州	无	每两年向高等教育委员会的首席信息管理官汇报	无
伊利诺伊州	根据州法规 805-2-11：在伊利诺伊州，副学士和学士学位授予机构是提供前两年学士学位课程的平等合作伙伴。虽然每个机构对提供的课程质量负有最终责任，但副学士和学士学位授予机构应共同努力以确保彼此的低年级学生学位课程在范围、质量和知识严谨度方面具有可比性	每年向伊利诺伊州高等教育委员会报告	一些机构计划专门为转学生提供援助。伊利诺伊州通识教育核心课程衔接倡议由 37-41 个学期学分组成，通过"一揽子计划"转学替代接收机构的通识教育要求
印第安纳州	根据州法规 20-10.1-5.6-1：工作组应与劳动力发展部合作，确定中等和高等教育衔接课程协议的某些职业类别；根据州法规 20-12-17.1-1、1.2：州公立院校应当共同确定至少 30 个通识教育课程学分；获得的学分可在所有州机构之间转移	无	无
艾奥瓦州	无	向艾奥瓦州 THECB 报告	担任评议员的大学和社区学院有大约 200 个包括 2+2 转学的协议
堪萨斯州	根据州法规 72-4454：州董事会应采取一项政策，要求地区职业学校、地区职业-技术学校、社区学院、技术学院和州教育机构之间达成衔接协议，规定基本相同的学习课程和课程的可转移性	定期进行	无

续表

州名	州转学政策	转学数据报告	奖励和激励政策
肯塔基州	根据州法规 164.296：在可行的情况下，肯塔基社区和技术学院系统与其他高等教育机构之间应进行职业-技术教育非学位课程与副学士学位课程的联合规划和衔接	每学期向高等教育委员会报告	学分转移不是逐门课程进行转移学分评估。完成文学副学士和理学副学士学位认证的学生符合所有四年制转学的通识教育要求
路易斯安那州	州法规 17：3129.1 规定了衔接事项：最晚于 2000 年秋季学期开始，董事会应促使高等教育管理委员会在其管辖的机构中采用和实施公立院校之间衔接的通用核心课程，同时要考虑接收学分机构的认证标准	通过路易斯安那州学生数据系统定期跟踪	无
缅因州	无	无	无
马里兰州	根据州法规 11-207：马里兰州高等教育委员会应建立高等教育公立院校之间的学生转学程序；推荐高等教育各分支之间的合作项目以确保高等教育系统具有适当的灵活性；与理事会共同制定衔接协议的标准	每年通过转学生系统报告	马里兰州议会通过了支持转学生奖学金计划的立法
马萨诸塞州	根据州法规 74，§24B：州委员会和董事会应鼓励公立中等职业技术学校与公立高等教育机构之间的课程协调。上述委员会应制定规范上述机构之间的衔接协议政策和程序，该委员会应每年举行会议审查此类政策和程序的实施情况	每年向高等教育委员会报告	第一年学费减三分之一，如果 GPA 保持 3.0 则减免延续至第二年。学生达到 35 个核心课程学分后可以从两年制转移到四年制院校。然而，转学计划仍由学校之间具体协商
密歇根州	根据州法规 15.1919：展示已建立的职业准备体系，为该计划的毕业生提供经过行业验证的职业阶梯，包括但不限于与大专院校签订的书面衔接协议，目的是允许学生获得高一级大学的安置和学分或联邦注册的学徒资格（如适用）	无	无
明尼苏达州	根据州法规 356-2-8：明尼苏达州立学院和大学的董事会必须在所有州立学院和大学实施明尼苏达转学课程	在高等教育年度报告办公室	无
密西西比州	无	每学期向密西西比州高等教育机构报告	无
密苏里州	无	每年向密苏里 THECB 报告	无
蒙大拿州	无	机构提交年度转学报告	无
内布拉斯加州	根据州法规 85-963：鼓励社区学院与内布拉斯加大学和州立学院合作、共同制定六所社区学院的通用转移课程。社区学院可以在六个校区提供通用转移课程	无	无
内华达州	根据州理事会手册第四章第 14 篇第 12、13 节：完成文学、理学或商学副学士学位即符合低年级通识教育要求；在社区学院获得批准的学士学位课程至少可以作为通识选修学分进行转移	年度绩效报告中包含的转学率	完成副学士学位的情况下保证整个通识教育的学分转移

续表

州名	州转学政策	转学数据报告	奖励和激励政策
新罕布什尔州	根据州法规 15-188F：需要在社区/技术学院和新罕布什尔大学系统之间制定衔接协议	无	无
新泽西州	无	每年向新泽西高等教育委员会报告	无
新墨西哥州	根据州法规 21-1B-1：高等教育衔接法规保证在转学和申请中接受全州低年级通用核心课程的学位要求	无	无
纽约州	无	每两年向纽约州教育部报告	无
北卡罗来纳州	根据州法规 116-11：综合衔接协议的目标是采用学分转移计划，由州社区学院委员会实施 TCCNS 并制定计划，为学生提供有关学分转移的信息	每年汇报	保证完成副士学位后，整个学分模块都可以被学士学位接受
北达科他州	根据州高等教育委员会政策 402.4 和北达科他州大学系统程序 403.7.3：已至少完成 24 个学期学分或 36 个学时的学位课程转学申请者，如果在之前就读院校表现良好，GPA 至少达到 2.0 就可以获得录取资格	无	保证接受文学副士和理学副学士学位，以满足所有低年级通识教育要求
俄亥俄州	根据州法规 33-3333.16：确保以最高效和有效的方式推进转学；开发课程等效性	将每个学期作为俄亥俄州高等教育信息系统的一部分进行报告	优先录取完成 60 个学期或季度学时、具有文学副学士或理学副学士学位的转学生。提供 38 个不同专业的转学保障指南
俄克拉何马州	根据州法规 3207：立法机关希望俄克拉何马州高等教育系统内任何高等教育机构的学生所获得的学分可以自由转移。俄克拉何马州高等教育理事会在机构教职员工和管理人员合作方面发挥领导作用以确保学生从一个教育阶段顺利过渡到另一个教育阶段，任务包括制定转学政策和指南、学位表、等效课程和通用课程	每学期向俄克拉何马州高等教育机构报告	课程等效项目为指定学科内转移的课程提供矩阵以增强对可转移课程的信心。文学副学士或理学副学士的所有通识教育要求将被学士学位课程接受
俄勒冈州	根据州法规 348.470：州政策鼓励俄勒冈大学系统和社区学院在转学生的问题上进行合作、消除限制学生转学的所有不必要障碍	州高等教育委员会每年度两次报告	无
宾夕法尼亚州	根据州法规 20-2001C-2007C：想转入 28 所公立院校—14 所社区学院和 14 所州立大学，需要至少 30 个学分	年度数据报告于 2010 年夏季开始发布。数据包含在宾夕法尼亚信息管理系统中	无
罗得岛州	罗得岛州高等教育理事会政策 S6.0：该政策规定了罗得岛社区学院和公立四年制机构之间的转学指导方针和程序	每年向罗德得岛高等教育办公室报告	有文学副士学位或理学副士学位的学生只要获得 GPA2.4 或更高的成绩，可以保证被罗德得岛大学和罗德得岛学院录取
南卡罗来纳州	高等教育政策委员会（2009 年 12 月）：政策详细说明了课程等效性和课程模块的转移。该政策涵盖公立社区学院和大学以及该州一半的独立学院	每学期向南卡罗来纳州高等教育委员会报告	全州转学和衔接协议为任何两年制公立院校学位获得者提供大三身份，其所修课程要包含五个转学模块中的一个

续表

州名	州转学政策	转学数据报告	奖励和激励政策
南达科他州	根据州法典 13-53-44：技术学院——学分转移。由教育委员会管理并由中北部学院、中学协会认证许可的技术学院以及由董事会管理并由中北部学院和中学协会认证许可的大学应签订衔接协议，主要目标是协助转移通识学士学位课程的 64 个学分以及董事会辖属机构提供的最多 64 个兼容课程学分	无	学生在没有完成理学副学士学位的情况下不能学习应用技术理学学士学位课程
田纳西州	根据州法规 49-7-202：完整的田纳西大学法案修改了代码，要求田纳西州董事会和田纳西大学系统都有一个通用的、可转移的 60 学时核心课程	每年汇报	圆满完成的通用核心课程将可以转入学士学位院校
得克萨斯州	根据州教育法 61.822：如果学生在高等教育机构成功完成 42 学时的核心课程，则该课程模块可能会转移到任何其他高等教育机构并且必须替换接收机构的核心课程	有	无
犹他州	根据州法规 53A-1-502：高中、应用技术中心、学院和大学之间衔接协议的制定和实施将允许学院和大学根据学生对高中和非学分应用技术中心项目的熟练程度来授予学分	无	无
佛蒙特州	无	无	无
弗吉尼亚州	根据州法规 23-49.22：3：在开发高级本科教育课程时，董事会应考虑地区社区学院的衔接协议和课程设置以确保课程的合理范围和可用性。州转学政策要求弗吉尼亚州的公立四年制学院和大学接受来自该州公立两年制大学（除了某些特殊情况）的文学副学士学位或理学副学士学位	每年向弗吉尼亚州高等教育委员会报告	在两年制机构完成"转学模块"课程的学生可以保证这些学分被公立四年制机构的通识教育模块接收
华盛顿州	根据州法规 28B.80.280：该委员会应与州内高等教育机构和州社区技术学院委员会合作，制定和维护全州范围内的学分转移政策和协议 根据州法规 28B.80.350：全州学分转移政策和协议旨在促进学生转移和成绩单评估、更好地服务于寻求课程信息的人、协助学业规划并改善对本州高等教育机构学术课程的审查和评估	每年春季报告	有文学副学士学位或理学副学士学位的转学生将在录取过程中优先考虑
西弗吉尼亚州	根据州法规 18B-1B-1：成立高等教育政策委员会；制定公共政策议程。由该委员会负责高等教育公共政策议程的制定和阐述	无	无
威斯康星州	无	定期向威斯康星大学管理系统报告	
怀俄明州	根据州法规 21-16-602：促进州教育机构之间在共享设施、人员和技术方面的合作安排，或以其他方式协助机构之间的衔接	怀俄明大学每年向每所怀俄明社区学院报告数据	怀俄明大学专门为转学生提供多种奖学金计划。大学与怀俄明州社区学院之间的双重录取协议和集体转学协议有助于帮助学生在社区学院完成文学副学士学位或理学副学士学位

（三）美国州际学分护照

1. 政策推行的背景

根据美国学生资料库2018年的一项研究，美国38.0%的大学生在读大学期间至少转学一次，其中有27.2%的学生跨州转学。尽管许多州正努力改善州内的转学途径，但这些解决方案无益于每年必须跨州工作、学习特定学位课程或军人家庭的成员。[①]2017年的一项研究表明，对于公立两年制院校，18.5%的学生转学到州外机构，而对于四年制公立院校，24.0%的学生转学到州外机构。对于私立机构，这个数字甚至更高，42.0%的学生从私立非营利性机构转入州外院校，48.0%的私立营利性院校转学生转入州外机构。[②]美国政府问责局（GAO）2017年的研究发现，即使州内机构之间存在协议，如果信息不是现成的或最新的，学生就可能难以驾驭。此外，许多机构没有延伸到州外的衔接协议。因此就学分损失而言，州际转移对学生来说尤其困难。院校提供的建议和信息可能不足以帮助学生准备和实现州外的转学过程。学生在转学时平均会损失大约40%的学分，这意味着学生必须重修课程，由此导致其延迟毕业和延迟进入劳动力市场。[③]根据阿特维尔和莫纳汉2015年的研究，只有58%的转学生可以转移所有学分，失去学分的学生完成学位的可能性较小。对于几乎负担不起课程费用的学生来说，重复学习额外的低年级通识教育课程会使其获得学位变得极其困难。[④]转学时的学分损失是高等教育毕业率一个强有力的负面预测因素——学分损失越高，完成学士学位的概率就越低。[⑤]

为了解决学生在转学时遇到的学分遗失问题，美国西部15个州和美国太平洋地区相关成员组成了西部州际高等教育委员会（WICHE）。WICHE辖属区域的两年制院校主要学术负责人齐聚一堂，在2010年正式提出"州际学分护照"的概念。与会者想发明一种更有意义的、可以用于转学的"货币"——专注于学生

① Rosenberg M J，Koch A K. The Transfer Experience. http://bi-dam-prod.s3.amazonaws.com/5c099680d5ef2b784512c360/824de5a70730caa339d4aa9e1f973316f5742e8f/9781620369470_23_36c541da22b9c57384142d2c70e9ebd4.pdf.（2021-04-01）[2022-02-11].

② Sutton H. Simplify interstate transfer for student and institutional success. Enrollment Management Report，2017，21（8）：1-5.

③ McKay H，Douglas D，Edwards R，et al. Interstate Passport Project First in the World Grant. https://files.eric.ed.gov/fulltext/ED608801.pdf.（2020-10-19）[2022-09-23].

④ Rosenberg M J，Koch A K. The Transfer Experience. http://bi-dam-prod.s3.amazonaws.com/5c099680d5ef2b784512c360/824de5a70730caa339d4aa9e1f973316f5742e8f/9781620369470_23_36c541da22b9c57384142d2c70e9ebd4.pdf.（2021-04-01）[2022-02-11].

⑤ McKay H，Douglas D，Edwards R，et al. Interstate Passport Project First in the World Grant. https://files.eric.ed.gov/fulltext/ED608801.pdf.（2020-10-19）[2022-09-23].

的认知和能力范围，而不是仅仅与课程标题、数字和描述相匹配的逐门课程的衔接。这些学术领袖与 WICHE 地区四年制高等教育机构的教务长在几个月的时间里合作开发了州际学分护照的核心框架，认为该计划应侧重于低年级通识教育。通识教育既是大多数院校的共同点，也是大多数学生在高校入学前两年的学习重点。开发者呼吁该计划应以学生为中心，以教师为驱动，尊重机构自主权，纳入质量保证措施。州际学分护照计划的目标是简化转学过程，通过避免不必要的重复学习节省跨州转学生的时间和金钱。

2. 主要内容及运行过程

（1）主要内容

州际学分护照作为一项转学契约，旨在促进参与州际学分护照网络的两年制和四年制高等教育机构之间低年级通识教育学分的整体转移。它不依赖学分，而依赖学生在低年级院校取得的课程学习成果。在西部州际高等教育委员会的领导下，州际学分护照将低年级通识教育作为大多数机构的共同转移标准。就读于一所院校的学生可以通过跨境模块将课程转移到另一所院校，而不是通过单独的课程进行匹配。[①]

该计划主要基于商定的 63 项护照学习成果（PLO），护照学习成果是由来自西部州际高等教育委员会 7 个州（加利福尼亚州、夏威夷州、北达科他州、俄勒冈州、南达科他州、犹他州和怀俄明州）的两年和四年制高等教育机构的 9 个教师团队在数年内合作开发的。参与成员机构的教师将自己院校的通识教育学习成果映射到护照学习成果上，确保两者是一致的并涵盖相同的学习范围。此外，该计划还确定了一个课程清单——通常与他们自己所需的通识教育课程相匹配，学生可以通过这些课程获得护照所需的学习成果。州际学分护照计划的框架包括教师制定的护照学习成果和转学水平能力标准，涉及 9 个知识和技能领域：口头交流、书面交流、定量素养、创造性表达、自然科学、人类文化、人类社会和个人、批判性思维、团队合作和价值体系。其中，知识和技能领域的灵感来自美国大学院校协会制定的"博雅教育与美国的承诺"（LEAP）基本学习成果以及 WICHE 对该地区通识教育要求的研究。[②]

学生可以根据呈现学习成果的课程菜单获得护照。州际学分护照计划包含确保转学质量的若干措施：第一，教师在护照学习成果发展中起重要作用；第二，

---

① Decatur E. Are We Making Progress? Student Transfer in New England. New England Board of Higher Education. https://files.eric.ed.gov/fulltext/ED590942.pdf.（2018-08-09）[2022-09-23].

② McKay H，Douglas D，Edwards R，et al. Interstate Passport Project First in the World Grant. https://files.eric.ed.gov/fulltext/ED608801.pdf.（2020-10-19）[2022-09-23].

学生必须在每门通识教育课程获得最低成绩 C 或同等水平才能获得护照；第三，每所院校同意在每学期结束时向美国学生资料库发送数据来跟踪使用学分护照转学至少两个学期的学生的学业进度。为了持续改进工作，每年美国学生资料库都会对数据进行编译和分类，并向每个成员机构发送一份关于转学生学业进展的个性化报告。美国学生资料库还向西部州际高等教育委员会发送汇总报告，供护照审查委员会（州际护照网络的决策机构）①评估计划的整体有效性。

（2）运行过程

州际护照框架分两个阶段开发：①在第一阶段（2011—2014 年），护照学习成果和转学水平能力标准仅涉及 3 个基础技能领域；②在第二阶段（2014—2016 年），该框架随着其余 6 个知识和技能领域的护照学习成果和转学水平能力标准的开发而完成。

州际学分护照学习成果作为新的转学"货币"，是连接成员机构之间通识教育要求的桥梁。每个参与机构都构建了自己的学分护照模块课程，该模块可能与机构的通识教育计划相同，也可能是它的一个子集或扩展，大多数情况下取决于学生先前在学习成果方面的努力程度。学分护照模块课程各不相同，但每门课程都以某种形式涵盖所需的结果，学院间在通识教育的成果以及课程和内容范围方面存在极大的共性。尽管较小的机构提供的课程较少，但机构间通识教育的学习目标往往是一致的，通常在 30—38 学期学分的框架内。由于成员机构同意不逐一审查州际学分护照的每门课程，学生在转学前就可以知道即使课程和获得的学分不同，自己也可以满足接收机构的通识教育要求。护照学习成果不适用的例外情况是州际学分护照不保证覆盖专业的先修课程，不保证免除学生在宗教机构的相关课程，不提供立法机关规定范围以外的课程（如毕业所需的州历史或公民课程）。

学生可以通过这些课程和/或学习经历获得护照学习成果的列表。成功完成所在机构指定模块课程的学生将获得学分护照，学生必须在适用于学分护照的每门课程中获得 C 或更好的成绩。在某些情况下，这可能比通过课程所需的分数等级更高。为了促进跨机构和跨州的使用效率，州际学分护照拥有一个由美国学生资料库开发的数据系统，数据由发送和接收成员院校提供给美国学生资料库，以便持续跟踪护照获得者的转学后学业进展情况。另一个在拨款期间开发的美国学生资料库数据系统允许机构验证录入信息的转学生是否已获得学分护照。州际学分

---

① 注：州际护照由护照审查委员会管理。委员会由来自每个州的代表组成，该代表或是来自一个或多个成员机构，或是具有高等教育专业知识的普通成员。

护照于 2016—2017 学年首次颁发。①

州际学分护照网络是唯一获得区域认可、非营利性、由公立/私立两年制/四年制机构组成的网络，主要致力于低年级通识教育学分的整体转移。一项针对两个州 10 家成员机构的研究发现，与转入成员机构的学生相比，在成员机构之间转学的学生入学率更高，获得的学分更多，其平均绩点略高于来自非成员机构的学生。入学和学分积累的调查结果表明，州际学分护照计划可以提升学生在成员接收机构的转学后学业表现。适度的 GPA 影响可能意味着与类似的政策和做法相比，护照学习成果更能帮助学生在转学后为学业成功做好准备。②

二、州转学治理模式

美国没有统一的国家高等教育系统，只有州高等教育系统。根据联邦宪法及《教育部法》的规定，禁止联邦政府对课程、教育计划、行政或任何教育机构的人力资源进行任何指导、监督和控制。这意味着每个州的高等教育治理模式也不同。③因此，研究美国高等院校的转学制度就必须对州一级转学及衔接协议政策进行案例研究。鉴于美国州转学政策存在多个方面和不同的维度，因而导致各州高校转学的背景和政策差异很大，各种转学政策和衔接协议受制于美国颇为复杂分权的高等教育制度环境。为了确保转学的合理性、合法性和便利性，美国大多数州强调采用制定转学文件的办法落实转学政策，基于课程等效性制订相关正式或官方协议，阐明 2+2 转学的目的，建立与转学相关的立法或州机构政策，以及发布与学生转学、持续入学和学业成绩相关的统计报告。在管理松散的州转学体系中，院校负责就哪些课程和学位可以转移到接收机构建立衔接协议；在管理较为规范的体系中，州层面更倾向于为高等院校制定衔接协议，并提供通用的指导方针和激励措施；在高度监管状态下的州转学系统，州层面的管理机构会要求所有州内院校都接受文学副学士学位。④

根据美国公共政策和高等教育中心 2000 年度发布的研究报告，为了检验州转学政策和制度对"两年制-四年制"转学的成效，研究了阿肯色州、佛罗里达

---

① McKay H，Douglas D，Edwards R，et al. Interstate Passport Project First in the World Grant. https://files.eric.ed.gov/fulltext/ED608801.pdf.（2020-10-19）[2022-09-23].

② McKay H，Douglas D，Edwards R，et al. Interstate Passport Project First in the World Grant. https://files.eric.ed.gov/fulltext/ED608801.pdf.（2020-10-19）[2022-09-23].

③ 余承海，程晋宽. 美国州政府的高等教育治理模式. 现代教育管理，2016（7）：18-22.

④ Ignash J M，Townsend B K. Evaluating Statewide Articulation Agreements According to Practice. https://journals.sagepub.com/doi/10.1177/009155210002800301.（2000-12-01）[2021-06-18]

州、新墨西哥州、纽约州、北卡罗来纳州、得克萨斯州 6 个严重依赖转学作为低收入学生获得学士学位途径的州。佛罗里达州和纽约州属于转学完成度指标表现较好的序列,如佛罗里达州在全州范围内坚定推进社区学院转学政策,该州的社区学院历来是普通民众获得高等教育的主要途径。佛罗里达州近 85%的本科生就读于公立机构,其中 55%分布在 28 所社区学院,近 30%分布在 11 所四年制大学。私立院校的阵营也很庞大:有 41 个两年制和 61 个四年制机构。公立院校的学费仍然很低,公立四年制机构每年约为 2000 美元,社区学院每年约为 1250 美元;得克萨斯州是转学绩效表现最差的 3 个样本州之一。得克萨斯州的高等教育以公立为主,大约 90%的大学生就读于公立机构。作为转学生群体规模最大的低绩效州,至少 25%的大学生就读于公立社区学院。公立社区学院占该州大学生招生总数的一半以上,而公立大学约占 38%,私立四年制大学约占 10%。公立四年制大学的学费每年平均为 2741 美元,社区学院的学费每年平均为 910 美元。①

  为了更好地说明美国高等教育转学的治理模式,研究选择以纽约州、佛罗里达州、得克萨斯州的院校转学治理模式为案例,分析美国在州这个层面运行院校转学政策和协议的三种不同模式,以期更好地说明美国高等教育转学的治理模式。第一种是纽约州以纽约市立大学为代表实施的"系统化转学模式";第二种是佛罗里达州在全州范围内推进的"集约式转学模式";第三种是得克萨斯州在四年制机构和社区学院之间推行的"院校自主管理模式"。

---

① Wellman J V. State Policy and Community College-Baccalaureate Transfer. https://files.eric.ed.gov/fulltext/ED468890.pdf.(2002-08-01)[2021-06-18]

第六章　纽约州高校的系统化转学模式[*]

第一节　纽约州系统化转学模式的治理结构

纽约州的公立院校分为两个截然不同的子系统，两个子系统各由一个总理事和一个理事会管理。一个子系统是为纽约市服务的学士学位和副学士学位授予机构，共同构成纽约市立大学系统；另一个是纽约州立大学系统，包括 30 个拥有地方管理委员会的社区学院。纽约市立大学和纽约州立大学构成的两个公共管理委员会负责州高等教育规划、政策制定、数据收集和监督的大部分工作，并在全州范围内对各自管辖的社区学院进行监督。纽约州董事会负责全州的统筹协调，行使学位审查和批准权，是美国唯一的州认证机构。纽约州教育部是纽约州董事会的行政执行部门。纽约州董事会没有高等教育的预算权，纽约市立大学和纽约州立大学与州长办公室、州立法机构单独协商预算。[①]

在纽约州，从全州的政策层面进行整体、长期的高等教育规划是很困难的，其原因在于地区和政治问题往往主导着整个规划进程，而规划和预算两者之间通常彼此独立、互相之间没有关联。公立和私立高等教育部门在竞争激烈且党派纷争的政治环境中运作，没有一个团体或组织有能力制定和实施全州范围的高等教育转学政策议程。与加利福尼亚州和密歇根州相比，纽约州的高等教育机构自治性较弱，主要原因是该州的转学政策不是由院校自主决定的，而是由纽约市立大

---

[*]　本章研究重点是纽约市立大学系统的社区学院及转学运行情况分析。鉴于纽约市立大学社区学院系统转学规模及体量巨大及其在纽约州经济发展中发挥的重要作用，引用了部分 2010 年以前的数据，主要是为了更好地了解复杂多样的纽约市立大学系统推进转学历史和背景。

[①]　Wellman J V. State Policy and Community College-Baccalaureate Transfer. https://files.eric.ed.gov/fulltext/ED468890.pdf.（2002-08-01）[2021-06-18].

学系统及纽约州立大学系统进行统筹协调的。一年一度的州拨款程序是审议公立和私立高等教育的绩效、责任和支持力度的唯一渠道。

两年制和四年制高等教育机构之间的转学衔接在纽约州并不是一个有争议的问题，两个区域子系统的两年制和四年制高等教育机构衔接运作良好。纽约市立大学系统和纽约州立大学系统都十分重视转学制度的协调问题。纽约州立大学根据四年制大学对两年制学院毕业生的吸收情况向四年制大学提供额外资助，纽约市立大学持续对种族和民族问题保持警惕以确保系统内成功转入大学的社区学院学生能在授予学士学位的机构中找到进入高年级的机会。学术界对纽约州一级高校的转学衔接问题缺乏关注，原因可能在于州层面缺乏任何具有特定权力或责任的衔接管理机构。每个子系统都对其成员机构之间的转学衔接给予了必要的关注，结果似乎得到了州政策执行官员的认可。由于区域子系统的结构和私立院校提供的多样化选择，纽约州的系统衔接不是主要问题。

纽约市立大学运营着全美最大的城市公立高等教育系统，其中包括最大的城市社区学院系统。其辖属的 6 所院校（国王郡社区学院、曼哈顿社区学院、皇后社区学院、拉瓜迪亚社区学院、布朗克斯社区学院和霍斯托斯社区学院）每年都有超过 1 万名成年人获得副学士学位，并培养数千名学生转入高一级院校完成学士学位。纽约市立大学社区学院为学生提供了相对实惠的学费、对所有申请者开放的机会以及可以在两年或更短的时间内获得就业市场认可的证书。这些高等教育机构在为该市中低收入居民提供接受高等教育的机会方面发挥了重要作用。纽约市立大学的社区学院招生人数激增，为该市经济发展培养了大量人才。1999—2007 年，就读于这些学校攻读学位的学生人数增加了 27%，从 52 701 人增加到 66 823 人，2007—2010 年学生人数达到 82 524 人的历史新高。[①]社区学院入学人数的增加意味着更多城市居民获得更高的教育水平，使得纽约市的经济明显受益。经济学家发现受教育程度较高的城市比受教育程度较低的城市在人口和地区生产力增长速度方面要快得多，社区学院毕业生接受新工作培训的时间也更少，而且他们往往比没有学位的同行更有效率。

鉴于纽约市立大学社区学院系统转学规模及体量巨大及其在纽约州经济发展中发挥的重要作用，该部分的研究重点放在纽约市立大学系统的社区学院及转学运行情况分析。

---

① Hilliard T. Mobility Makers. https://nycfuture.org/pdf/Mobility_Makers.pdf.（2011-11-18）[2023-02-05].

第二节 纽约市立大学系统积极推进转学的背景和意义

一、纽约市立大学系统积极推进转学政策的背景

公立教育在达到之前预设的目标后会迎接新的使命，新使命要使所有的学生达到教育的高标准并为学生提供终身教育。终身教育没有老式课程教学本身固有的退化和易过时的特性，而是培养学生终身学习的能力。接受良好教育的益处已获得广泛认可，个人回报是人们追求良好教育的一个巨大驱动力。通过研究可以更加清晰地看到在学习上失败或者个人的潜能得不到充分发挥时所导致的经济和社会上的巨大损失。[①]

（一）社区学院在提高毕业率方面仍有巨大潜力

社区学院毕业率低在美国是一个全国性的问题，在大城市尤其糟糕，大部分录取的学生来自弱势背景，就读于表现不佳的公立学校系统。2011 年，美国人口最多的 5 个城市中社区学院的四年毕业率均未超过 20%，其中洛杉矶毕业率最高（20%），其次是纽约（19%）、费城（14%）、休斯顿（14%）和芝加哥（10%）。[②]研究选择将该部分的重点放在纽约市的社区学院不是因为纽约市的毕业率低于其他地方，相反它高于美国 4 个最大城市中的 3 个是因为纽约市拥有全美最大的城市社区学院系统，这为了解美国两年制公立院校的命运提供了一个有用的窗口。

在 2008 年的一次采访中，校长马修·戈德斯坦认为纽约市立大学和其他社区学院系统提高毕业率至关重要，同时他也承认了低毕业率的合理原因。"许多学生入学时准备不足因此我们必须通过额外的努力来弥补他们的不足，这可能需要一年或一年半的时间。此外学生往往很穷，许多人在上学期间必须工作，这是一个严重的问题。他们没有充足的资金，所以我们不能在白天很长的时间内提供广泛的课程。你把所有这些东西放在一起，积累起来的效应都会加倍。还有一些学生上社区学院并不打算获得学位，"戈德斯坦说，"这些都是毕业率低的正当理由，但这不会成功地让市场相信这些是值得投资的重要地方。如果我们提高毕业率，人们将以非常不同的方式看待社区学院，所以我们必须提高毕业率"[③]。纽

① 迈克尔·富兰. 突破. 孙静萍，刘继安译. 北京：教育科学出版社，2009：26.
② Hilliard T. Mobility Makers. https://nycfuture.org/pdf/Mobility_Makers.pdf.（2011-11-18）[2023-02-05].
③ Radford A W，Berkner L，Wheeless S C，et al. Persistence and Attainment of 2003-04 Beginning Postsecondary Students：After 3 Years. https://files.eric.ed.gov/fulltext/ED513453.pdf.（2010-11-30）[2021-06-18].

约市和美国各地社区学院就读的学生中有 28%在入学后的 6 年内获得了副学士或学士学位，6 年后社区学院的全国毕业平均水平甚至更低，为 26%。毕业率低的原因是多方面的：首先，社区学院是接受任何申请者的开放申请机构，相当多的学生在入学时已经面临着巨大的障碍。例如，在从公立高中进入纽约市立大学社区学院的学生中，80%的人必须至少参加一门辅导课，30%的人每周工作超过 20 小时以谋生。最重要的是社区学院每名学生获得的资助不到四年制学院和大学的一半，而纽约市立大学社区学院系统的州资助在过去 10 年下降了 1/4 以上。数据显示 2004 年在纽约市立大学社区学院就读的 10 185 名学生中，63%的学生在 6 年内辍学，28%获得了纽约市立大学授予的学位：其中 20%获得了副学士学位，8%获得了学士学位，还有 9%的学生仍在就读。[①]2004 年，每 10 名进入纽约市立大学社区学院的新生中，只有 3 名在 6 年内获得了副学士或学士学位。

这些数字令人失望，但对于美国各地的社区学院来说却是相当典型的数字。根据一项跟踪大学生的联邦调查，进入社区学院的高中毕业生中只有 26%在 6 年内获得了副学士或学士学位。美国的社区学院都在努力解决提高毕业率和对所有申请人保持开放录取之间的矛盾。事实上典型的社区学院学生与从四年制大学开始就读的学生截然不同。大多数社区学院的学生都工作，小部分人全职工作和学习，大多数是独立生活的成年人。虽然副学士学位在理论上是两年制课程，但几乎没有人能在两年内完成一个学位。联邦政府已将 3 年作为妥协目标，但也只有少数学生在该时间跨度内完成了副学士学位，一些社区学院学生完成副学士学位的时间比大多数在四年制大学开始学业的学生完成学士学位所需的时间更长，而学士学位通常需要两倍的学分。此外，大量社区学院的学生转入四年制大学完成学士学位。回顾 2004 年秋季进入美国社区学院学生的数据，研究发现以下内容：6 年后大约 20%的人获得了副学士学位，10%的人获得了学士学位，60%的人退学。10%的人仍在注册并上课。在 10 185 名学生中，2862 人在 6 年内获得了副学士或学士学位，辍学在头两年最为严重。一年后 1/3 的首次录取者辍学，两年后一半的首次录取者辍学，3 年后又有 8%的人辍学，在第 4 年和第 6 年之间辍学人数仅增加了 4 个百分点。[②]

大多数副学士学位是在第 4 年年底获得的，大多数学士学位是在第 6 年年底获得的，然而纽约市立大学社区学院的学生在 6 年后还可能继续取得进步。纽约市立大学跟随 2000 年入学的群体进行了为期 10 年的调查，数据显示 7 年级和 10

① Radford A W，Berkner L，Wheeless S C，et al. Persistence and Attainment of 2003-04 Beginning Postsecondary Students：After 3 Years. https://files.eric.ed.gov/fulltext/ED513453.pdf.（2010-11-30）[2021-06-18].

② Hilliard T. Mobility Makers. https://nycfuture.org/pdf/Mobility_Makers.pdf.（2011-11-18）[2023-02-05].

年级的学生有另外的 5% 获得了学位，目前没有任何数据库可以完全掌握纽约市立大学社区学院的真实毕业率，因为没有数据库完全跟踪从纽约市立大学系统转出的学生。虽然纽约市立大学的行政记录显示 2004 年的学生队伍中有 63% 的人在 6 年内退学，但 11.8% 的（1202 名）学生实际上转学了，无法计算在内。真实记录可能会显示这些学生中有 1/4—1/3 实际上是从另一所大学毕业的。少数族裔学生的毕业率较低，6 年后 32% 的白人学生获得了学位，而 22% 的非裔美国学生和 23% 的西班牙裔学生获得了学位，非全日制学生比全日制学生更可能辍学。2004 年入学的全日制攻读副学士学位课程的学生 6 年毕业率比非全日制学生高出整整 10 个百分点，就读于商业、管理和相关服务专业的学生的毕业率比与健康相关专业的学生高出近 50%。在 6 所社区学院中国王郡社区学院的 6 年毕业率为 36%，是系统中最高的。①

（二）社区学院的高辍学率伴随着巨大的公共成本

社区学院的学生辍学主要与学业准备情况、校外的负担以及学生在大学的经历有关。社区学院招收的学生群体具备复杂性和多样性的特征，其中包括许多获得替代高中文凭、未能获得大学准备教育或在长期缺席教育后进入劳动力市场的学生。这些学生不仅可能需要时间来赶上进度还有其他工作和家庭方面的责任，而且很容易受到财务、医疗或家庭紧急情况的影响辍学。纽约市立大学每两年对学生进行一次研究，并将研究结果与学生辍学风险相关的证据进行比较，两者显示出极高的相关性。一半社区学院学生的家庭年收入低于 2 万美元并且是家庭上大学的第一代人。30% 的人每周工作超过 20 小时，40% 的人是半工半读。学业准备严重不足，从纽约市公立高中毕业的学生中有 74% 进入补习阶段，32% 数学能力考试不及格，36% 写作能力不及格，18% 阅读能力不及格。这些学生必须参加不提供学位学分、费用与大学水平课程一样的发展课程，因此辍学的概率远高于立即参加大学水平课程的学生。纽约市立大学最近的一项分析发现即使是完成了最后一门补习课程的学生毕业考试的通过率也不如人意，阅读只有 58%，写作只有 52%，数学只有 65%。②

社区学院的高辍学率意味着州财政要付出巨大的公共成本，纽约市立大学的社区学院通过市和州的运营援助、州和联邦佩尔助学金的学费援助获得大部分公共资金。目前这些公共资金大部分用于资助未毕业的大学生，总体而言，纽约市每个社区学院辍学生的公共成本约为 17 783 美元，具体分解如下：纽约州和纽约

---

① Hilliard T. Mobility Makers. https://nycfuture.org/pdf/Mobility_Makers.pdf.（2011-11-18）[2023-02-05].

② Hilliard T. Mobility Makers. https://nycfuture.org/pdf/Mobility_Makers.pdf.（2011-11-18）[2021-06-18].

市为该市社区学院每个后来辍学的学生提供 8719 美元的基本运营援助；社区学院大学生在辍学前收到了大约 6245 美元的联邦佩尔助学金；除了放弃副学士学位带来的额外收入，辍学者更有可能拖欠学生贷款。尽管与私立四年制或营利性机构相比这一数字相对较低，但大约 9% 的纽约市立大学社区学院学生获得了联邦贷款，平均每笔贷款为 3000 美元，3 年内有 1/9 的人违约。纽约市立大学社区学院的高辍学率还带来了其他巨大成本，例如 2004 年进入纽约市立大学的学生群体一年的收入损失约为 8600 万美元（其中 1900 万美元是税收收入损失），一年的经济活动损失为 1.53 亿美元，2004 年的大量辍学生在未来 30 年的职业生涯中损失的价值约为 72 亿美元。①

二、纽约市立大学系统助力社区学院发挥转学功能的意义

（一）转学功能的发挥有助于提升经济竞争力和劳动力素质

社区学院系统已成为美国高等教育中的"万事通"。通常社区学院具备以下四大功能：转学教育、职业教育、补救或发展教育和社区服务。在这四项功能中最常见和最受认可的是转学功能。转学功能为学生提供了在社区学院完成前两年大学教育即普通教育的机会，完成普通教育要求后许多学生将转学到学士学位授予机构完成学士学位的高年级要求。由于美国经济发生了深刻的结构性变化，社区学院对提升国家经济竞争力和成为低收入人群转变为中产阶级的关键平台方面变得越来越重要。自 2007 年底经济大萧条开始，年轻人涌入社区学院的人数不断增加，2011 年纽约市立大学系统两年制院校的学生人数比 10 年前增加了43%②，这表明高等教育证书现在被人们视为获得一份体面薪酬工作的最低要求。鉴于纽约市未来在许多关键行业的竞争力将取决于是否有更多人获得两年和四年制学位，接受高等教育就显得很重要。

本地劳动力市场人才供应根本没有达到企业所需的教育水平，2011 年近 120 万 25 岁及以上的纽约市居民（占总数的 21% 以上）缺乏高中文凭或同等学力。③ 特别令人担忧的是，虽然西班牙裔和其他非白人居民是该市未来人口增长的主力但这些群体的受教育程度往往要低得多。在纽约市的 8 年级学生中，只有 52% 的西班牙裔学生和 45% 的黑人学生在数学上取得"基本或以上"水平，而白人学生的这一比例为 77%。阅读分数也呈现类似的模式：80% 的白人学生得分达到或高

① Hilliard T. Mobility Makers. https://nycfuture.org/pdf/Mobility_Makers.pdf.（2011-11-18）[2021-06-18].
② Hilliard T. Mobility Makers. https://nycfuture.org/pdf/Mobility_Makers.pdf.（2011-11-18）[2021-06-18].
③ Hilliard T. Mobility Makers. https://nycfuture.org/pdf/Mobility_Makers.pdf.（2011-11-18）[2021-06-18].

于基本分数，而黑人和西班牙裔学生的这一比例分别为50%和51%。纽约市在改善这些数字方面具有经济利益，而社区学院可以说是发挥作用的最佳通道。少数族裔在拉瓜迪亚社区学院就读的学生中占95%，在布朗克斯社区学院占92%，在霍斯托斯社区学院占84%，在曼哈顿社区学院占78%，在皇后社区学院占67%，在国王郡社区学院占62%。纽约市公立学校系统大约2/3的大学毕业生就读于纽约市立大学系统，该市的社区学院已成为纽约人提升为中产阶级的重要桥梁。随着美国加速向具有全球竞争力的知识经济转变，受教育程度已成为经济繁荣背后的驱动力和个人在经济上取得成功的关键因素。[①]

低毕业率给个人、企业、经济和纳税人带来了高昂的成本。社区学院毕业生人数增加不仅使雇主更容易找到合格的工人还将极大地提高毕业生的就业前景，使他们走上具有更高收入潜力的职业轨道。随着收入的增加，当地经济的支出和税收收入也会增加并会以运营援助及赠款的形式在州内进行更有效的公共投资。有研究估计，假如将2009年入学的纽约市六所社区学院的学生毕业率仅提高10个百分点将为该市和该州贡献7100万美元的年度经济增长：其中年收入会增加1600万美元（其中210万美元将用于城市和州的税收）；2850万美元用于经济活动，因为收入较高的大学毕业生可以将自己的收入用于社区；2650万美元的纳税人投资用于大学毕业生而不是辍学生。按10年测算将毕业率提高10个百分点给纽约市和纽约州的总收入、经济活动和公共投资带来的增长值约为6.89亿美元，按20年测算则为14亿美元，按30年测算则为21亿美元。[②]

增加纽约市立大学系统社区学院毕业人数有一个强有力的经济论据，即社区学院毕业率小幅增长也会给个人、雇主、纳税人和城市经济带来巨大的好处。对于2004年秋季进入纽约市立大学社区学院的学生群体，有研究计算了将社区学院毕业率提高10个百分点的价值，即从28%上升到38%。这种适度的毕业率增长将使市、州和联邦政府为大学毕业生而不是辍学生的花费减少1810万美元，每年将为城市经济收入和经济活动增加3000万美元，一年可带来270万美元的额外税收收入。这些计算是基于2004年进入纽约市立大学社区学院学生群体不断增加的毕业率，但2009年的学生群体入学人数比2004年多50%，因此可以很容易地看到提高毕业率带来的巨大经济效益。[③]将纽约市立大学社区学院的6年毕业率提高10个百分点将使2009届学生的年收入增加1600万美元，一年的税收收入至少增加390万美元。此外由于获得的收入可以用于杂货店、服装店和当

---

① Hilliard T. Mobility Makers. https://nycfuture.org/pdf/Mobility_Makers.pdf.（2011-11-18）[2021-06-18].
② Hilliard T. Mobility Makers. https://nycfuture.org/pdf/Mobility_Makers.pdf.（2011-11-18）[2021-06-18].
③ Hilliard T. Mobility Makers. https://nycfuture.org/pdf/Mobility_Makers.pdf.（2011-11-18）[2021-07-10].

地社区的其他设施，一年收入增加所刺激的额外经济活动价值加起来将为 2850 万美元，反过来为城市、州和联邦政府带来额外的税收收入。最后价值超过 2600 万美元的运营援助、佩尔和"学费援助计划"赠款的公共投资将按预期用于大学毕业生。所有这些节省都会随着时间的推移而增加，在 10 年将毕业率提高 10 个百分点对纽约市和纽约州的收入、经济活动和公共投资产生的价值总和约为 6.89 亿美元，20 年的价值约为 14 亿美元，30 年的价值约为 21 亿美元。①

虽然社区学院在将纽约市民提升为中产阶级和提供中等技能工人方面发挥更大的作用，四年制学院和大学却比两年制学院开放了更多的职业大门。对于低收入居民和移民包括那些想获得学士学位但缺乏成绩、资金、语言技能或人脉就读四年制大学的人来说，社区学院是进入高等教育系统的唯一切入点。社区学院可以提供全职工作维持家庭生计之余兼顾上课所需的灵活性，经济的变化则凸显了完成至少两年制大学学位的紧迫性。与许多前工业中心一样，纽约长达数十年来为教育程度低的人提供的中等稳定收入工作呈现下滑趋势。2000—2011 年，该市就失去了近 10 万个制造业工作岗位，比例降低了 56%，而家庭医疗保健（增长 114%）、社会援助（增长 16%）和食品服务（增长 29%）等收入相对较低的工作岗位在那段时间发展迅速。尽管曼哈顿能够吸引在服务行业受过专业高等教育的劳动力并且现在是美国最繁荣的县之一，但布朗克斯、布鲁克林和皇后区（占纽约市人口的 65%）都未能提高教育水平，贫困人口持续增加。②通过为雇主提供更多受过大学教育的工人，纽约市的经济可以明显受益。虽然金融、时尚、媒体和法律服务等领域的本地企业能够吸引来自美国或世界各地受过高等教育的工人，但对于一长串其他重要行业而言，情况并非如此。想要雇用具有职业证书或副学士学位工人的雇主更有可能从当地居民的人才库中抽取劳动力。出于多种原因，纽约市立大学社区学院对纽约市未来的繁荣越来越重要。

（二）转学功能的发挥有助于改善各学历层次的失业率和收入情况

改善乏善可陈的数字会对学生、企业、纽约经济和纳税人产生明显的好处，在美国和纽约市拥有大学学历的人比只有高中文凭或专科文凭的人更容易就业。拥有副学士学位的纽约市居民就业率为 68%，相比之下拥有高中文凭或一年大学就读经历的城市居民大约只有一半人有工作。2010 年大萧条的高峰期拥有副学士学位的居民失业率仅为 7%，相比之下高中以下学历的失业率为 14.9%，只有高

---

① Santos F. College Readiness is Lacking，City Reports Show. https://edreform.com/2011/10/college-readiness-is-lacking-city-reports-show/.（2011-10-24）[2021-07-10].

② Hilliard T. Mobility Makers. https://nycfuture.org/pdf/Mobility_Makers.pdf.（2011-11-18）[2021-07-10].

中文凭的失业率为 10.3%，完成了一部分大学学业（但尚未获得副学士学位的人）的失业率为 9.2%。数据表明受教育程度越高失业率越低：拥有学士学位的人失业率为 5.4%，拥有专业学位的人失业率为 2.4%。"医疗保健领域的中等技能工作将发生重大转变，我绝对认为社区学院毕业生在这一转变中将发挥重要作用，"纽约州社区医疗保健协会劳动力发展主管比尔斯塔克·豪斯补充道。有研究采访过的几位雇主表示即使在经济不景气的情况下很多人都失业，找到具备企业所需技能的员工通常是一项挑战。但是当经济最终升温时将技能与空缺职位相匹配无疑将成为当地企业面临的更大障碍，特别是许多关键的中等职业技能岗位，从电缆安装工和护士到汽车维修技师和害虫防治工雇用了大量即将退休的婴儿潮一代。根据乔治城大学教育和劳动力中心主任安东尼·卡内维尔的说法，1973—2008 年，需要高中以上教育的工作比例增加了一倍多，从 28% 增加到 59%。有研究估计到 2018 年美国 63% 的工作将需要某种形式的高等教育学历。[①]

在当今的信息时代接受大学教育已成为该市大部分工作的最低要求，这些工作支付中等收入工资并提供社会阶层向上流动的途径。几个蓝领领域预计未来几年会制造大量增长的中产阶级职位且需要大学学位，从护士到法律秘书也需要两年或四年制院校授予的学位，大学学位的回报率迅速上升。大学毕业生的收入比高中毕业生高 76%，比 20 世纪 70 年代高 36%，而且更有可能从事提供医疗保险的工作。根据 2011 年的一项研究，拥有副学士学位的工人职业生涯平均收入比仅拥有高中学历的工人高 30%，而拥有学士学位的工人职业生涯收入则高出 75%。对人口普查数据的分析发现纽约市 25—29 岁的高中毕业生平均年收入约为 1.7 万美元而就读大学一年（没有获得学位）的人平均收入将增加至 2.2 万美元，拥有副学士学位的成年人平均收入为 2.9 万美元。结果显示上大学一年然后辍学的人因为没有完成副学士学位而放弃了平均 7000 美元的年收入。[②] 超过 1/4 的纽约市立大学社区学院学生在 6 年内毕业并获得学士学位。即使是 20 多岁的年轻人，他们在纽约市的平均收入也超过 4 万美元，比高中毕业生和那些只就读于大学几年而没有获得学位的人更具优势。"人们有时会问：每个人都应该获得大学学位吗？"社区学院研究中心主任、社区学院毕业率研究专家托马斯·贝利指出，"不，但很明显，终身教育的经济回报远高于成本。"提高社区学院毕业率有助于确保纽约市许多发展最快的行业得到所需的熟练员工。有研究采访了 20 多位纽约市企业雇主和行业领导者，他们从事医疗保健、交通运输、汽车维修和建筑等职业，这些领域往往支付中等收入并且长期雇用受教育程度较低的员工。几

① Hilliard T. Mobility Makers. https://nycfuture.org/pdf/Mobility_Makers.pdf.（2011-11-18）[2021-07-10].

② Hilliard T. Mobility Makers. https://nycfuture.org/pdf/Mobility_Makers.pdf.（2011-11-18）[2021-06-18].

乎所有人都越来越希望雇用大学毕业生，研究采访的雇主并不总是能够对副学士和学士学位做出明显区分，但他们明确表示未来属于那些受过扎实高等教育和拥有毕业证书的人。纽约欧姆尼公司前总经理尤金·施耐尔认为："如今至少拥有社区学院学位对于建造超级住宅来说是有帮助的，公司在五个行政区修复和维护经济适用房。""随着建筑中锅炉和节能设备的技术发展，工人们需要具备计算机知识才能正确运行它们。"[①]

第三节　纽约市立大学是美国努力提高社区学院转学成功率的领导者

纽约市的社区学院为需要高等教育机会的人群服务，学生群体严重偏向于学业准备水平差、在接受大学教育的同时兼顾工作和家庭义务的低收入青年和成年人，许多人是少数族裔、在外国出生并在教育程度偏低的家庭中长大。纽约市立大学系统社区学院 3/4 的新生参加了发展教育课程，一项针对新生入学的调查显示近一半是家中第一个上大学的人，近一半家庭收入低于 2 万美元。纽约市立大学明确了毕业率目标并以推动系统性变革的方式推出有史以来的第一所新社区学院（NCC），实施多项覆盖全系统的学生成功计划并鼓励在多个校区进行大胆的改革。这些新举措包括副学士课程推动研究（ASAP）计划、CUNY START、Graduate NYC、皇后社区学院的拉丁裔 STEM 支持网络早期警报系统。布鲁克林职业技术学院的预科高中（P-TECH）学生毕业时可以获得高中毕业证和一个副学士学位。

美国各地的社区学院领导在提高学生的成功率方面表现出不同程度的承诺。一些管理人员为其机构较差的毕业率找借口，而另一些人则认识到如果学生没有毕业并且未在劳动力市场取得成功，机构就没有完成基本使命。纽约市立大学显然属于后者，纽约市立大学社区学院原高级副校长爱德华·多马尔蒂说："有些人认为提供招生权限就足够了。我不同意。我认为大学接受学生并向他们提供学位的承诺，然后不尽一切可能确保他们获得学位是不合情理的。我认为抱着很高的希望进入大学然后被迫退学，这会降低学生的自尊。"[②]以下是纽约市立大学为提高社区学院毕业率所做的一些创新尝试。[③]

①　Hilliard T. Mobility Makers. https://nycfuture.org/pdf/Mobility_Makers.pdf.（2011-11-18）[2021-06-18].
②　Hilliard T. Mobility Makers. https://nycfuture.org/pdf/Mobility_Makers.pdf.（2011-11-18）[2021-07-10].
③　Hilliard T. Mobility Makers. https://nycfuture.org/pdf/Mobility_Makers.pdf.（2011-11-18）[2021-07-10].

一、开展纽约市毕业生计划

"纽约市毕业生！大学准备和成功计划"（简称"纽约市毕业生计划"）达·盖茨基金会的资助下启动，由纽约市市长办公室、纽约市教育局、其他城市机构以及当地社区和学校团体合作组织。2020 年，纽约市通过以下几个指标追踪监督教育机构：是否大幅增加高中毕业达到大学入学基本标准的人数；是否增加大学入学人数；是否提高纽约市立社区学院的毕业率。对于社区学院来说这将需要将副学士学位学生的 3 年毕业率提高到 25%，将四年制学生的毕业率提高到 40%。纽约市毕业生计划侧重于 3 个关键驱动因素：改变纽约市与大学准备及成功相关的文化；使用数据推动变革并使社区学院对学生成功毕业负责；改变现有实践，反映学生成功毕业的方向。该计划的倡议是开发一个纵向跟踪数据库从而使相关机构能够更好地了解学生从高中到大学的学习进度。

二、实施 ASAP 计划

2007 年，纽约市立大学在市长经济机会中心的资助下在所有六所社区学院建立了 ASAP 计划。ASAP 为低收入学生提供至少五种不同的支持，目标是帮助他们在三年内毕业。第一批由完全精通阅读、写作和数学的学生组成。2009 年以来，ASAP 项目主要针对一些有发展需求的学生，该项目的设计特点包括要求在有限的专业组别中进行全日制学习、强化课程安排、侵入式咨询，如果学生考试成绩低或遇到其他挫折会很快接到大学辅导员的电话，教师会跟进参与、提供职业发展和学术支持服务。经济奖励包括免除所获经济援助水平以上的任何学杂费、每月交通卡费用和免费使用教科书。这些支持措施在提升保留率和学分积累方面取得了可观的成果，3 年后 2007 年入学的学生中有 55% 获得了副学士学位，是同类学生的两倍多。2009 年秋季的 ASAP 学生组是第一个有发展需求的学生群体，他们的两年毕业率为 27.5%，几乎是同类学生的 4 倍。根据纽约市立大学于 2017 年 1 月发布的研究报告，参加 ASAP 计划的学生获得副学士学位的比例和所需年限、转学到学士学位授予院校的比例和所需年限都要优于未参加 ASAP 计划的学生。超过 60% 的 ASAP 学生在六年内获得了本科学位，超过一半的入学生转入了学士学位课程。[1]

---

[1] Strumbos D，Kolenovic Z. Six-Year Outcomes of ASAP Students：Transfer and Degree Attainment. ASAP Evaluation Brief. http://www1.cuny.edu/sites/asap/wp-content/uploads/sites/8/2017/01/201701_ASAP_Eval_Brief_Six_Year_Outcomes_FINAL.pdf.（2017-01-04）[2022-09-23].

三、制定纽约市立大学入门计划

对于在 3 个主要补习科目中表现不佳的新生，教务处制定了纽约市立大学入门计划（CUNY Start），CUNY Start 提供数学、阅读和写作方面的过渡课程。学生支付象征性的费用后每周可以学习 25 小时，计划的重点是通过测试大学水平的课程学习来帮助学生避免全面补课。项目管理员借此机会可重新思考课程的交付和目标，这是数学学习一个特别重要的机会。数学是完成大学第一年学业的最大障碍，因此在这个维度上的进步可以极大地提高学生在整个纽约市立大学系统社区学院的成功率。

四、成立全日制招生的新社区学院

伯恩和赫斯特于 2001 年在一项使用国家教育统计中心数据的描述性研究中发现以下三种学生的转学率最高：最初被学术学位课程录取的学生；打算完成学士学位的学生；在高等教育的头两年保持连续入学的学生。[①]阿德尔曼的研究还强调了社区学院入学第一年学术强度的正面影响，学术强度的一个定义是在学习的第一年获得的学分数量，他发现在课程学习的第一年获得少于 20 个学分的学生在最终获得学位方面处于明显的劣势。[②]总而言之，现有的理论和相关文献都表明全日制学生将更加投入并可能取得成功，在第一学期就读全日制的社区学院大学生更有可能转入四年制大学。旨在鼓励、激励或要求全日制入学的州政策可能会极大地提高社区学院学生成功率，纽约市立大学的"新社区学院"倡议最初于 2008 年提出，向社区学院界提出了一个新概念：要求学生全日制报名以期改善和加快学生获得学位的进程。尽管一些人最初对该计划持批评态度，但在 2011 年 9 月 20 日致纽约州教育专员约翰·金的信中，纽约州州长安德鲁·科莫批准了"新社区学院"倡议。[③]通过创建此类社区学院，纽约市立大学站在美国各州社区学院学位政策计划的最前沿，旨在通过全日制招生来直接提高学生的成

---

① Park T J. The Role of the Community College in Texas：The Impact of Academic Intensity，Transfer，and Working on Student Success. https://ir.vanderbilt.edu/bitstream/handle/1803/11206/Park_Dissertation_Final_Version.pdf?sequence=1&isAllowed=y.（2012-05-04）[2021-07-10].

② Park T J. The Role of the Community College in Texas：The Impact of Academic Intensity，Transfer，and Working on Student Success. https://ir.vanderbilt.edu/bitstream/handle/1803/11206/Park_Dissertation_Final_Version.pdf?sequence=1&isAllowed=y.（2012-05-04）[2021-07-10].

③ Park T J. The Role of the Community College in Texas：The Impact of Academic Intensity，Transfer，and Working on Student Success. https://ir.vanderbilt.edu/bitstream/handle/1803/11206/Park_Dissertation_Final_Version.pdf?sequence=1&isAllowed=y.（2012-05-04）[2021-07-10].

功率。

从一开始 NCC 就被设想为相当于社区计划的高等教育。一个纽约市立大学工作组审查了提高社区学院学生成功率有关因素的文献，希望通过 NCC 的成立最大化这些有利因素。NCC 与其他社区学院存在不同的关键点还包括：要求大学预科通过多步录取过程和暑期过渡课程参与；开发一年级核心课程，重点培养大学水平的阅读、写作和数学技能以及跨学科思维和推理技能；融合发展和学科内容，让学生一入学就获得大学学分；限制学习项目的数量以防止学生被各种选择淹没；开发课堂之外的体验式学习机会；构建"第一年体验"范式，其中包括学习社区和基于团队的学习、针对落后学生的侵入性建议和早期干预系统。NCC 的策略提供了一个可以测试真正支持学生成功因素的机会，纽约市立大学系统中的其他社区学院不能简单地将课程减少到六个学习项目，但是 NCC 可以为在其他校园复制推广的原则提供前景的测试和预演。

五、推进纽约市立大学合作计划

纽约市立大学与纽约市公立学校系统建立了广泛的支持失学青年的合作活动网络，组成部分包括：College Now——美国最大的城市双招生计划；建立 12 所大学预备高中包括在皇冠高地开设的职业技术学院预科高中；CUNY Prep 是一项针对失学青年的高中同等学力证书（GED）计划，目标是帮助学生顺利过渡到大学；在大学之家为未达到纽约市立大学基准水平的 GED 完成者和高中生提供大学过渡计划。

六、建立拉丁裔 STEM 支持网络

皇后社区学院与 IBM 合作构建了一个创新型预警系统——拉丁裔 STEM 支持网络早期警报系统。该计划使用 IBM 的数据分析技术创建一个工具来识别导致学生辍学的高风险因素，一旦该工具发出风险行为警示，学校官员和社区合作组织就可以提供一系列干预措施。根据数据显示拉丁裔学生在高等教育 STEM（科学、技术、工程和数学）课程中的入学率最低，1/3 的拉丁裔大学生在接受高等教育的第一年辍学，此计划希望帮助皇后社区学院的高危学生克服眼前障碍并降低毕业前的辍学率。早期预警系统于 2011 年春季学期在 10 门新生 STEM 课程以及大一的"大学生活"必修课程进行了试点，在很短的时间内已经取得了可量化的成果。试点项目将大一实验组获得 C 或更高成绩的比率比对照组提高了 8 个百分点，同时注册但不上课的学生人数也有所下降，这表明有针对性的干预措施

对减少辍学产生有效影响而数据分析可以帮助负责人及时了解需要帮助和取得进步的学生情况。该计划在 2011 年秋季学期扩展到皇后社区学院的其他学院，IBM 原副总裁斯坦利·利托对纽约市立大学致力于在系统范围内开展这一措施表示高度赞同。

七、开辟拉瓜迪亚社区学院综合健康职业路径

拉瓜迪亚社区学院采用了一项名为 I-BEST 的华盛顿州计划，该计划面向低技能学生群体，自推行以来学生保留率和毕业成绩喜人。I-BEST 利用双教师团队提供与基本技能教学紧密结合的职业教学，拉瓜迪亚社区学院已将 I-BEST 改编为一系列具有广阔前景的医疗保健职业路径计划。

纽约市立大学将学生完成率作为重中之重并精心组织了干预措施：通过教育部建立的合作伙伴关系解决了公立学校转学新生严重的学业准备不足问题；ASAP 和 START 计划通过改善或避免发展教育解决了学生在关键第一学年遇到的问题；"新社区学院"倡议提供了一种通过加速学习构建教育体验的模式从而减少了学生迷失学习方向的可能。通过此类计划的协同实施，纽约市立大学社区学院近几年的年度保留率上升了大约 3 个百分点。

第四节 纽约市立大学未来改善毕业率
及推进转学的努力方向

根据切特·贾丹 2021 年发布的研究成果，截至 2021 年，纽约市立大学招收了超过 24 万名学习副学士学位和学士学位课程的学生。分布在纽约市五个行政区的 19 所大学提供了一系列学位课程，为大都市区的经济发展提供了重要的劳动力来源。每年秋天，大约有 8000 名学生从纽约市立大学社区学院转学到系统内的四年制机构，从纽约市立大学转到外部学院或大学的学生课业分数更高。纽约市立大学于 1961 年被特许为一所统一的大学系统以来，该系统已做出了许多努力来简化转学过程，确保从社区学院转到四年制机构的学生能够获得令人满意的学业表现。直到 2013 年，纽约市立大学才授权对通识教育课程和转学流程进行系统层面的改革。实施"转学通道计划"时，其中心目标是确保在社区学院完成的通识教育课程能够在系统某个四年制试点院校得到认可。这一行动在 2013 年之前一直处于脱节状态，并产生了令人难以置信的学分浪费和财政援助损失。"转学通道计划"自 2011 年经纽约市立大学董事会通过、2013 年正式实施以来，

到 2016 年秋季，获得副学士学位的学生数量增加了 41.2%。到 2020 年，学生在学分转移过程遇到的阻碍远低于过去。截至 2021 年，超过 90% 的纽约市立大学本科生注册了"转学通道计划"课程。此外，2015 年发布的纽约州教育法第 6201 条规定：纽约市立大学必须继续响应所处城市环境的需求，保持四年制院校高年级和社区学院低年级之间的密切联系。在可能的情况下，两者的治理和运营应联合进行或通过类似的程序进行，以维持大学作为一个综合系统运转的有效性并促进各单位之间的衔接。①

　　然而，转学生仍然面临一系列障碍，这些问题要么阻碍学生获得学士学位，要么导致学生转学进展缓慢。由于纽约市立大学系统的社区学院学生更有可能是有色人种、低收入人群和第一代上大学的人，因此解决他们获得更高学位的障碍至关重要。针对当前的这些问题，纽约市立大学的教职员工和行政部门积极参与其中，联合多校区深入研究学生的转学模式和结果，及时修正当前的政策和措施以消除转学生获得学士学位的障碍，从而提高获得教育机会和教育成就的公平性。纽约市立大学系统的研究人员多年来通过研究推进对转学生群体的了解，并提供对当前举措的严格评估。此外，各校区正在相互合作制定更具创新性的衔接协议确保学生同时获得通识教育学分和学位学分，减少转学过程中的学分流失现象。②

　　根据纽约市立大学高级教育研究中心 2022 年发表的一份研究报告，2018 年美国大约每 8 名大学生中就有 3 人最终在大学之间转学。与这些数据一致，在 2010 年进入大学后 8 年内获得大学学位的学生中，27% 的学生在与首次注册院校不同的地方获得了学士学位。2011—2021 年，纽约市立大学每所提供学士学位的院校中超过 50% 的毕业生都是转学生。有专家猜测在美国全国范围内，当新冠疫情结束时，转学率将增加到更高的水平。③纽约市立大学系统的管理人员和教职员工在六所社区学院帮助学生取得学业进步方面表现出了令人钦佩的责任感和创造力，研究表明学生的成功还得到了公益组织和州财政政策的支持。

一、加大对社区学院困难学生的助学援助

　　助学援助的一个主要目的是保证低收入背景的学生得到继续留在学校学习的

　　①　Jordan C，Ziehmke N. A Quest for Equitable Transfer. https://www.kean.edu/sites/default/files/2021-02/9781620369470_23_36c541da22b9c57384142d2c70e9ebd4.pdf#page=10.（2021-11-30）[2022-09-23].

　　②　Jordan C，Ziehmke N. A Quest for Equitable Transfer. https://www.kean.edu/sites/default/files/2021-02/9781620369470_23_36c541da22b9c57384142d2c70e9ebd4.pdf#page=10.（2021-11-30）[2022-09-23].

　　③　Logue A W，Oka Y，Wutchiett D，et al. Possible Causes of Leaks in the Transfer Pipeline：Student Views at the 19 Colleges of The City University of New York. https://journals.sagepub.com/doi/10.1177/15210251221117276?icid=int.sj-abstract.citing-articles.2（2022-08-02）[2022-09-23].

机会，纽约州为大学生提供基于需求的学费援助计划。纽约市立大学与非营利性组织"一站式美国"建立的合作伙伴关系帮助社区学院学生得到在大学期间维持生计的福利，一站式美国的工作人员筛选公共福利、协助准备税务并为学生搭建法律和金融服务的桥梁。拉瓜迪亚社区学院的协调员大卫·克罗夫特认为这项指导学生解决实际问题的服务超出了很多人的预期，很多前来求助的学生已陷入重大经济危机，通过人际关系等层面的工作学生了解到自己可以有更多选择。[①]

二、积极解决社区学院学生的学习障碍

首先是改革发展性教育。许多转介到发展性教育的学生要么辍学要么在不计入专业学分的补习课程上花费了太长时间，社区学院正在努力改变发展教育的评估和组织方式、改革发展教育课程的结构和内容及其与学分课程相关联的方式。

其次是帮助学生制定学习计划。不少学生进入大学后缺乏长远规划的意识，很快就迷失了方向。最不利的一点是学校需要很长时间来宣布专业或学习计划，这会导致时机流失、信贷过度和财政援助过期。纽约市立大学社区学院正在努力开发技能规划和其他教育规划工具使学生走上正轨。

三、增加对社区学院的财政支持

美国社区学院在改善学生体验方面面临的一个主要障碍是资金不足和财政投入减量，纽约州为社区学院提供的资金不到四年制大学的一半，随着时间的推移这笔资金大幅下降。2000—2009 年，经通胀调整后纽约市立大学社区学院的州运营援助下降 27%，"学费援助计划"资金下降 12%。纽约州不断削减对社区学院的财政支持迫使管理人员反复提高学费并减少工作人员，从长远来看这会对社区学院的有形和无形资产造成损害。不断上涨的学费损害了纽约市立大学社区学院录取低收入背景学生（尤其是兼职学生和不太具备学费援助资格的单身成年人）的可能性，进一步减少财政援助、咨询、职业服务和其他学业服务领域的工作人员增加了改善学生学业的难度。

纽约市社区学院的毕业率对学生的未来、经济生产力、各级政府的创收以及纳税人资金的有效分配有着巨大的影响，因而社区学院的人才培养问题就上升到公共优先级。州政府意识到应扩大对纽约市立大学和纽约州立大学系统社区学院的财政支持，让社区学院成为四年制大学的低成本备选。根据纽约市立大学官方

---

① Hilliard T. Mobility Makers. https://nycfuture.org/pdf/Mobility_Makers.pdf.（2011-11-18）[2021-07-10].

财务及预算网站发布的文件，2022 财年州颁布的预算方案重新恢复了计划减少的 2620 万美元。"学费援助计划"最高奖励在原来基础上增加了 500 美元，达到 5665 美元，这将为高级学院提供额外的 2310 万美元资金支持。2022 财年颁布的预算为纽约市立大学劳动与城市研究学院恢复了 150 万美元的立法资金，为毕业生中心的"输送通道计划"恢复了 25 万美元的立法资金。①

四、加强产教融通及校企合作

企业雇主不仅提供大学毕业生想要的工作岗位而且还熟知毕业生应掌握的学习能力和重要专业知识，为雇主提供与院校合作制定职业道路的机会是一项非常有价值的服务。成人教育、GED 系统和劳动力发展系统对社区学院也很重要，目前扩展到中学后教育的 K-12 学生单元记录（SUR）数据库正在加速扩建以便可以跟踪纽约市立大学学生从成人教育、GED 教学和劳动力培训计划到社区学院的整个过程，州政府计划未来将 SUR 数据库与州的主要就业数据库保持一致。为了更全面地记录就业结果并为雇主参与提供途径，佛罗里达州的做法是将 SUR 数据库与为该州提供就业数据的州劳动力报告系统保持一致。如果特定专业或大学的毕业生未能在相关领域找到工作，政策制定者和学生可以通过系统及时了解到这一点。

纽约市立大学 12 所院校的预科高中代表了加速高等教育学习进程的大好机会，例如新开设的布鲁克林职业技术学院预科高中与 IBM 的创新合作伙伴关系正在芝加哥得到复制——学生将在学校待六年并在离开时获得副学士学位和工作领域的实践经验。这种改变传统教育模式的意愿可能代表着纽约市中等教育和高等教育的未来。纽约市立大学在与商业部门合作方面也开辟了新天地——在系统层面与工商关系办公室盯紧大型雇主以及在校园层面针对高速增长的市场领域制定战略举措，例如国王郡社区学院正在与酒店业建立深厚的关系，而拉瓜迪亚社区学院则开发了医疗保健方面的相关专业。教师与雇主一起就学生进入就业领域所需的职业技能展开讨论，为了满足不断变化的劳动力市场需求和经济状况，校方在设计和修改课程体系方面体现出很快的速度和强大的适应性。许多学生尤其是那些需要一年或更长时间培训的学生受益于"证书课程计划"提供的学习机会，这些证书课程通常时间很短且以职业培训为重点，其强度足以提供职业发展

---

① CUNY University Office of Budget and Finance.Fiscal Year 2022 State Enacted and City Preliminary Budgets Preliminary Analysis. https://www.cuny.edu/wp-content/uploads/sites/4/page-assets/about/administration/offices/budget-and-finance/FY2022-State-Enacted-and-City-Preliminary-Budget-Analysis.pdf.（2021-04-08）[2021-07-10].

的能力，因而对那些缺乏时间或学业准备、直接进入学位课程的学生具有很大的吸引力。该系列课程计划支持向获得证书并继续攻读学位课程的学生授予学分。

五、支持和鼓励发展全州范围的无缝衔接和转学系统

纽约市立大学通过转学衔接系统完善获得学位的路径，2011 年 6 月纽约市立大学实施了全系统的衔接和转学系统，该系统使社区学院之间的过渡以及从社区学院过渡到高一级学院变得更加容易。目前通识教育的要求因校园而异，从 39 到 63 学分不等。在新制度下，纽约市立大学的所有校区都采用了 42 学分的通识教育框架。纽约市立大学和纽约州立大学都开发了学分转移系统以确保社区学院的学生可以在不失去学分的情况下转入各自系统中的四年制大学。这些都是至关重要且必要的步骤，尤其是纽约市立大学必须克服相当大的阻力。纽约州在全州范围内实现无缝衔接和转学方面还需做出努力：豪斯托斯社区学院（隶属于纽约市立大学）的学生应该能够像转入亨特学院（隶属于纽约市立大学）一样轻松地转入纽约州立大学石溪分校，而纽约州立大学社区学院的学生在进入纽约市立大学的综合学院时也应该有同样的录取保证。2+2 转学可以为双录取、大学预科高中、非学分证书课程和副学士学位课程之间的衔接创造一个平台，该平台的建设需要州决策者的支持和鼓励才能实现。美国各地的社区学院系统都可以从纽约市立大学与市教育局开创性的合作伙伴关系中学习，最终所有进入纽约市立大学的学生都应该有机会在进入大学之前将基本技能提升到大学入学标准。其他城市和州正在大学入学准备方面开辟新天地，芝加哥高中的毕业生可以在大学第一个学期之前绕过发展教育参加暑期桥梁课程。迈阿密所有 11 年级的学生都参加了大学准备评估，该评估将及时发现需要在高年级解决的技能缺陷，即将入学的大学生也可以参加由高中和大学教师的跨学科团队开发的测试。

第七章　佛罗里达州高校的集约式转学模式

第一节　概　　述

一、佛罗里达州集约式转学模式的治理结构

佛罗里达州集约式转学模式的形成经历了权力分散和权力集中两个时期，每个时期呈现不同的结构特征。

（一）权力分散时期（2002 年之前）：在分割型和统一型之间游离

为了分析美国高等教育系统的州治理结构，理查德·C. 理查森等曾在 1999 年提出了 3 种高校治理类型：分割型、统一型和联邦型。其中，分割型由许多管理委员会负责一个或多个高等教育机构，缺乏一个有效的州管理机构对州内的高等教育运行承担重大责任；统一型由一个单独的管理委员会管理州内所有授予学位的高等教育机构，并代表院校与州政府进行协商；联邦型由一个全州的委员会负责收集和分发信息、就预算提供建议，从全州的角度进行高等教育规划。[①]理查森认为佛罗里达州虽然属于分割型，却是所有案例州中最接近统一型的。因为在佛罗里达州，管理所有公立四年制机构的唯一委员会是州立大学系统（SUS）董事会，负责应对重点立法事项，并试图抑制立法对州立大学系统的影响，但社区学院与大学系统的组织又是分离的，当地社区学院董事会与州立大学系统董事会具有相似的职责。州社区学院协调委员会只有有限的权力，没有收集数据或确定优先发展事项的能力。中学后教育规划委员会（PEPC）对立法机关负有咨询

---

① Goff D G. Governance of Articulation and Transfer in Maryland and Florida. https://files.eric.ed.gov/fulltext/ED476687.pdf.（2003-01-01）[2020-12-20].

责任。该咨询小组的成员由教育专员任命，由来自学院和大学、公立和非公立学校、独立机构以及职业和劳动力教育的人员组成，其中也包含一名学生成员。

佛罗里达州教育部衔接协调委员会（ACC）也是根据全州范围的衔接规则监管协议而成立的。ACC 为佛罗里达州的社区学院和州立大学提供资源，为院校间协议的制定提供建议指南。指导起草这些协议的是地方当局、四年制院校和社区学院的学术单位，需要依次经过大学和社区学院衔接官员、学术单位院长、院校的董事会批准通过，州教育委员会（SBE）仅批准全州范围的衔接协议。ACC 通过州教育委员会和理事会（Board of Governors，BOG）的大学咨询委员会对全州衔接协议进行预审，ACC 通过的全州衔接协议要提交给理事会进行审查，并最终提交给州教育委员会进行复审和采纳。ACC 的职责包括：确定符合社区学院和大学通识教育要求的课程，区分通识教育课程和完成学位所需的课程，管理佛罗里达州的通用先修课程系统；定期检查全州的衔接数据，提供建议并建立大学和社区学院学区代表小组，以促进学科领域的衔接。尽管 ACC 与教育部衔接办公室一起合作指导和维护佛罗里达州的衔接协议，但总体管理机构的空缺表明理事会和州教育委员会之间需要合作。理事会和州教育委员会之间的唯一联系是促进佛罗里达州教育系统的衔接和无缝整合；此外，必须确保 2+2 转学的衔接协议坚持"相互尊重、公平对待转学生和强有力的机构间沟通的承诺"。

州教育委员会在此时期通常被视为州高等教育政策决策中只履行审批手续而没有实权的机构。佛罗里达州薄弱的信息系统依赖系统和机构领导者的合作，这削弱了它在政策制定过程中的作用。社区学院的预算过程在很大程度上依赖立法领导者和系统领导者或地方委员会之间的谈判，而不是院校需求和优先事项的可靠信息，然而通过专门立法研究收集的信息为立法者提供了有关优先发展事项的必要数据。除了立法机关之外，佛罗里达州没有单一的机构负责衔接协议和合作。①

（二）权力集中时期（2002 年至今）：双轨治理，两者并立

权力分散时期的"分割型"和"统一型"之间游离的高校转学治理结构不利于高校转学治理的有效实施。为了深入推进高校治理模式的变革，2002 年以来，佛罗里达州施行了权力集中的高校治理结构改革，高校转学的治理呈现出"集约式转学模式"。这种"集约式转学模式"主要强调以下两个方面的改变。

---

① Richardson R C，Bracco K R，Frost S H，et al. Designing State Higher Education Systems for a New Century. Phoenix：The Oryx Press，1999：90.

1. 向州教育委员会和理事会加重赋权

根据佛罗里达州参议院于 2002 年发布的法案 50020E 第 1001.02 节，州教育委员会负责收集和分发所有中学和中学后教育系统的信息，从全州的角度就预算和预算管理提供建议、进行课程批准、制定发展规划，并确保衔接和转学的协调。该法案该节法规详细说明了州教育委员会的院校转学治理权，明确授权州教育委员会在联合治理结构中直接负责转学和衔接政策计划。州教育委员会在必要时对教育部各分支进行全面监督以确保教育计划和课程的协调并尽量减少衔接和学生转学的问题，确保学生在各级教育水平之间顺利过渡并获得良好的学业能力。新法规非常明确地赋予州教育委员会整顿纠正院校衔接和转学问题的直接责任，法案 50020E 概述了明确定义的衔接过程，第 1007.22—1007.25 节"衔接协议：加速机制"部分指定州教育委员会负责协调经认证的公立、私立两年制和四年制院校之间的衔接。协议规定每个持有经佛罗里达州认证社区学院文学副学士学位的毕业生均已满足所有课程要求，必须被州立大学的高年级录取。课程要求是成功完成 60 学时的课程，其中 36 学时必须是通识教育，录取受限或需要试镜的课程除外。在这种情况下，以文学副学士学位转学的学生与已经在大学注册的学生有同样的录取机会，该协议还规定以文学副学士学位转学的州内居民在录取方面优先于州外学生。

佛罗里达州参议院于 2021 年 4 月 21 日更新的州宪法 K-20 教育法规这一部分第 1001.02 节规定了州教育委员会的基本权力涵盖规划权、协调权、执行权、审核权、制定评估标准和学分转移规则等权力：州教育委员会是佛罗里达州除州立大学系统之外的公立教育主要实施和协调机构，主要聚焦于高层的政策决策。为了改善除州立大学系统之外的 K-20 公立教育体系，州教育委员会有权根据第 1001.02 节 120.536（1）条和 120.54 条制定规则，执行其被赋予的职责。除非法律另有说明，州教育委员会可以在适当的情况下将权力委托给教育专员或部门分支机构的主管；为除州立大学系统之外的州公立教育制定全面的教育目标、长短期发展计划；必要时对教育部的部门进行全面监督，以确保教育计划和项目的协调，解决争议并尽量减少衔接和学生转学的问题，确保在各级教育之间转移的学生获得令人满意的学业成绩和能力，并最大限度地对配套设施进行使用。此外，州教育委员会还有举行会议、处理业务、保存记录、盖章等职责。一般情况下，州教育委员会需要执行州公立教育系统相关法律实施中其他必要的职责，除非法律另有规定；批准与联邦政府合作的计划；批准与其他公共机构合作制定规则、执行州委员会和此类机构共同负责的法律计划；审查与非公共机构合作改善学校福利条件的计划；建立法律要求或州教育委员会认为改进教育所必需的附属咨询机构；组建联邦法律要求的任何教育机构或其他结构；通过制定州规划流程确定行业（尤其是高科技行业）的未来培训需求，从而促进该州的经济发展；为协助州规划和经济建设的顺利推行，建立有价值的教育规划信息交流中心；在法定权限内根据第 1001.02 节 120.536（1）条和 120.54 条制定有凝聚力的规则；依法进行资源分配授权；与经过认证的独立院校签订合同，该院校至少达到州内同级别高等院校实施的最低标准，合同的目的是提供满足州公立高等教育系统需求的教育计划和设施；建议学区教育委员会根据州教育委员会关于特许学校申请上诉的决定采取行动；执行全系统的教育目标和政策，除非法律另有规定；基于通用文件的定义为全系统 K-20 技术计划的实施和运营制定详细的程序；针对现有的立法绩效目标、标准和措施建立问责体系，及时更新机制，以推进新的立法目标、标准和措施；针对未来的发展问题制定标准和实施计划，例如新进入佛罗里达大学系统的机构合并问题，制定公立和私立教育部门之间及内部的合作协议；按照445.07 节的规定，从 2014—2015 学年开始，要求佛罗里达大学系统所有机构此后每年在注册前向全部在校生提供网络访问州经济机会部编制的就业及薪酬报告的权限；州教育委员会应规定每所佛罗里达大学系统院校提供满足学生和社区需求的教育培训和服务项目；按规制定佛罗里达大学系统院校董事会对校长进行年度评估的程序，审核董事会对校长的评估包括校长根据学校和系统目标完成的绩效；制定佛罗里达大学系统机构建议修改学区边界的标准，包括佛罗里达大学系统机构授权授予学士学位的服务交付标准；制定就佛罗里达大学系统院校建立新中心或新校区的所有提案给出建议的标准；检查每所佛罗里达大学系统院校的年度行政复议；州教育委员会负责审查和管理州对佛罗里达大学系统机构的支持计划，根据现行法律确定可计入文科副学士学位、应用科学副学士学位或理科副学士学位的发展教育和学分指导学费及州外费用。为了确保佛罗里达大学系统院校和州立大学通过提高教育质量和互相协作达成机构使命，州教育委员会应为佛罗里达大学系统规定最低标准、相关的定义和指导方针。这些规则必须至少解决以下问题：人事问题、合同问题、课程设置和分类、与大学学业成功相关的沟通和计算技能以及衡量学生技能水平的测试和其他评估程序。衡量标准必须规定学生升到下一个教育级别时已获得相应的必备能力；课程开发、毕业要求、大学校历和项目服务领域的规定。这些规定必须包括以下内容：为在佛罗里达大学系统机构成功完成 60 个学期学分的学生提供文科副学士学位；要求文科副学士学位接受的所有学分都在全州课程编号系统中，并可以作为州立大学或佛罗里达大学系统机构提供的学士学位学分；通信、数学、社会科学、人文和自然科学学科领域的通识教育课程要求不超过 36 个学期学分；此类规则应鼓励佛罗里达大学系统机构与州立大学签订协议，允许就读于佛罗里达大学系统院校的学生在该系统覆盖机构内完成高年级课程。协议可以允许学生在佛罗里达大学系统机构和州立大学同时注册，并可以授权该系统机构提供高级课程或远程学习；协议中包括学生录取、行为和纪律、非课堂活动和费用，预算，商业和财务事宜，学生服务，报告、调查和信息系统（包括提交的表格和日期）。

根据杰弗里·J. 塞林戈 2001 年的研究，理事会负责监督佛罗里达州的州立大学系统，并与每所大学的董事会协调制定大学转学政策。[①]从本质上讲，州长任命的理事会成员取代了大学董事会，并被赋予以下重大职责：聘用和解聘大学校长，创建和取消学位课程，以及向全州监督机构州立大学系统理事会提交大学的预算。根据林恩·格拉本霍斯特 2022 年的研究，理事会将调整州内高等院校的学费作为会议议程的正式项目。讨论结束后，理事会就佛罗里达州高等教育机构每个学分的成本和相关费用向州立法者提出建议。如果理事会建议增加或减少学费，佛罗里达州立法机构会据此提出一项增加或降低州立机构下一学年学费的提案或立法，随后进行投票表决。每年发布的佛罗里达州法规会公开修订后的学费费率。[②]

根据 2021 年更新的州法规第 1001.02 节及相关规定，州教育委员会和理事会两者共同合作管理的领域包括以下内容。

（1）预算的规划和编制权

按照法规第 216.023 节的规定，州教育委员会制定并向州长和立法机关提交经过协商的 K-20 教育预算，其中应说明为理事会估算的支出费用要求。按照第 1001.706 节的规定，费用估算还应纳入州教育委员会下一个财政年度的预算，其范围覆盖州教育委员会、理事会监督下的教育部和教育专员、所有委员会、院校、机构和服务部门下一个财政年度的预算。州教育委员会不得修改理事会提交的预算申请。由理事会或州教育委员会推荐、要求在超过 1 年的时间里增加州资助的任何项目必须在相应跨年度的预算计划中提出。

为了促进院校和佛罗里达大学系统机构尽力满足州需求并提升资源利用的成本效益，州教育委员会为州公立学校和佛罗里达大学系统机构制定的战略规划应

① 转引自 Falconetti A M. Articulation，Academic Progress，and Graduation：A Comparison of Community College Transfer and Native Students in Selected Florida Universities. https://digitalcommons.unf.edu/cgi/viewcontent.cgi?article=1378&context=etd.（2007-08-30）[2022-01-17].

② Grabenhorst L. An Investigation of the Excess Credit Hour Surcharge Policy and Its Impact on First-Time-In-College Students at a Large Metropolitan University in the State of Florida. https://stars.library.ucf.edu/cgi/viewcontent.cgi?article=2207&context=etd2020.（2022-08-20）[2022-09-23].

与理事会保持协调一致。规划必须明确每所佛罗里达大学系统机构和整个系统的使命并根据本小节提出的目标和最终协调好的 5 年计划确定每所佛罗里达大学系统机构提供的学位课程（包括学士学位课程）。规划必须涵盖 5 年并在 2 年后修改计划清单，每个 5 年计划的制定必须与总体规划相协调，并在总体规划完成后启动。规划必须对州公立学校教师和学生教育需求的计划和程序作出回应并根据第 1004.015 节规定考虑佛罗里达人才发展委员会的报告和建议，根据第 1007.01 节的规定考虑 ACC 的报告和建议。州委员会在修改计划时应向参议院议长和众议院议长提交报告，并将其作为立法预算请求的一部分，州教育委员会和理事会应共同制定州财政援助的长期计划和年度报告。长期计划应为佛罗里达州学生的助学金项目设立目标并应每 5 年更新一次，年度报告应包括部门管理项目以及从助学金费用收入中获得的奖励、立法机关为财务援助拨出的任何其他资金，以及在公立院校注册双录取课程学生的学杂费减免。年度报告应包括长期计划的进展评估、现有助学金计划的废除或修改或推出新计划的建议。长期计划应在 2004 年 1 月 1 日之前提交，此后每 5 年提交一次。年度报告应于 2004 年 1 月 1 日和未提交长期计划的每一年提交给参议院议长和众议院议长；州教育委员会与理事会一同建立囊括佛罗里达大学系统院校和州立大学综合数据的高效信息系统，通过收集准确且具有成本效益的院校信息以确保在必要时能对这些机构进行具体分析和研究；制定并向立法机关提交一份为期 3 年的固定资金开支优先事项清单。州教育委员会不得修改理事会的优先事项清单。①*

（2）课程及入学毕业的审核权

州教育委员会与理事会协商并不时修改院校沟通和计算技能的最低及统一标准而这些标准通常与学士学位阶段的成功表现和进展相关；确定大学预科高中课程和中学后教育水平的课程，帮助学生准备高等教育阶段必需的学术技能；州教育委员会与理事会一起制定并定期审查、调整经协调的高等教育 5 年入学计划，通过学士学位课程确定入学和毕业期望，每年将该计划作为立法预算要求的一部分提交立法机关。

2. 明晰理事会的宪法权力和州教育委员会的法定权力

根据 2021 年更新的佛罗里达州法规第 1007.23 节 6A-10.024 条中大学、佛罗里达学院和学区之间衔接协议的规定，理事会和州教育委员会要促进州教育系统

---

① Section 1001.02. General Powers of State Board of Education. http://fl.elaws.us/law/1001.02（2021-04-21）[2022-03-31].

* 州宪法 K-20 教育法规第 1001.02 节是佛罗里达州参议院于 2002 年发布的，之后于 2007 年、2011 年、2012 年、2013 年、2019 年、2021 年不断更新相关内容。本引用文献是于 2021 年 4 月 21 日更新的版本。

的衔接和无缝整合，具有采纳和修改衔接协议规则的权力，赋予理事会对州立大学系统行使州宪法权力，赋予州教育委员会对地区教育委员会、佛罗里达大学系统和教育部行使法定权力。每个州立大学董事会、佛罗里达大学系统董事会和地区教育委员会应逐步计划并采用政策和程序来提供衔接课程，以便学生能够在条件允许的情况下尽快实现教育目标。[①]

总之，在佛罗里达州，衔接协议以立法授权的形式加以明确并被执行，该州因其转学和衔接政策以及实践的全面性被美国许多权威机构誉为典范。佛罗里达州的高等教育系统在州转学衔接协议指导下，还建立了院校间协议，以进一步辅助和促进学生转学。佛罗里达州的大学和社区学院对保持系统性和一致性有着敏锐的意识，州内 9 所大学隶属于一个单一的州管理委员会，地方委员会则管理 28 所社区学院，基于宪法的理事会（其成员为州长和当选的内阁成员）负责各级教育而社区学院或大学确定的政策和程序通常由州教育委员会批准或采用，佛罗里达州全州衔接协议的有效性在于理事会和州教育委员会之间的关系和协调的力度。[②]在州转学运行管理呈现"双轨并立、集约化治理"的态势和局面下，佛罗里达州立法机构也发挥着重要作用，为各种转学和衔接事项制定了法律规定，并在全州范围内加以实施。这种集约式转学模式对于州外的许多机构来说是令人厌恶和不可接受的，但对于大多数佛罗里达人来说是可行和成功的。

二、佛罗里达州集约式转学模式的主要特征

佛罗里达州的高等教育政策框架可以概括为监管和保障消费者利益的结合，有效的立法监督和领导确定了州高等教育发展的优先事项。该州使用法规来管理和组织其高等教育系统并确保维护消费者的优先权，例如获得和负担高等教育的能力。州转学政策制定了特定的转学指令来配合最多 60 个文学副学士的学分转移。转学和衔接是影响学生院校间转学的问题，而过渡可能是一个无缝的过程，过程中是否会产生问题取决于特定州的转学和衔接政策。佛罗里达州教育部在 2001 年将教育背景下的衔接定义为"两个或多个教育部门的结合"，涵盖从一个教育部门过渡或转移到另一个教育部门的过程，例如在高中获得大学学分的过程、高中毕业生被学院或大学录取的过程、将在某所学院或大学获得的学分转移

---

① Articulation Between and Among Universities，Florida Colleges，and School Districts. https://www.flrules.org/gateway/RuleNo.asp?id=6A-10.024（2021-08-23）[2022-03-30].

② Falconetti A M. Articulation，Academic Progress，and Graduation：A Comparison of Community College Transfer and Native Students in Selected Florida Universities. https://digitalcommons.unf.edu/cgi/viewcontent.cgi?article=1378&context=etd.（2007-08-30）[2022-01-17].

到另一所学院或大学的过程、完成学士学位课程后研究生录取入学的过程。①佛罗里达州在社区学院和州立大学之间建立了广泛的合作伙伴关系，以推进转学和衔接，这种伙伴关系得到了由州教育委员会执行并由佛罗里达州法规授权的治理结构和系统的帮助。集约式的转学治理模式允许佛罗里达州发展和完善无缝衔接的 K-20 教育系统，K-20 无缝合作伙伴关系的受益者是中学生和大专学生、营利性和非营利性企业，以及佛罗里达州的公民和雇员。

第二节 佛罗里达州立高校转学情况分析

一、佛罗里达社区学院学位授予的发展历程

佛罗里达州的社区学院系统起源于 1933 年，该州第一所公立两年制学院为棕榈滩初级学院。1947 年，由于佛罗里达州最低标准预科课程的颁布以及州和地方对佛罗里达州社区学院的支持，彭萨科拉初级学院成立；同年，棕榈滩初级学院和彭萨科拉初级学院从私立社区学院过渡到公立社区学院。1955 年，立法机构成立的社区学院委员会职责是监督。1957 年，州教育委员会批准的总体规划并在佛罗里达州发展公立社区学院系统。到 1972 年，佛罗里达未来初级社区学院总体规划的实施以帕斯科-埃尔南多社区学院的设立为标志。1979 年，州立社区学院协调委员会成为社区学院系统的管理机构。20 世纪初成立以来，佛罗里达社区学院系统的使命一直是服务于当地社区的经济发展需求。为了应对教育和护理领域严重的人才短缺问题，部分公立社区学院开始提供学士学位课程。②有趣的是州教育委员会和理事会一致认为要限制社区学院提供的学士学位课程类型，双方承诺继续支持佛罗里达州的 2+2 转学作为获得学士学位的主要途径，支持社区学院可以通过提供教育和护理学士学位的教育满足劳动力培养的需求。

佛罗里达州的高等教育政策制定者认识到社区学院在满足该州学士学位需求方面的重要性是不可替代的。这主要源于对州内合格劳动力严重短缺的担忧（尤其是在教师教育和护理方面）以及当时该州的学士学位最终供应数量在美国各州排名接近垫底。几十年来社区学院的这一新职能不断发展壮大，把一些学院转为学士学位授予机构变得十分必要和紧迫。该州采取的关键步骤包括：为了避免通过建造新校区来满足教育需求，1999 年，佛罗里达州制定的一项法律鼓励两年制

---

① Goff D G. Governance of Articulation and Transfer in Maryland and Florida. https://files.eric.ed.gov/fulltext/ED476687.pdf.（2003-01-01）[2020-12-21].

② Florida State Board of Community Colleges, Tallahassee. The Florida Community College System：A Strategic Plan for the Millennium，1998-2003. https://files.eric.ed.gov/fulltext/ED451883.pdf.（1999-01-01）[2021-02-14].

学院和大学之间建立联合学士学位课程，法律还允许社区学院寻求批准在需求量大的领域授予四年制学位——这只是作为没有大学愿意建立合作伙伴关系的最后手段[①]；2000 年，佛罗里达州的两项法规授权社区学院可以授予学士学位。立法机关制定了佛罗里达州法令 1004.73 节，授权圣彼得堡学院提供应用科学、护理和教育方面的学士学位，该学院还有权在首次获得学士学位授予资格四年后提供额外的学士学位课程，增加新专业的决定必须基于社区需求和经济发展情况并得到当地利益相关者的批准，圣彼得堡学院现已顺利度过四年的考核期，从 2005 年春季学期开始提供兽医技术和公共安全管理这两个新专业的应用科学学士学位；2001 年颁布的 S.B. 1162 法规（佛罗里达州法令 1007.33 节）修改了之前的条款，授权州内某些社区学院可以提供特定课程领域的学士学位以满足劳动力需求；2008 年颁布的 S.B. 1716 法规为佛罗里达州 28 所社区学院（州立学院）授予学士学位打开了大门。要获得授权，社区学院必须向教育政策研究和改进委员会提交提案，并获得州教育委员会的批准。州教育委员会批准学位计划时必须基于记录在案的需求、该地区未满足的学位需求以及社区学院具备必要设施和学术资源的证明，此外还需要向附近的四年制机构进行咨询。佛罗里达大学系统要发布年度报告总结该计划的运行状态和若干绩效衡量指标的进展。[②]从 2010 年开始，已经提供三年学士学位课程的院校可以申请免除州教育委员会对后续学位课程的批准，佛罗里达州是美国首次采取此类举措的州。尽管如此，该州仍强调州社区学院的主要使命和责任必须是满足社区对低年级本科教学的需求，例如授予副学士学位以及提供补救和劳动力教育。[③]

迄今为止，佛罗里达州在授予学士学位方面取得的进步受到极大关注。提供学士学位的社区学院可以给学生、当地企业和国家带来的好处包括低学费、满足劳动力需求的能力，以及提高保留率和毕业率的潜力。根据佛罗里达州教育部数据，该州 28 所社区学院已经全部可以授予学士学位。

二、佛罗里达州转学政策保障及福利优势

2014 年佛罗里达州的人口略高于 1500 万，在美国排名第四。高校在校生总

---

① Russell A. Update on the Community College Baccalaureate: Evolving Trends and Issues. https://www.aascu.org/policy/publications/policymatters/2010/communitycollegebaccalaureate.pdf. （2010-10-01）[2021-02-16].

② Stewart P，Hanna R W. Florida College System Baccalaureate Accountability. https://www.fldoe.org/core/fileparse.php/7724/urlt/0072357-fyi-baccalaureateaccountability.pdf. （2014-02-01）[2021-02-16].

③ Office of Program Policy Analysis & Government Accountability in Flordia. Authorizing Community Colleges to Award Baccalaureate Degrees Is One of Several Options to Expand Access to Higher Education. https://oppaga.fl.gov/Documents/Reports/05-20.pdf. （2005-04-01）[2021-02-16].

数超过 58 万，这表明州内 3.87%的居民正在利用接受高等教育的机会。佛罗里达州有一套完善的州法律、规则和政策来管理学生从社区学院到公立大学的转学。州政策为副学士学位的学生转学提供了明显的优势，高等教育系统旨在让两年制社区学院作为四年制院校的转学起点。事实上，许多四年制院校最初在佛罗里达州开办时都对大一和大二的招生有严格限制或者都缺乏低年级课程。因此，大多数学士学位学生通过社区学院（现称为佛罗里达大学系统）进入该系统。即使最近进入州立大学的低年级学生有所增加，佛罗里达州超过一半的四年制学位获得者曾经就读于两年制院校。鉴于两年制院校是主要转出机构的历史，佛罗里达州制定了多项法律和政策缓解两年制到四年制大学的过渡。1971 年，佛罗里达州将全州衔接协议确立为法律，此后采取了多项额外政策来帮助学生在社区学院和四年制大学之间顺利过渡，例如全州课程编号系统、通识教育核心要求以及限制申请专业的通用先修课程。20 世纪 90 年代初期，佛罗里达州颁布了一项法规（州法规第 1007 章），其中修订了该州的转学政策，并建立了一个全州范围的转学系统。州教育委员会和理事会于 2002 年签订全州衔接协议，该协议现已全面实施。职业和技术教育课程有全州范围的针对副学士学位的衔接计划，但没有针对学士学位的；学习应用科学学位课程的副学士可以根据机构之间达成的协议在个人基础上进行衔接。2005 年州制定的转学生权利法案要求从佛罗里达大学（以前称为社区学院）毕业并获得副学士学位的学生根据全州衔接协议可以获得一系列权利。这些权利包括可以入读 11 所州立大学（限制申请课程除外）的其中一个、州立大学接受至少 60 个学时、没有额外的通识教育要求以及在全州课程编号系统下转移同等水平课程。

　　佛罗里达州社区学院系统由 28 所社区学院和 40 个学区技术中心组成，每个中心由校董事会在当地进行管理。学院和技术中心的所有政策均由州立大学系统批准并获得立法机关的授权。2003—2004 财政年度，大约有 32 万名社区学院学生参加了副学士学位课程，大约 4.1 万名学生获得了副学士学位。2005 年，佛罗里达州的社区学院招收约 81.6 万名学生。[①]社区学院转学群体庞大，为了更好地推进转学机制的有效运行，该州为转学生提供的转学便利条件包括：①全州核心课程。立法规定了 36 个学时的通识教育课程和通用先修课程（24 个学时）以及所有学位课程的替代课程，这些是在高等院校获得学士学位的先决条件。所有州立大学和社区学院都提供并接受这些共同的先决条件。② TCCNS。州教育委员

①　Falconetti A M. Articulation，Academic Progress，and Graduation：A Comparison of Community College Transfer and Native Students in Selected Florida Universities. https://digitalcommons.unf.edu/cgi/viewcontent.cgi?article= 1378&context=etd.（2007-08-30）[2021-02-16].

会和理事会协调维护全州范围的课程编号系统，它适用于所有公立大专院校、参与的非公立大专院校和参与双招生计划的中学。任何社区学院都可以提供指定的低年级课程。③转学保证。所有文学副学士学位获得者都认定为符合所有通识教育课程的要求并且必须录取到州立大学的高年级（指定的大三）。在社区学院获得文学副学士学位的州内毕业生比州外学生优先录取。理学副学士学位相应的课程也可以转移。①

　　佛罗里达州的大多数社区学院以与公立或私立高等教育机构合作的方式为学生提供可以获得学士学位的高年级课程，佛罗里达州法规第 1004.03 节鼓励两者之间尤其是州内同一地区机构之间的合作计划。目前佛罗里达州 28 所社区学院中有 22 所与至少 1 所州立大学合作，提供大约 90 个专业的学士学位。这些学位课程服务的学生人数是未知的，因为某些大学没有保存自己在不同地点服务学生的单独数据。院校之间的合作历史存在差异，布里瓦德社区学院和中佛罗里达大学之间的合作伙伴关系已经延续几十年，而圣彼得堡学院和佛罗里达州墨西哥湾沿岸大学之间的合作伙伴关系成立时间较短。此外，12 所私立大学与社区学院合作提供高年级课程，为 18 所社区学院提供大约 20 个专业的学士学位。巴里大学、圣利奥大学、安柏瑞德航空大学和国际学院与社区学院的合作最为活跃，2004 年为 16 所社区学院提供服务。据佛罗里达独立学院和大学估计，2004 年，其成员机构为大约 3000 名攻读学士学位的社区学院学生提供服务。除了下面所述的这所社区学院，公立和私立大学共同提供学士学位课程。杰克逊维尔的佛罗里达社区学院是个例外，它与北佛罗里达大学有很强的 2+2 转学合作关系，社区学院的低年级学生接受两年的教育后大多数可以从大学毕业。该州的公立和私立大学都表示希望扩大在社区学院提供的服务，4 所公立大学计划在社区学院提供更多的学士学位课程。佛罗里达独立学院和大学报告 13 所成员机构有兴趣在社区学院提供新的学士学位课程。②

　　正如迈阿密达德学院网站上所述，除了保证被佛罗里达州 11 所州立大学之一录取，转学生可以享受的福利有：与州立大学学生一样有机会访问受限的课程（这些课程修读名额有限并有额外的录取要求例如更高的平均绩点和考试成绩、先修课程、作品集或试镜）；没有额外的通识教育要求；州立大学至少可以接受

① Spence D. Essential Elements of State Policy for College Completion: State Policies to Support a Statewide College- and Career-Readiness Agenda. https://www.voced.edu.au/content/ngv:61026.（2013-03-30）[2021-02-14].

② Office of Program Policy Analysis & Government Accountability in Flordia. Authorizing Community Colleges to Award Baccalaureate Degrees Is One of Several Options to Expand Access to Higher Education. https://oppaga.fl.gov/Documents/Reports/05-20.pdf.（2005-04-01）[2021-02-16].

60 个转移学分；接受在先修课程、"大学水平考试计划"、双录取和国际学士学位等课程中获得的学分；在遵守大学要求和政策的情况下，基于学生首次进入社区学院的时间计算连续入学；在全州课程编号系统下转移同等课程；计算 GPA 时，重修课程以最近取得的期末成绩为准。鉴于这些实质性的好处，佛罗里达社区学院拥有全国最高的毕业率。与其他州相比，佛罗里达州的高等教育完成率都非常具有竞争力，5 年内首次完成学士学位的全日制学生比率为 52%。①

三、佛罗里达州社区学院转学的影响因素

根据 2012 年的教育统计数据，佛罗里达州的公立高中毕业生人数排名第四。此外，22% 的高中毕业生是黑人，23% 是西班牙裔，而美国相应的平均水平分别为 15% 和 16%。相对于其他州的两年制学生，佛罗里达州完善的衔接系统使从社区学院开始就读的学生处于优势地位。据研究，高中取得学业成功（无论是通过参加大学预修课程、GPA 还是标准化考试成绩来衡量）预示着学生最终会到四年制大学学习，高中和社区学院的成绩是转入四年制大学的有力预测因素。有趣的是，相对于西班牙裔学生，白人学生转入四年制大学的可能性较小。同时，季度收入较高的学生的转学可能性较小，原因是增加工作时间可能直接影响学生的学业成绩，并阻碍他们转入四年制大学。

与最近的四年制院校之间的地理距离是预测社区学院学生转学的一个强有力的因素。社区学院的学生在做出转学决定时似乎对距离特别敏感：从最初就读的社区学院到最近的四年制大学，如果距离从 0 增加到 30 英里②，预计转学的可能性会降低 30%。在计算四年制院校转学生的比例之后，很明显大多数佛罗里达州的四年制院校有一两个集中的两年制生源学院，大部分转学生来自这些学院。佛罗里达国际大学 90% 的转学生来自迈阿密戴德学院或布劳沃德学院，该州最大的转学生来源地——迈阿密戴德学院转学的学生中只有 4% 选择转学到 336 英里外的佛罗里达大学。绝大多数从迈阿密戴德学院转学的学生就读于佛罗里达国际大学，该校每个学生的教学支出约为佛罗里达大学的 40%，并且在六年内毕业的学生不到一半。尽管所有社区学院转学生似乎都受到地域限制，但成绩优异的学生（以高中或社区学院的学业表现衡量）仍然更有可能转入佛罗里达大学；从规模小或靠近州内旗舰大学的社区学院转学的学生更有可能转学到州立大学。转学生

---

① Bers T H. Deciphering Articulation and State/System Policies and Agreements. https://www.deepdyve.com/lp/wiley/deciphering-articulation-and-state-system-policies-and-agreements-6z75lJTzz1.（2013-01-01）[2021-02-14].

② 1 英里≈1609.34 米。

不但对距离很敏感，而且似乎对大学质量的某些衡量标准也有反应，例如学生更有可能转学至靠近教学支出较高、生师比例较低以及为每个学生提供更多助学援助院校。学生转学的可能性与所在四年制学校的毕业率成反比。[①]社区学院学生的平均年学杂费约为公立四年制大学费用的 1/3，在这个大学学费上涨和州财政缩减的时期，社区学院成为越来越有吸引力的选择。因为提供了另一种低成本的四年制学位获取方式，社区学院正受到学生和政策制定者越来越多的关注。

第三节　佛罗里达州集约式转学模式的运行机制

一、佛罗里达州转学衔接协议的运行情况

佛罗里达州转学衔接协议制定的目的是促进学生的高效转学，并在情况允许的条件下为学生提供尽快实现教育目标的机会。州转学衔接协议于 1971 年出台，主要是为了确保学生获得佛罗里达州公立社区学院文学副学士学位后能顺利进入州立大学的高年级，但限制访问课程、教师认证课程或有特定入学要求的课程除外。所有获得文学副学士学位的州内学生都有优先于州外学生被州立大学录取的保证。协议要求州立大学为转学生提供的迎新计划和学生手册中要解释这一规定，同时还需提供转学生辅导手册。辅导手册最初以复印文本的形式制作，由每所大学分发给 28 所社区学院及其分校。随着信息技术的蓬勃发展，纸质版本的手册被淘汰，大学陆续开始提供线上版本。

佛罗里达州的 2+2 转学将获得学士学位定义为"在社区学院成功完成 60 个学分并在大学完成剩余课程"。理想情况下，拿到文学副学士学位的学生只需完成额外 60 学分的高级课程就有资格毕业。虽然完成学位时需要累积 120 个学分，但四年制机构可能会要求董事会允许创建超过 120 学分的课程。佛罗里达州衔接协议提出了与本科转学相关的规定，明确指出学生可以通过佛罗里达州文学副学士学位进入州立大学系统，但每所州立大学都要严格把控录取政策。没有获得区域认可的文学副学士学位而寻求大学录取的转学生需要遵守相应大学的录取标准。因此，较低水平的州内转学生（学分少于 60 且未获得区域认可的文学副学士学位的学生）和州外的本科转学生必须像新生一样满足大学的入学要求。这条规则为大学提供了很大的自由度来"挑选"低水平的转学生，而那些拥有佛罗

---

① Backes B，Velez E D. Who Transfers and Where Do They Go? Community College Students in Florida. https://caldercenter.org/sites/default/files/WP 126.pdf.（2015-02-01）[2021-02-19].

里达州文学副学士学位的学生则保证可以被 11 所州立大学中的 1 所录取。①

转学教育是美国社区学院的基本教育职能之一，社区学院与四年制院校间的衔接备受关注，其中课程衔接居于首位。佛罗里达州的课程衔接模式是美国各州效仿的典范，在衔接协议和学分互认的制度规范下，规范通识教育课程，运行课程编号系统，统一先行课程，促进了转学教育课程的纵向衔接。②佛罗里达大学系统和州立大学系统之间的衔接既有效又高效，州衔接协议旨在帮助获得文学副学士学位的学生无缝转移到州立大学系统。数据显示，佛罗里达州的公立大学继续为获得文学副学士学位的转学生提供入学机会，拥有文学副学士学位的州立大学系统转学申请者录取率约为 76%，而来自州立大学系统的转学生录取率约为 57%。一旦被录取，拥有文学副学士学位转学生的平均绩点往往与从州立大学开始就读的学生相当，其中 53%的学生 GPA 保持在 3.0 以上。拥有文学副学士学位的转学生也需要完成相似数量的课程才能毕业，并且毕业率与州立大学系统本校的学生相当。③

二、佛罗里达州转学衔接协议的主要内容

佛罗里达州 2002 年颁布的参议院法案 50020E 第 1007.22-25 节还保证那些持有理学副学士学位（其课程列在州衔接协议手册中）的毕业生以及拥有跨学科顶点学位课程理学副学士学位的学生可以获得录取。转学所需的通识课程因内容而异，学生应在州衔接手册、社区学院或大学相关网站查看具体细节，唯一的例外是录取受限或存在其他要求（例如更高的平均绩点或考试分数）的项目。此外，以理学副学士身份转学的佛罗里达州居民在录取方面将优先于州外学生。衔接协议还规定了应用技术文凭和社区学院应用科学副学士或理学副学士学位课程之间学分转移的条款。④主要内容包含以下几个版块。⑤

---

① Slotnick R C. University and Community College Administrators' Perceptions of the Transfer Process for Underrepresented Students：Analysis of Policy and Practice. https://www.proquest.com/docview/755701307.（2010-01-26）[2021-02-16].

② 李先军，王姝力. 美国社区学院与大学课程衔接模式研究——以佛罗里达为例. 当代教育科学，2019（3）：78-82.

③ Florida Department of Education Office of K-20 Articulation. Statewide Articulation Agreement—Effective and Comprehensive. https://www.fldoe.org/core/fileparse.php/7724/urlt/0083556-zoom2009-01.pdf.（2009-04-01）[2021 -02-19].

④ Goff D G .Governance of Articulation and Transfer in Maryland and Florida. https://files.eric.ed.gov/fulltext/ED476687.pdf.（2003-01-01）[2021-02-23].

⑤ Articulation Between and Among Universities，Florida Colleges，and School Districts. https://www.flrules.org/gateway/RuleNo.asp?id=6A-10.024（2021-08-23）[2022-03-30].

（一）通识教育

每所州立大学和佛罗里达大学系统机构都应制定通识教育课程，该课程要求为攻读文学副学士或学士学位的学生提供 36 个学期学分的传播学、数学、社会科学、人文和自然科学课程。在州立大学或佛罗里达大学系统机构公布其通识教育课程后，该课程的完整性应得到其他公立高等教育机构的认可。一旦学生在正式成绩单上获得此类机构出示的已圆满完成规定的通识教育课程的证明，无论学生是否被授予文学副学士学位，转入的其他公立高等教育机构均不得要求学生进一步开展此类通识教育课程的学习；如果学生在转学前未完成通识教育课程，该课程的学习将成为新转入机构的责任。

（二）文学副学士学位

佛罗里达大学系统机构的每个文学副学士毕业生都应符合州法规第 1007.23 节规定的公立高等教育机构高年级录取的要求，转学生无法保证自己能被首选的公立高等教育机构或课程录取。文学副学士学位在 F.A.C.部分 6A-14.030（2）小节中的定义为：在既定的学习计划中完成 60 个学期学分的大学课程，其中包括 36 个学期学分的传播学、数学、社会科学、人文科学、自然科学和外语能力课程（F.A.C.部分 6A-10.02412 规则中有详细说明）。在转入另一所公立高等教育机构的高年级课程后，转入学校总共接受完成文学副学士学位的 60 个学期学分。累积平均绩点至少需要达到 2.0，前提是学生在重修课程中获得最终成绩才可用于计算平均绩点。D 级成绩将以公立高等教育机构接受本地生的方式转移并计入副学士学位和学士学位。至于专业成绩为 D 级的课程是否满足专业领域的要求，可由接收的公立大专院校决定。该规定不得阻止高等教育机构基于申请人过去在校内或校外的不当行为，或在发现其过去的行为扰乱或干扰了过程的有序进行，或干扰了任何其他高等教育机构的运作和项目进展时，采取拒绝录取或拒绝其继续入学的措施。

学习佛罗里达大学系统机构文学副学士课程的每个学生，必须在获得 30 个学期学分时表明自己对哪所机构的学士学位课程感兴趣。如果学生对某所公立高等教育机构的课程感兴趣，录取该学生的佛罗里达大学系统机构必须根据州法规第 1007.23（3）节的规定，将通用课程的先修条件告知学生。根据州法规第 1007.25（9）节的规定，不能把学生在授予文学副学士学位后获得的额外学分排除在第（3）条款的规定之外，但是学生必须保持 2.0 或更高的累积平均绩点才有资格获得本规则第（3）条款下的录取保证。

（三）理学副学士学位

理学副学士学位在 F.A.C 部分的 6A-14.030（3）条款中有定义。按照 F.A.C. 6A-14.030（3）条款的要求，学生需要完成既定学习计划中大学学分课程的最低学期学分数，即在通信、数学、社会科学、人文科学和自然科学等通识教育学科领域完成至少 15 个学期学分。英语和数学课程必须符合州教育委员会在 F.A.C. 6A-10.030 节和理事会在条例 6.017 中的要求，普通教育学分不包括体育学分。为满足通识教育要求，作为理学副学士学位的一部分课程可以转移并适用于获得学士学位所需的 36 个通识教育学分。除了完成总的 36 个通识教育学分外，学生不需要再完成额外的通识教育学分。

（四）顶点学位衔接协议

由特定公立或私立高等教育机构签订的顶点学位衔接协议规定认可任何佛罗里达大学的理学副学士学位，并允许将其学分计入某些学士学位的学分。理学副学士学位的质量和内容被视为学士学位的组成部分，该协议的其余部分旨在完成通识教育要求，并通过管理技能协助工作进展。每个完成佛罗里达大学系统机构课程（该课程与佛罗里达州某特定公立或私立高等教育机构的顶点学位课程衔接）的理学副学士应保证被顶点学位计划（capstone degree program）录取，但录取人数受限以及某些需要限定成绩的项目除外。无论他们获得哪所佛罗里达大学系统机构的学位，根据顶点学位衔接协议的说明进行衔接的所有理学副学士学位毕业生应受到平等对待。在转入佛罗里达州特定公立或私立高等教育机构的顶点课程后，理学副学士学位毕业生完成的通识教育应作为通识教育总要求的一部分被全部接受。

（五）职业阶梯学位衔接协议

职业阶梯学位衔接协议将特定的理学副学士学位课程与全州范围内经认定的学士学位课程相结合，每门理学副学士课程必须满足协议中规定的特定要求，并且公立高等院校必须将学分转移到指定的学士学位。佛罗里达大学系统机构的理学副学士学位毕业生与 ACC 之间经记录和维护的协议可以使相关学生有资格通过与副学士学位相衔接的课程项目获得公立高等教育机构录取，但录取人数受限以及某些需要限定成绩的项目除外。职业阶梯学位协议不能保证学生会被自己首选的公立高等教育机构录取，每个州立大学系统机构都应制定录取标准，以确保理学副学士学位学生、文学副学士学位毕业生能与接收院校的学生在同等基础上进行职业阶梯课程项目的评估（此类项目录取人数受限，某些需要限定成绩）。

公立高等教育机构之间的州域理学副学士学位和学士学位课程衔接协议应由 ACC 记录和维护。教育部需要与高等教育机构协商，在必要时定期审查州衔接协议的条款和规定的课程（每年不得超过一次），目的是确保文学、理学副学士学位和学士学位之间的衔接协议持续有效。任何修改州衔接协议的建议将提交给 ACC 进行审查，在理事会和州教育委员会各自确定建议的修订与董事会政策一致后才能获得批准。

（六）应用技术文凭

应用技术文凭（ATD）的课程不超过 60 个学分，是理学副学士或应用科学副学士学位课程的一部分，大约占技术部分（非通识教育）的 50%，毕业生可在特定职业就业。ATD 课程可能包括一门课的总课时或学分。

根据州法规第 1003.433（2）（b）条款规定，学生必须持有高中文凭、高中同等学力或结业证书，或被应用技术文凭课程录取；接受家庭教育的学生可以根据州法规第 1007.263 节的规定在入学后 6 周内进行测试，学习了 450 学时或更多应用技术文凭课程的学生必须根据 F.A.C.6A-10.040 规则进行测试。未能达到 F.A.C.6A-6.0571 规则课程标准文件中规定的最低完成标准的学生，必须接受补习指导（最低标准必须至少达到 F.A.C. 6A-10.040 规则批准的所有基本技能测试的 10 分）。在完成 ATD 之前，学生必须成功完成所有补习指导。

佛罗里达大学系统机构可以为应用技术文凭提供大学学分或时钟学时，职业中心可能只提供时钟学时。所有提供教学服务的教员必须至少具有学士学位或副学士学位，并在南方院校协会定义的特定教学计划领域具备合格的资质和能力。应用技术文凭课程和理学副学士（或应用科学副学士）学位之间学分转移保证相关的信息必须由 ACC 记录和维护。相关信息包括以下内容：计划内的时钟学时或学分总数；保证应用技术文凭可以转入理学副学士或应用科学副学士学位；保证转移的大学学分；生效日期。自应用技术文凭颁发之日起的 3 年内，可以保证将应用技术文凭转为理学副学士或应用科学副学士学位。注册副学士学位课程的应用技术文凭学生应符合州法规第 1007.263 节规定的录取标准，佛罗里达大学系统机构董事会可能会制定录取人数受限项目的其他入学要求。

（七）考试学分

对于佛罗里达州法规第 1007.27 节中列出的考试项目，ACC 应保留一份考试清单、保证转移学分的最低分数、保证转学的最高学分和推荐的等效课程并每年进行审查。该列表包含在 ACC 考试等效学分的文件中，自 2020 年 10 月起生效。考试学分最多可以保证转移 45 个，前提是该学分是根据 ACC 建议的最低分数和课程等效分数授予的。超过 45 个考试学分的转移需要由接收机构自行决定，考试学分不得与之前成功完成的高等教育课程或考试学分重复。考试学分纳入机构等级宽免政策，考试不得为学分指定成绩或绩点。对于大学先修课程（AP）、国际文凭课程（IB）、高级国际教育证书（AICE）、DANTES 学科标准化考试（DSST）、国防语言能力考试（DLPT）、"大学水平考试计划"和美国大学的学分前置考试（Excelsior College，UExcel）*，必须根据该规则第（8）（a）段中提及的 ACC 确定的考试等效学分来进行学分授予。高等教育机构应确定在 2001 年 11 月 1 日之前完成的考试学分或未包括在 ACC 学分等同考试中的考试学分。最初根据 ACC 建议的最低分数和最高学分授予的所有考试学分可以保证获得转移，并且必须被所有公立高等教育机构接受。高等教育机构可以为规则中未列出的考试或没有推荐课程等效项、最低分数和最高学分的考试授予学分，接收机构自行决定如何接受此类转学学分。①

（八）公布录取条件

佛罗里达大学系统机构和州立大学的转学生在注册学士录取名额有限的招生计划时应与本地学生有相同的机会，院校应在招生目录、咨询手册和其他适当的出版物中建立和公布学士学位录取名额受限计划的选择和注册标准，应每年向 ACC 提交一份录取名额受限计划的清单。州立大学可能根据对转学生所在大学课程适用性的评估，决定如何接受非文学副学士学位获得者的转移学分。州立大学和佛罗里达大学系统机构应在官方目录中准确、清晰地公布机构每个单位和每个专业的录取、课程及先决条件视的要求，此外还应注明任何具体要求的持续时间。根据转学生首次入读大学时生效的院校课程目录管理其高年级的先修课程时，标准应与同一机构的本校学生保持一致，前提是转学生保持相应课程目录中规定的连续入学状态（除非另有说明）。

（九）课程编号系统的审核

教育部和所有公立大学、佛罗里达大学系统机构和学区应保持学生电子版成

---

* UExcel 计划由世界领先的教育机构埃克塞尔希尔学院（Excelsior College）和培生集团（Pearson）联合推出。Excelsior 学院始建于 1971 年，是远程教育领域的领导者，具有多年"通过考试获得学分"计划的经验，并获得了广泛的认可。Pearson 则是提供学龄前、中小学、大学、成人以及企业教育产品和服务的全球领先机构。

① Articulation Coordinating Committee Credit-by-Examination Equivalencies. https://www.flrules.org/gateway/reference.asp?No=Ref-13401.（2021-07-16）[2022-03-30].

绩单和相关受教育记录的信息交流，包括以 ACC 制定的标准格式获取和访问学生的考试成绩。根据 F.A.C.6A-10.033 规则，所有提供大学学分、课程总课时或发展教育学分的高等教育课程均应被输入全州课程编号系统。在课程编号系统中，每门课程都应被分配一个前缀和一个单独的识别号。当学生在经过美国教育部认可的区域或国家认证机构认证、参与全州课程编号系统的高等教育机构之间转学时，接收机构应为学生在转出院校完成的课程授予学分：这些课程经负责通识课程认定和编号系统的教师工作组审核，认为这些课程与接收机构提供的课程等效，其中包括教师资质的等效性（不管先前转出机构是公立还是私立）。学分授予仅限于在全州课程编号系统中输入的课程，接收机构对此类学分的授予要求应与本校生保持一致。

根据 2001 年的相关研究，社区学院已与州立大学系统和佛罗里达州的 26 所独立学院和大学签署了衔接协议，该协议为学生在院校之间转移提供了规则和指南。佛罗里达州的 2+2 转学规定在社区学院完成两年制文学副学士学位的学生必须被州立大学系统录取或被佛罗里达州 26 所独立学院和大学之一录取。佛罗里达州采用了全州课程编号系统（SCNS），按学科对课程进行分类，所有公立大学、社区学院、职业技术学校以及少数私立院校都采用了这种编号系统。根据佛罗里达州学生转学手册，州内 70%的社区学院文学副学士毕业生转入四年制大学攻读学士学位。[①]

第四节　佛罗里达州 K-20 系统课程的无缝衔接和有序流动

州教育委员会、理事会和州立社区学院委员会的治理结构为该州提供了良好的转学服务并建立了良好的高等教育衔接体系。州立大学系统和社区学院系统在20 世纪 80—90 年代迅速发展，其中包括在迈尔斯堡增设了新大学和众多社区学院的分校。佛罗里达州高等教育体系的扩张带来了明显的变化，主要体现在学生平均入学年龄的增加、入学方式的变化、人口的增长、对职业教育的重视以及寻求高等教育的妇女和少数民族学生的增加。[②]佛罗里达州高等教育管理体系的改革是通过 2000 年《佛罗里达州重组法案》的颁布而完成的，该法案将新的转学模式定义为"从幼儿园到研究生院的无缝衔接教育体系"。

---

①　Pathways to Success. Florida Student Transfer Brochure. http://www.firn.edu/doe/postsecondary/booklet.pdf. （2002-06-01）［2021-02-20］.

②　Florida State Board of Community Colleges，Tallahassee. The Florida Community College System：A Strategic Plan for the Millennium，1998-2003. https://files.eric.ed.gov/fulltext/ED451883.pdf.（1999-01-01）［2021-02-16］.

一、佛罗里达州无缝衔接系统的构成要素

（一）佛罗里达州的 2+2 转学

许多学生在佛罗里达大学系统开始大学教育并计划转学到佛罗里达州的一所公立或独立的四年制院校攻读学士学位。州立大学系统许多大三和大四学生，以及就读于独立学院和大学的学生在佛罗里达大学系统机构开始接受高等教育。佛罗里达州因其机构之间的高效衔接享誉美国：在佛罗里达州的 2+2 转学系统内学生可在佛罗里达大学系统机构完成为期两年的文学副学士学位；可保证凭借文学副学士学位被至少一所州立大学系统高校或授予学士学位的佛罗里达大学系统机构录取；学生不需要完成任何额外的通识教育要求；学生可过渡到四年制大学完成学士学位。

（二）全州高等教育衔接手册

全州高等教育衔接手册规定了佛罗里达州公立高等教育机构之间的无缝转学过程。2+2 转学确保完成文学副学士学位的学生至少可以进入州立大学系统机构之一，保证学生在佛罗里达公共机构大一和大二期间圆满完成的等效课程和通识教育课程的转移。[①]

（三）州立大学转学录取要求

尽管完成佛罗里达大学系统的文学副学士学位可保证被州立大学系统或授予学士学位的佛罗里达大学系统录取，但这并不保证学生能被意向机构或所有机构的所有课程录取。该州已为所有公立机构的 200 多个院校的学士学位课程确定了通用的先修课程。此外一些学位课程被指定为限制录取的原因是入学要求比机构的一般入学要求更高更难，这些更严格的要求可能包括更高的 GPA 和/或考试成绩、试镜和/或作品集。在这样的项目中，录取的学生之间竞争格外激烈。学生应与大学辅导员及时沟通以确保自己修读了必修课程，并满足进入大学或学院选择课程的其他标准。限制录取课程的选择和注册标准发布在机构目录、咨询手册和其他相关的文件中。

（四）衔接协议

1. 双学分录取衔接协议

州法规第 1007.271 节要求佛罗里达大学系统机构和学区赞助的职业和技术中

---

① Florida Statewide Postsecondary Articulation Manual. https://www.fldoe.org/core/fileparse.php/5421/urlt/statewide-postsecondaryarticulation-manual.pdf.（2014-09-29）[2022-02-10].

心/学院与其服务区域内的公立学区、符合条件的私立中学和家庭教育项目/学生签订双学分录取衔接协议，州立大学系统和符合条件的独立学院和大学也可以与这些实体签订协议。学区与多个符合条件的高等教育机构签订了双学分录取衔接协议，协议的样本可在线获取。

2. 应用科学副学士和理学副学士全州衔接协议的行业认证

为了建立促进学生大学和职业阶梯的流动教育途径，州教育委员会已批准应用科学副学士和理学副学士全州衔接协议的行业认证。这些协议允许正在接受下一阶段教育的学生在佛罗里达大学系统获得一定数量的大学学分。每份协议都确保学生达到第三方（即行业认证）验证的特定能力水平，并且不排除机构根据当地协议授予额外学分。[1]

3. 佛罗里达独立学院和大学协议

佛罗里达大学系统与佛罗里达独立学院和大学（ICUF）签订了衔接协议，并据此成立了一个由30家私立、非营利性高等教育机构组成的多元化协会。该衔接协议规定了文学副学士学位学生转入ICUF机构的条款，保证在佛罗里达大学系统已获得文学副学士学位的学生将作为大三学生入学，已获得的至少60个学分可以用来获得学士学位，在佛罗里达大学系统机构已完成的通识教育核心课程也能得到认可。[2]佛罗里达大学系统可能与其他感兴趣的私立高等教育机构合作制定额外的衔接协议，佛罗里达大学系统机构可以自行选择是否参与这些协议。

4. 通识教育要求

佛罗里达州也有一项通识教育协议。该州36个学分的通识教育计划旨在向大学生导入学科学术研究必不可少的基础知识、技能和价值观，通识教育要求包括通信、人文、数学、自然科学和社会科学等学科领域的课程。每个机构都制定了自己的通识教育计划，但全州通识教育协议规定，如果学生已经在另一所公立院校成功完成通识教育序列，公立大学、佛罗里达院校和参与ICUF的机构不能要求他们修读额外的通识教育课程。从2015—2016年进入佛罗里达大学系统机构或州立大学的学生开始，作为通识教育课程要求的一部分，每个学生必须完成F.A.C. 6A-14.0303规则中规定的15学分通识教育核心课程。

①　Florida Statewide Articulation Agreements. https://fldoe.org/academics/career-adult-edu/career-technical-edu-agreements/industry-certification.stml.（2014-09-29）[2022-02-10].

②　Articulation Agreement between the Independent Colleges and University of Flordia and the Division of Flordia Colleges. https://www.fldoe.org/core/fileparse.php/5421/urlt/0078475-icuf_agreement.pdf.（2014-09-29）[2022-02-10].

5. 全州课程编号系统

全州课程编号系统是一种分类系统，适用于公立大学、佛罗里达大学系统机构、职业和技术中心以及部分非公立院校提供的课程。学院课程由学科协调员分配到适当的学科领域和课程编号。课程由前缀（prefix）、级别数字（level digit）、课程编号（course number）和实验室代码（lab code）进行标识。前缀由 3 个字母的首字母缩略词或缩写组成，代表一个广泛的内容区域；级别数字代表大学预科课程或通常修读课程的大学年份。0 代表大学预科或职业（职业和技术），1—2 代表低年级本科课程，3—4 代表高水平本科课程，5—9 代表研究生和专业课程；三位数的课程编号代表课程的具体内容；实验室代码用于表示实验室课程或者课程中包含实验室组件，可以通过相应编号的讲座进行学习。L 代表实验室课程，C 代表组合讲座/实验室，以英语语言和文学学科中的"新生作文 I"为例，其课程标识符号为 ENC 1101，ENC 为前缀，1 为级别数字，101 为课程编号。该课程仅为讲座，没有实验室部分，因此没有实验室代码。

在佛罗里达州，理事会和佛罗里达大学系统负责批准新的学位课程。作为批准过程的一部分，这些计划中的课程必须使用全州课程编号系统。全州课程编号系统是佛罗里达州 K-20 无缝衔接系统的关键组成部分，州法规要求教育部和理事会一起维护全州课程编号系统，教师委员会的任务是在系统内分配课程级别和编号。全州课程编号系统促进了学生在佛罗里达州的高等教育机构之间转学。该系统给具有相同学术内容、由与接收机构教师具有类似资质的教师教授的课程分配相同的前缀和编号，将其视为等效课程。根据佛罗里达州的法律，接受来自另一全州课程编号系统参与机构转学生的院校必须在接收时为等效课程授予学分。转移学分必须与本地学生获得的学分一样满足接收机构的要求。学分转移保证不包括：大学预科和职业（职业和技术）预科课程；表演艺术应用课程（舞蹈、室内设计、音乐、工作室艺术、戏剧）；健康相关领域的临床课程；刑事司法技能课程；研究生课程；后三位数字在 900—999 的课程；接收机构未开设的课程；在确定的转学日期之前在非区域认可机构未开设的课程。

佛罗里达州的布劳沃德学院和波尔克州立学院已经制定了"能力教育计划"，通过使用两种不同的策略使该计划与全州课程编号系统保持一致：一种是确定发展能力并将它们映射到全州课程编号系统（通常三种能力相当于全州课程编号系统中的一门课程）；另一种是从课程开始并确定该课程的三项能力。尽管两个机构找到了符合全州课程编号系统的策略但仍然存在许多挑战，许多利益相关者认为如何解构与转学相关的课程模型这个问题不明确，技术难题是容纳全州课程编号系统的软件平台如何在全州课程编号系统中包含非课程信息，目前无法将一个学分的课程转录分解为三个独立部分。

在 2016 年的州内会议期间，佛罗里达州机构和大学系统利益相关者分享了它们如何通过多种方式（包括调查、个人对话和跨机构会议）使"能力教育计划"与全州课程编号系统保持一致，以及如何获得州的支持，这些对话表明各方对"能力教育计划"非常感兴趣。州内的利益相关者提出了一些可供进一步考虑的选项，并指出应以目前实施能力教育的机构作为参考。州给予的支持措施包括围绕能力教育创建通用定义或词汇，这会影响"能力教育计划"实施的所有领域——如何将计划与全州课程编号系统保持最大化的一致；为如何将课程转化为能力提供明确的指导；作为全州课程编号系统的一部分，制定能力教育的州标准、能力设计和课程库。就接下来的步骤而言，佛罗里达州的利益相关者讨论了以下选项：继续发展州一级对能力教育作用的理解，促进和倡导其益处，这将包括教育和发展与所有相关受众（例如 K-12 和劳动力）的伙伴关系。[①]

（五）转学生权利法案

根据 F.A.C.6A-10.024 规则以及理事会决议中的全州衔接协议形成的《转学生权利法案》规定，从佛罗里达大学系统机构毕业并获得文学副学士学位的学生享有以下权利：入读 12 所州立大学之一，限制录取课程或佛罗里达大学系统机构（如果提供学士学位）除外；州立大学或学院接收至少 60 个学分；基于学生首次进入佛罗里达大学系统机构时有效的目录安排大学或学院的学位/课程要求，前提是学生保持连续注册；根据全州课程编号系统进行等效课程转移；州立大学或学院接受在加速课程（例如 CLEP、AP、双学分录取、提前录取、IB 和 AICE）中获得的学分；没有额外的通识教育核心要求；提前了解限制录取课程的选择标准；与本校大学生有注册限制录取课程的相同机会。如果这些担保被拒绝，学生有权对录取或转学中遇到的问题提起申诉，每个州立大学和学院应通过各自的衔接官员提供申诉程序。

（六）ACC

ACC 负责推荐政策以确保学生可以轻松有效地在佛罗里达州的院校和教育阶段之间进行转移。委员会成员是佛罗里达大学系统、州立大学、公立和非公立学

---

① Bell A. State Policy Considerations for Incorporating Competency-Based Education in Florida's Statewide Course Numbering System. https://www.cbenetwork.org/wp-content/uploads/2019/02/FL-Incorporating-CBE-into-SCNS_ v1-1.pdf.（2017-09-12）[2021-04-17].

校以及技术中心的教育专员任命的代表。ACC 就全州转学政策问题为州教育委员会、理事会和佛罗里达人才发展委员会提供建议和解决方案。①

（七）如何对入学或转学困难提出申诉

在联系教育部之前，学生应该在高等教育机构层面寻求所有可用的申诉选项，学生应保留所有信件的副本和所有电话联系的日志。如果是高等教育阶段的转学申请被拒绝并且存在可能违反衔接协议的问题，学生可以书面联系衔接办公室寻求帮助，最好以书面形式附上任何通信和/或联系记录的副本。②

二、佛罗里达州实现 K-20 无缝衔接目标的衡量标准

美国高等教育的一个重要目标是使具备资质的学生在不同学校和部门之间实现无缝流动。佛罗里达州的 K-20 系统依赖高中、大学、企业和行业之间的合作伙伴关系来帮助学生从一个教育部门自由过渡到另一个部门。③州高等教育官员和董事会的数据收集和政策分析是提升高校之间转学和衔接效率的过程中不可或缺的一部分。④佛罗里达州的 K-20 系统旨在通过扩大接受公共教育的机会、通过研究和学习让学生掌握知识和技能并提高熟练程度，为学生从幼儿园过渡到研究生院提供无缝衔接的路径。K-20 系统通过问责制进行维护，通过以下标准评估有效性并衡量学生针对既定目标取得的进步：最高学术成就、无缝衔接和最大限度的申请入学、熟练劳动力和经济发展、质量和服务效率。⑤佛罗里达州教育部在 2021 年 1 月 13 日发布的"2020—2025 年战略规划"更新中提到，衡量无缝衔接和最大程度入学的标准有 6 个⑥。

① Florida Articulation Coordinating Committee . https://www.fldoe.org/policy/articulation/committees/articulationcoordinating-committee-ov/meetings.stml.（2021-10-27）［2021-04-17］.

② Florida Counselling for Future Education Handbook 2021-2022 Edition. https://www.fldoe.org/core/fileparse.php/5421/urlt/FCFFEH.pdf.（2021-10-27）［2021-04-17］.

③ Just D A，Adams D A. The Art of Articulation：Connecting the Dots. https://www.deepdyve.com/lp/wiley/ the-art-of-articulation-connecting-the-dots-e2420acloz.（1997-03-01）［2021-04-18］.

④ Welsh J F，Kjorlien C. State Support for Interinstitutional Transfer and Articulation：The Impact of Databases and Information Systems. https://www-tandfonline-com.uottawa.80599.net/doi/pdf/10.1080/106689201750122415（2010-12-15）［2021-04-19］.

⑤ Florida Department of Education. 2020-2025 Strategic Plan Updates. https://www.fldoe.org/core/fileparse.php/7734/urlt/Presentation.pdf.（2021-01-13）［2022-01-08］.

⑥ Florida Strategic Plan 2020-2025 List of Measures. https://www.fldoe.org/core/fileparse.php/7734/urlt/2025 ListMeasures.pdf.（2021-01-13）［2022-01-08］.

（一）（针对早教儿童）获得高质量自愿早教班的入学机会

此处实现无缝衔接和最大程度入学的衡量标准主要指在准备率至少为60%的自愿早教班（VPK）中注册的4岁儿童百分比。其主要包含两个数据：参加自愿早教班的4岁儿童百分比、参加高质量自愿早教班的4岁儿童百分比（准备率至少为60%）。

佛罗里达州是美国（排除家庭收入因素）最早为所有4岁儿童提供免费早教班的州之一，自愿早教教育计划或自愿早教班帮助早期学习者为幼儿园及以后的学习阶段做好准备。自愿早教班使用与儿童发展各个阶段相对应的教育材料，帮助学习者为接受学校教育奠定坚实的基础。要符合自愿早教班计划的资格，适龄儿童必须住在佛罗里达州并且在当前学年的9月1日或之前年满4岁。在当年2月2日—9月1日出生的儿童可以推迟到下一年（孩子5岁的时候）入学。适龄儿童的父母可以选择不同的教育环境和各种课程选项，私立托儿中心、公立学校和专业教学服务供应商都可以提供自愿早教班。佛罗里达州在早教班入学方面处于美国领先地位，该计划自2005年启动，已有超过230万儿童从自愿早教班计划中受益。在2019—2020计划年度，佛罗里达州71%的4岁儿童参加了自愿早教班。2019—2020年，6501所提供自愿早教班的私立、公立和特许学校以及私立托儿中心为171 199名儿童提供了服务。教育部收集的数据显示，参加自愿早教班的儿童比不参加自愿早教班的儿童更容易适应幼儿园的生活。①

根据自愿早教班准备率网站2019年10月发布的数据文件，2016—2017年佛罗里达州自愿早教班的适龄儿童总人数为177 828，加入令人满意或"更高等级自愿早教班计划"的人数为111 539，占比为63%；2017—2018年佛罗里达州自愿早教班的适龄儿童总人数为176 488，加入令人满意或更高等级自愿早教班计划的人数为104 776，占比为59%；2018—2019年佛罗里达州自愿早教班的适龄儿童总人数为177 282，加入令人满意或更高等级自愿早教班计划的人数为116 641，占比为66%。到2024年，根据发展趋势推测预计达到的目标的百分比为73%，可实现的、具有挑战性的目标的百分比为78%，最理想的远景目标的百分比为84%。②

（二）（针对幼儿至12年级）获得高质量的幼儿至12年级（K-12）教育成果的机会——就读于A类和B类学校的K-12学生百分比

2015—2016年佛罗里达州适龄儿童总人数为2 662 058，就读于A类和B类

---

① Florida VPK Program. https://www.floridaearlylearning.com/vpk/floridas-vpk-program.（2021-01-13）[2022-01-08].

② Florida Department of Education. 2020-2025 Strategic Plan Updates. https://www.fldoe.org/core/fileparse.php/7734/urlt/DataStrategicPlanMeasuresYear1.pdf.（2021-01-13）[2022-01-08].

学校的 K-12 学生人数为 1 297 486，就读于 A 类和 B 类学校的 K-12 学生百分比为 49%；2016—2017 年佛罗里达州适龄儿童总人数为 2 684 266，就读于 A 类和 B 类学校的 K-12 学生人数为 1 582 075，就读于 A 类和 B 类学校的 K-12 学生百分比为 59%；2017—2018 年佛罗里达州适龄儿童总人数为 2 702 156，就读于 A 类和 B 类学校的 K-12 学生人数为 1 679 037，就读于 A 类和 B 类学校的 K-12 学生百分比为 62%；2018—2019 年佛罗里达州适龄儿童总人数为 2 711 307，就读于 A 类和 B 类学校的 K-12 学生人数为 1 808 266，就读于 A 类和 B 类学校的 K-12 学生百分比为 67%；2019—2020 年佛罗里达州适龄儿童总人数为 2 708 311，就读于 A 类和 B 类学校的 K-12 学生人数为 1 814 296，就读于 A 类和 B 类学校的 K-12 学生百分比为 67%。到 2024 年，根据发展趋势推测预计达到的百分比为 97%，可实现的、具有挑战性的目标百分比为 100%，最理想的远景目标百分比为 100%。[①]

1)（择校）进入高质量特许学校的机会——A 类和 B 类特许学校的百分比与 A 类和 B 类传统学校的百分比进行比较。

2)（择校）——自选教育择校的学生数量。主要包含公开招生、特许学校、私立学校、职业和专业中等学校、私立学校或中心自愿早教班入学、税收抵免奖学金、家庭教育、AICE 项目、麦凯奖学金（私立）、麦凯奖学金（公立）、全日制虚拟教学、国际文凭课程、加德纳奖学金、实验室学校包含 1 所佛罗里达大西洋大学（FAU）学校、佛罗里达大学（UF）和佛罗里达农工大学（FAMU）、特许实验室学校包含州立大学系统和 1 所 FAU 学校、实验室学校和特许实验室学校、与低绩效学校相关的转学、大学预修课程、双学分录取、特许高中、特殊教育（资优生的入学）、家庭赋权奖学金、希望奖学金（私立）、希望奖学金（公立）。具体各项数据如表 7-1 所示。[②]

表 7-1 自选教育择校人数

衡量标准	2014—2015 年	2015—2016 年	2016—2017 年	2017—2018 年	2018—2019 年	2019—2020 年	2020—2021 年
公开招生	246 357	252 579	251 216	262 633	273 377	266 693	249 290
特许学校	251 736	270 870	283 694	295 748	313 532	329 168	341 869
私立学校	331 013	345 796	368 321	370 166	380 295	397 970	
职业和专业中等学校	75 026	88 981	97 364	92 256	89 174	76 422	

---

① Florida Department of Education. 2020-2025 Strategic Plan Updates. https://www.fldoe.org/core/fileparse.php/7734/urlt/DataStrategicPlanMeasuresYear1.pdf.（2021-01-13）[2022-01-08].

② Florida Department of Education. 2020-2025 Strategic Plan Updates. https://www.fldoe.org/core/fileparse.php/7734/urlt/DataStrategicPlanMeasuresYear1.pdf.（2021-01-13）[2022-01-14].

续表

衡量标准	2014—2015年	2015—2016年	2016—2017年	2017—2018年	2018—2019年	2019—2020年	2020—2021年
私立学校或中心自愿早教班入学	135 473	136 350	135 903	134 910	134 521	131 712	
税收抵免奖学金	69 950	78 664	98 936	108 098	104 091	111 219	100 028
家庭教育	84 096	83 359	87 462	89 817	97 261	106 115	
AICE项目	26 900	32 917	41 402	49 183	55 119	63 059	
麦凯奖学金（私立）	28 263	29 220	29 916	29 120	29 072	30 186	27 226
麦凯奖学金（公立）	3 467	3 922	4 322	5 134	5 636	6 059	5 386
全日制虚拟教学	11 790	13 346	12 984	12 286	11 175	12 097	78 850
国际文凭课程	12 746	13 335	13 603	13 670	13 575	14 729	
加德纳奖学金	1 559	4 815	8 000	10 236	12 179	14 319	17 508
实验室学校（1所FAU学校、UF和FAMU）	2 667	2 730	2 797	2 886	2 935	2 950	3 144
特许实验室学校（州立大学系统和1所FAU学校）	3 799	3 832	3 835	3 813	3 856	3 941	3 968
实验室学校和特许实验室学校	6 466	6 562	6 632	6 699	6 791	6 891	7 112
与低绩效学校相关的转学	5 638	2 662	3 503	3 709	3 944	2 265	1 368
大学预修课程	188 260	195 703	203 984	211 057	208 772	205 509	
双学分录取	53 286	56 005	63 402	69 934	76 292	80 498	
特许高中	2 695	2 701	2 822	2 867	2 936	3 165	3 276
特殊教育	—	165 614	169 297	172 276	176 457	178 173	166 312
家庭赋权奖学金	—	—	—	—	—	17 823	36 384
希望奖学金（私立）	—	—	—	—	127	297	388
希望奖学金（公立）	—	—	—	—	—	404	476

（1）（高等教育）——佛罗里达州中学后持续入学率，主要指参加高等教育的高中毕业生百分比

2014—2015学年，2013—2014届佛罗里达州高中毕业生总人数为149 397，高等教育入学人数为91 947，高等教育持续入学率为61.5%；2015—2016学年，2014—2015届佛罗里达州高中毕业生总人数为155 714，高等教育入学人数为96 823，高等教育持续入学率为62.2%；2016—2017学年，2015—2016届佛罗里达州高中毕业生总人数为159 672，高等教育入学人数为97 925，高等教育持续入学率为61.3%；2017—2018学年，2016—2017届佛罗里达州高中毕业生总人数为155 714，高等教育入学人数为96 823，高等教育持续入学率为62.2%；2018—

2019 学年，2017—2018 届佛罗里达州高中毕业生总人数为 180 411，高等教育入学人数为 104 351，高等教育持续入学率为 57.8%。到 2024 年，根据发展趋势推测预计达到的百分比为 67%，可实现的、具有挑战性的目标百分比为 73%，最理想的远景目标百分比为 90%。①

（2）（高等教育）——佛罗里达州副学士学位升学率，主要指在佛罗里达州转入更高层级高等教育院校、获得文学副学士学位的学生

2014—2015 学年，2013—2014 届佛罗里达州文学副学士学位毕业生总人数为 55 132，转学生人数为 34 009，文学副学士学位衔接率为 61.7%；2015—2016 学年，2014—2015 届佛罗里达州文学副学士学位毕业生总人数为 55 888，转学生人数为 34 276，文学副学士学位衔接率为 61.3%；2016—2017 学年，2015—2016 届佛罗里达州文学副学士学位毕业生总人数为 57 799，转学生人数为 35 116，文学副学士学位衔接率为 60.8%；2017—2018 学年，2016—2017 届佛罗里达州文学副学士学位毕业生总人数为 56 939，转学生人数为 34 986，文学副学士学位衔接率为 61.4%；2018—2019 学年，2017—2018 届佛罗里达州文学副学士学位毕业生总人数为 57 587，转学生人数为 35 773，文学副学士学位衔接率为 62.1%。

三、OPPAGA 对该州 K-20 无缝衔接系统的审核及评估

（一）对转学生超额完成学分的评估

在过去的几十年里 K-20 系统各部门之间学术课程的无缝衔接一直是州议会关注的问题。为了实现最大程度地提供高等教育入学机会，佛罗里达州需要对超过大学要求的学分进行持续评估和监控，州立大学需要实施有效策略减少超过学士学位要求 120% 的学分。州法律要求佛罗里达州立法机构的政策分析和政府问责办公室（OPPAGA）对 K-20 无缝衔接系统，更具体地说是对州立大学系统进行正当性审查。对州立大学系统进行项目评估审查的结果之一是 1998—1999 年学生额外完成了超过毕业所需的 14.8 个学时，超额学时给该州带来了 5500 万美元的损失。2006 年，OPPAGA 针对 2004—2005 财政年度发布的报告认为该州每年为超过学士学位要求 120% 的学时花费了 6200 万美元。州立大学正在计划通过减少超额学时数来降低州和学生的成本，2005 年，OPPAGA 的报告认为 2001—2002 届毕业生队列中大约 97% 的社区学院学生积累了至少 1 个额外学时，学生积累的学分比毕业所需的学分多 21.7 个。2001—2002 届学生完成的超额学时给州

① Florida Department of Education. 2020-2025 Strategic Plan Updates. https://www.fldoe.org/core/fileparse.php/7734/urlt/DataStrategicPlanMeasuresYear1.pdf.（2021-01-13）[2022-01-13].

财政带来的附加成本约为 3000 万美元，学生额外支付的学费总额约为 1620 万美元。OPPAGA 的主要建议是增加浪费文学副学士或理学副学士学位要求学时的社区学院学费，州教育委员会的教育专员代表在回应中强调提高社区学院的学费会加重较低社会阶层学生的经济负担，要求这些学生支付更多的费用很容易造成辍学生增多，而不是毕业生增多的意外后果。

（二）对全州课程编号系统的评估

作为社区学院和大学之间的一项合作计划，全州课程编号系统提升了院校间学术课程的可转移性并减少了转学生完成的超额学期学分。1998 年，随着公立社区学院和大学的发展，非公立院校也陆续开始使用全州课程编号系统，这增加了州教育委员会管理该系统的工作量。OPPAGA 在 2007 年评估了全州课程编号系统在帮助学生无缝转入佛罗里达州公立大学方面的有效性，并报告了该系统的不准确之处，报告认为全州课程编号系统的不准确性是由大学报告的数据不准确或大学成绩单评估员、学术顾问对学生成绩单的错误评估造成的。①

---

① Falconetti A M. Articulation，Academic Progress，and Graduation：A Comparison of Community College Transfer and Native Students in Selected Florida Universities. https://digitalcommons.unf.edu/cgi/viewcontent.cgi?article= 1378&context=etd.（2007-08-30）[2022-01-17].

第八章　得克萨斯州高等院校
自主管理转学模式

第一节　得克萨斯州院校自主管理模式的治理结构

得克萨斯州高等院校转学治理模式的主要特征是采取院校自主管理模式，其制度结构困境和问题有以下两个方面。

一、得克萨斯州高等教育协调委员会与地方院校子系统的关系复杂

得克萨斯州设立了 61 个独立的高等教育管理委员会，包括 6 个公立四年制系统的委员会、50 个地方选举的公立社区学院区委员会、1 个监督 8 所技术学院的委员会和 4 个单一的机构委员会。得克萨斯州高等教育协调委员会（THECB）负责全州的高等教育规划、数据收集、政策分析，以及向州长和立法机构提供资助咨询。得克萨斯州的公立高等教育包括大型子系统、较小的区域子系统、具有独立董事会的院校、独立学院和大学、社区学院，所有这些都隶属 THECB 的职权管理范围。由校长领导的 4 个具有独立中央办公室的主要大学系统——得克萨斯大学、得克萨斯农工大学、休斯顿大学和得克萨斯州立大学负责监督 28 所大学、6 个健康科学中心、1 个高年级中心和 3 个两年制校区。

根据得克萨斯州社区学院协会（TACC）于 2018 年发布的报告，得州有 50 个社区学院，每个社区学院都拥有其所在地选举产生的董事会。由于州内的治理系统权力高度分散，各机构有大量自主权自行制定转学政策和合作伙伴关系。[1]THECB 在监督及管理社区学院方面的权限有所扩大，尽管如此，子系统的中央办公室倾向于将艰难的决定（尤其是校园对新项目的要求）传递给协调委员会，从而加剧

---

① Jabbar H，Epstein E，Sánchez J，et al. 2021. Thinking through transfer: Examining how community college students make transfer decisions. Community College Review，49（1）: 3-29.

了彼此之间的对立。

高等院校历来较为抵制全州范围的控制，这也是得克萨斯州的高等教育治理惯例。虽然得克萨斯州议会和 THECB 制定并实施了与州转学和衔接协议相关的政策，但 THECB 在履行其作为公共利益守护者的职责时，发现自己经常与子系统和相关院校机构的意愿发生冲突。THECB 的一位工作人员指出，在项目和预算等问题上面临着巨大的政治压力。一位立法者认为当子系统的中央办公室需要指责某个对象时，THECB 就会充当"替罪羊"。一位前校长认为冲突是"不可避免的"，因为子系统董事会支持成员机构的主张，而协调委员会在利益冲突中充当裁判的角色。立法机构将需要立法解决但太棘手、无法在政治上处理妥当的问题分配给 THECB，从而加剧了 THECB 治理过程中的冲突。

二、州转学衔接协议主要局限在四年制机构和社区学院之间进行

在高等教育治理中，得克萨斯州强调地方管理和自我决策①，州的教育法和行政法仅包含有限的规定来管理州转学衔接协议工作，转学衔接协议主要针对院校层面而不是州层面。根据 THECB 2017 年年鉴报告，截至 2017 年秋季，得克萨斯州有 1400 多个机构间衔接协议。议会与 THECB 仅制定了最低限度的政策来管理院校的衔接协议，尚未提供全州的衔接协议计划。②各院校之间必须自己阐明衔接协议的细节。

与之形成鲜明对比的是，佛罗里达州在 1959 年就制定了第一份全州衔接协议，并保证了各院校之间的学分模块是可以转移的。学生在两年制学院完成前两年的学习，然后可以将最后两年的学习转到四年制院校，至少可以将 36 个学期学时转移到该州的其他机构。佛罗里达州没有严重依赖高等院校之间的衔接协议，而是建立了全州的衔接协议系统。采用全州范围内统一的转学政策或具有约束力的转学协议有助于改善转学并减少学生的转学压力。③与此相反，得克萨斯州的所有公立大学都与 1 所或多所地区社区学院签订了衔接协议，平均维持的有效协议数量是 38 个。④例如，得克萨斯州立大学是该州较大的高等机构，该校与

① 余承海，程晋宽. 美国州政府的高等教育治理模式. 现代教育管理，2016（7）：18-22.
② Jabbar H，Epstein E，Sánchez J，et al. 2021. Thinking through transfer：Examining how community college students make transfer decisions. Community College Review，49（1）：3-29.
③ Jabbar H，Epstein E，Sánchez J，et al. 2021. Thinking through transfer：Examining how community college students make transfer decisions. Community College Review，49（1）：3-29
④ Learner N. Texas To Study Community College Transfer Problems. https://77726476706e69737468656265735737421f3f84f88223e7c1e7b0a9aaf975d2c2646a661ee33/ContentServer.asp?T=P&P=AN&K=6964875&S=R&D=buh&EbscoContent=dGJyMMTo50SeqK44v%2BvlOLCmsEmeprVSsaa4SLWWxWXS&ContentCustomer=dGJyMPGnt0u2qLdOuePfgeyx44Dt6fIA.（2001-02-01）[2021-02-16].

29 个独立的两年制机构签订了 3090 份协议。虽然转学政策能够保障通识教育课程学分的转移和适用,但专业预修课程学分的申请和专业准备状况很大程度上取决于个别院校。[①]

第二节　得克萨斯州转学概况

一、该州主要转学生源地及目的院校

根据美国国家学生研究中心 2002 年的数据,得克萨斯州院校 78%的四年制学位毕业生之前就读于社区学院,这是美国所有州中占比最高的。加利福尼亚州的可比数据是 65%,转学政策很强的佛罗里达州为 55%,因此得克萨斯州比其他州更依赖两年制院校作为学士学位的供给者。尽管该州社区学院学生中有 81%参加了转学项目,但据估计只有 20%的学生真正转学,其中大多数人没有首先获得副学士学位。[②]根据贝利等 2017 年的研究,得克萨斯州转学生只有 18%在转学前获得了副学士学位,相比之下,全国这一比例为 29%,佛罗里达州为 58%。[③]得克萨斯州在全国范围内招收了近 9%的社区学院大学生,这一比例仅被加利福尼亚州超越,但只有 14%的学生在六年内获得了学士学位。近年来四年制机构的容量限制、录取标准不断提高和学费飙升加剧了学生对社区学院的依赖,导致大量学生直接从高中就读于社区学院。根据得克萨斯州 THECB 2020 年年鉴报告的数据,得克萨斯州的转学率低至 24.1%,100 名学生中只有 59 人在转学后的四年内毕业。[④]

得克萨斯州传统上代表性不足的群体在转学率方面表现不佳。在该州其他种族或族裔群体中,非裔和西班牙裔学生的转学率最低。某研究汇总的样本统计数据表明州社区学院的转学目的地在大多数情况下是公立院校,占 98%。报考较为集中的公立院校学生入学率是私立院校的 4 倍多,私立院校的年平均学费比公立院校高出 2 倍以上(分别为 21 870 美元和 6222 美元),私立院校和公立院校之间

①　Hodara M,Wenzl M M,Stevens D,et al. Improving Credit Mobility for Bachelor's Degree-Seeking Community College Students:Findings from A 10-State Policy Study. https://www.luminafoundation.org/wp-content/uploads/2017/08/improving-credit-mobility.pdf.(2016-06-07)[2022-02-12].

②　转引自 Wellman J V. State Policy and Community College–Baccalaureate Transfer. https://files.eric.ed.gov/fulltext/ED468890.pdf.(2002-09-03)[2021-06-13].

③　Lopez A Y. Upward Transfer of Community College Students:A Multiyear Analysis. Sam Houston State University,2022.

④　Lopez A Y. Upward Transfer of Community College Students:A Multiyear Analysis. Sam Houston State University,2022.

平均学费的巨大差异解释了为什么学生倾向转学到公立院校。此外，近74%的学生转到研究型大学，学生转入院校的平均录取人数接近总申请人数的67%，六年毕业率略高于50%。3/4以上的学生转到位于城市地区的院校，其中13%的人选择了农村地区的学校，而近10%的人选择了郊区的学校。统计结果显示，得克萨斯州最热门的20个转学目的院校为得克萨斯农工大学、休斯顿大学、北得克萨斯大学、得克萨斯州立大学、得克萨斯大学阿灵顿分校、得克萨斯理工大学、山姆休斯顿州立大学、得克萨斯大学圣安东尼奥分校、得克萨斯大学达拉斯分校、得克萨斯大学奥斯汀分校、得克萨斯大学埃尔帕索分校、塔尔顿州立大学、得克萨斯大学大河谷分校、得克萨斯女子大学、斯蒂芬·F.奥斯汀州立大学、得克萨斯大学泰勒分校、得克萨斯州农工大学-商科、休斯顿大学-清湖分校、得克萨斯农工大学-科珀斯克里斯蒂分校、西得克萨斯农工大学。样本中大部分学生转到了大型公立研究型院校，转到这20所院校的学生占社区学院总转学生人数的86%以上。①

2020—2021年度，第86届得克萨斯州议会例会众议院的1号法案第III-275条第49节"一般拨款法案"指示，THECB对得克萨斯州公立普通学术机构的转学目标和实践进行分析。第49节要求THECB提交一份年度报告，具体内容是大学为增加得克萨斯社区学院转学生的数量、成功毕业率和持续入学率所做的努力。此外，州议会指示THECB根据为社区学院转学生和本校学生提供的相关院校绩效数据提供建议，州议会指令要求得克萨斯州的公立大学每年向THECB提供机构转学目标和实践的信息。除了使用现有的机构数据，为了更好地了解与转学相关的新方法和新努力，THECB的工作人员调查了该州的37所公立大学。为了确定与转学相关的共同主题和公立普通学术机构的绩效数据，THECB的工作人员还分析了调查反馈。绩效数据包括本校学生（开始并继续在公立普通学术机构注册的学生）和社区学院转学生（从社区学院开始并转入公立普通学术机构的学生）的公立普通学术机构学位完成率和获得学位的时间。与之前的报告一样，研究在特定的时间范围内跟踪了一组归类为大三的本校和社区学院转学生。该报告包括2014年秋季至2018年春季的本校和社区学院转学生群体的数据。

2018年秋季公立普通学术机构处理的大学新生申请数量（169 378人）比社区学院的转学生（32 183人）多，然而社区学院转学生被接收和录取的比例更高，为71%，相比之下，大学新生的录取比例为50%。新兴研究型大学继续成为

---

① Jabbar H，Edwards W. Choosing Transfer Institutions：Examining the Decisions of Texas Community College Students Transferring to Four-Year Institutions. https://doi.org/10.1080/09645292.2019.1690636.（2019-11-14）[2021-06-13].

社区学院转学生的首选目标校，2018年秋季社区学院转学新生中有52%就读于这8所机构之一：得克萨斯理工大学、得克萨斯州立大学、得克萨斯大学埃尔帕索分校、得克萨斯大学圣安东尼奥分校、得克萨斯大学阿灵顿分校、休斯顿大学、北得克萨斯大学、得克萨斯大学达拉斯分校。

在同龄人群体中，公立普通学术机构指定的硕士学位授予院校的社区学院转学生在院校新生群体中占比最大。社区学院转学生获得学士学位的完成率较低，并且他们比从接收院校入学和毕业的学生需要更长的时间才能获得学士学位。研究报告数据显示，大三队列中的转学生学位完成率为65%，本地学生则为84%，这与往年的完成率是一致的。大三队列中，社区学院转学生获得学位的时间为7.5年，本地学生则为5.5年。两组队列获得学位的时间与往年一致，社区学院转学生比本地学生需要花更多时间进入大三。一旦他们进入大学，社区学院转学生中获得学士学位的学生与同级的转学生完成学位的时间大体一致。接收院校学生在进入大三后平均花3年的时间完成学位，转学生在转学进入大三后平均花3.2年完成学位。[①]

二、众多因素综合影响迫使州转学政策做出改变

转学效率低下、学生群体构成发生变化、教育成本上升以及经济因素的综合影响迫使州转学政策做出改变。

多年来得克萨斯州鼓励院校在两年制和四年制机构之间制定自愿衔接协议。然而在1987年，州立法机关和THECB希望加强衔接和转移，要求开发全州"核心课程"。1997年的立法扩大了这一概念，得克萨斯州现在拥有转学通识教育核心课程，允许个别机构在指定核心课程方面具有一定的灵活性。THECB每5年审查和批准每个机构的核心课程，如果学生完成了经批准的核心课程，接收机构必须接受这些课程作为其核心课程的替代。接收机构和特定专业可能需要一些超出最低核心课程要求的额外课程。根据法定指令，为了促进高需求学科内的课程转移，THECB还制定了"学科门类课程领域"（FOSC）课程。2002年，得克萨斯州已经为38个学科和专业制定了此类协议。虽然没有全州范围的联合录取或转学保证要求及政策，但得克萨斯州鼓励院校开展这项工作，并且一些机构已经制定了此类政策。许多机构（包括每所公立学院和大学以及许多私立学院）也为

① Texas Higher Education Coordinating Board. Texas General Academic Institutions：Increasing Successful Community College Transfer—A Report to the Texas Legislature per House Bill 1，86th Texas Legislature. https://reportcenter.highered.texas.gov/reports/legislative/texas-general-academic-institutions-increasing-successful-community-college-transfer-report-fall-2020/.（2020-09-20）［2021-06-13］.

低年级课程采用了得克萨斯州通用课程编号系统（TCCNS）。选择不使用通用课程编号的机构需要在通用编号系统和自己的系统之间发布一个"可衔接的通道"。大多数四年制大学有电子学位审核系统，该州拟开发一个全州范围的审核系统，以便让学生了解课程将如何转移到不同机构。得克萨斯州没有统一的高中毕业要求，尽管立法机关指定到 2005 年完成的大学学位课程将成为所有公立学校的"默认"课程。在规定公立院校禁止使用平权录取政策后，州立法机关颁布了一项法律，要求公立大学录取所有高中毕业生排名前 10% 的学生。也有一系列的录取标准适用于排名不在前 10% 的学生，由个别机构自行设定录取要求。进入大学时，SAT 或 ACT 分数较低或没有这些分数的学生必须参加"得克萨斯学术技能计划"（TASP）考试，并且在参加考试之前不得注册超过 9 个学期的学分。未通过 TASP 的学生将被安排在四年制机构或社区学院进行补习和发展课程的学习，一些四年制院校与当地社区学院签订合同提供补习指导。得克萨斯州拥有良好的全州信息系统和数据分析能力，有跟踪所有公立院校学生保留率、学业进步和毕业情况以及所有类型学校之间所有类别转学活动的详细报告。该州还监控在转入四年制大学之前注册 12 个或更多学期学分的新生转学和随后的表现。

　　根据以往研究发现，得克萨斯州社区学院的学生转入四年制大学的转学过程效率低下，许多学生还不清楚通往学士学位的途径。学生在没有获得副学士学位甚至没有完成 THECB 批准的通识教育核心课程的情况下就可以转学，而该课程设立的初衷是完全可以转入州立大学。这表明大多数转学生不知道完成核心课程或副学士学位有助于其获得学士学位。不幸的是，尽管在社区学院学习更加完整的低年级课程对学生和州来说成本更低，但是情况依然如此。此外，大多数未获得副学士学位便转学的学生没有完成学士学位学习，这意味着他们最终没有拿到任何学位。获得副学士学位可确保学生在完成学士学位之前如果选择不继续或不得不停止学业时，拥有劳动力市场承认的证书。将副学士学位作为转学的中间步骤可以使转学生直接转入大三，以此拓宽转学途径将带来更高的学位完成率，学生和纳税人在得克萨斯州公立高等教育中可以获得更大的投资回报。大多数得克萨斯州社区学院的学生参加了以转学为导向的课程。对于大多数寻求学位的得克萨斯社区学院学生来说，转学到四年制大学而不是接受职业培训似乎是他们的主要目标。只有一小部分学生在转学前获得副学士学位，即使公立四年制大学需要接收学分，也很少有学生完成州内的核心课程。THECB 为通识教育核心课程创建了一个框架，该框架是公立四年制机构必须接受的，以满足学士学位的通识教育要求。THECB 批准每所社区学院提出的一组特定课程的提案，以满足 42 学分的框架要求。据统计，样本学生中只有 4%的人获得了核心课程所需的学分。①

　　研究表明得克萨斯州转学途径不明确，学生容易感到困惑并做出错误选择。对得克萨斯大学奥斯汀分校和其他机构的研究发现，尽管院校正在努力提供更多支持，努力帮助学生设定大学和职业目标并为学生指明道路，但是寻求转学的社区学院学生往往对转学过程缺乏了解，并且对可供选择的课程和主要项目感到不知所措。转学建议和信息是公开的，但研究表明有效利用这种信息支持的学生相对较少。州内社区学院的课程与大学大三的课程要求之间似乎没有很强的一致性，这给学生和纳税人带来了沉重负担，因为学生正在成本较高的大学学习本可以在社区学院学习的课程。此外，学生有时只能将社区学院的课程学分作为选修课进行转移，而不是为了满足主要兴趣领域的学士学位核心课程要求。学生似乎没有动力在转学前获得副学士学位，虽然研究表明获得副学士学位在增加终生收入方面和高等教育公共投资方面对纳税人都有积极的回报。在佛罗里达州，社区学院的大学生只有首先完成副学士学位，才能保证学分转移并在州立大学的大三就读。这可能是佛罗里达社区学院的副学士学位完成率远高于得克萨斯州和其他州大学的原因之一。②

　　在得克萨斯州，由于高中毕业生和社区学院接收的少数族裔学生数量增加、高等教育成本以及人口的增长、家庭平均收入下降等一系列因素，转学和衔接协议对该州高等教育发展变得至关重要。③特别是在社区学院领域，得克萨斯州的几所社区学院与"实现梦想"（Achieving the Dream）项目组合作，这是一项旨在提高社区学院学位获得率的全国性计划。此外，比尔和梅琳达·盖茨基金会还选择了 4 所得克萨斯州社区学院（海岸弯社区学院、埃尔帕索社区学院、休斯敦社区学院和南得克萨斯学院），提供旨在提高发展教育有效性的赠款。在州政策层面，得克萨斯州社区学院协会向第 80 届得克萨斯州立法机构提出一项新的政策倡议——"新契约"（New Compact）。"新契约"希望提高州立社区学院在学生参与度和学业成功方面的责任感、降低学费，并提供更多基于需求的经济援助倡议，得克萨斯州社区学院协会继续通过第 81 届州议会倡导"新契约"。得克萨斯州的高等教育前景广阔，在社区学院领域尤其如此。得克萨斯州社区学院协会在该州拥有 50 个社区学院的学区，监督着 73.5 万多名社区学院学生，这占该州大学

　　① Wellman J V. State Policy and Community College–Baccalaureate Transfer. https://files.eric.ed.gov/fulltext/ ED468890.pdf.（2002-08-01）[2021-06-13].

　　② Wellman J V. State Policy and Community College–Baccalaureate Transfer. https://files.eric.ed.gov/fulltext/ ED468890.pdf.（2002-08-01）[2021-06-13].

　　③ Bush W B. Articulation and Transfer：The Texas Perspective. https://ttu-ir.tdl.org/bitstream/handle/2346/9510/ 31295018541754.pdf；sequence=1.（2002-05-20）[2021-06-19].

生总数的 50%以上，占公立高等教育学生总数的 55%以上。①

第三节　得克萨斯州议会和 THECB 的组织职能

一、州议会职能

在研究得克萨斯州的转学和衔接协议政策之前，必须先了解得克萨斯州议会和 THECB 与政策制定有关的组织职能。州议会是州属立法机构，主要负责制定法律，为得克萨斯州公民的健康、福利、教育、环境、经济和总体福祉提供法律服务。州议会通过法案、决议和对州宪法的拟议修正，指导州内各机构的公共政策。与其他州类似，得克萨斯州采用由两个独立的议院组成的双院制：由 31 名议员组成的参议院和由 150 名议员组成的众议院。参议员和代表从单议员区选出，任期分别为四年和两年。根据得克萨斯州宪法，议会每两年在奥斯丁举行一次例行立法会议审议新法案。在提交给两院的各种法案中，首先由众议院高等教育委员会或参议院教育委员会解决高等教育问题。为了使法案能够推行，议院委员会必须进行投票。法案在委员会审议期间，成员将对法案的影响进行讨论并根据需要进行修改，以使其得到委员会的批准。如果该法案获得委员会的批准，将在委员会之外进行投票；如果未获批准，法案就会夭折。一旦获得批准，该法案会移送至日程安排委员会，由其安排时间在议院委员会进行二次审阅。在众议院或参议院进行二次审阅期间，各议员的修正案可被添加到法案中，议员们针对立法的实质和拟议的议员修正案进行讨论。在大多数情况下，法案的第三次审阅是在第二天进行的，议员们对法案（包括通过的所有修正案）进行最后表决。法案一旦在一个议院通过，就可以成为正式文件，"engrossment"是议院通过法案的最终版本的术语。然后最终法案进入另一个议院重复相关审议程序，如果两个议院通过了不同的版本，则该法案将提交给联合会议委员会，由联合委员会的多数成员商定最终版本。之后两个议院都对联合会议委员会的版本进行表决，但不能对该法案附加任何进一步的修正。法案一旦获得批准，将交给州长签字通过或否决。通过颁布法案，州议会确定了得克萨斯州的高等教育政策和目标，为实现这些目标划拨必要的资金，并制定针对高等教育系统的问责措施。尽管议会制定了广泛的政策，但通常将政策的执行权下放给适当的机构和官员。

---

① Park T J. The Role of the Community College in Texas: The Impact of Academic Intensity, Transfer, and Working on Student Success. https://ir.vanderbilt.edu/bitstream/handle/1803/11206/Park_Dissertation_Final_Version.pdf?sequence=1.（2012-05-04）[2021-06-19].

二、THECB 的职能

为了对得克萨斯州的高等教育进行监督，1965 年，得克萨斯州议会正式成立THECB，其主要目标是为得克萨斯州高等教育系统进行管理和协调，以实现该州高等教育的卓越发展。THECB 成立时的法律文件里提到，委员会应代表得克萨斯州公立高等教育的最高权威，并有责任积极推动该州各个地区打造优质教育，因此，THECB 是高等教育的倡导者，为议会提供建议和全面的规划，协调教育服务的有效运行并管理分配全州的教育计划。THECB 负责四项活动：审核将州资金分配给公立院校的方式，并提出适当的修改建议；授权高质量的学术项目；减少学术项目中不必要的重复工作、不必要的建设项目和固定资产收购；制定计划，以保证得克萨斯州公立高等教育未来的质量。

随着该州人口及高等教育系统学生数量的增加，THECB 的职责也相应地增多，几乎在每次立法会议期间都会增加新的职责。得克萨斯州教育法典第 61 章规定了 THECB 的法定权力。尽管委员会的职责过于庞大，无法在此处详细说明，但以下内容说明了 THECB 的职责范围：为州高等教育系统提供领导和协调，有效利用和集中可用资源，减少项目、教职员工和公共设施方面的重复花销，实现得克萨斯州高等教育的卓越发展；确保由公共资金支持的整个教育体系得以协调运行，为公民提供有效和高质量的教育服务活动；确保 THECB 和州教育委员会制定的长期计划和教育项目能对从幼儿教育到硕士教育的整个公共教育系统进行补充。1999 年第 76 届议会向 THECB 分配了以下职责：实施和管理得克萨斯州"卓越、获得教育与成功"拨款计划，该计划为公立或获得认证的得克萨斯州私立高中毕业的、完成高中建议课程或后期课程或同等水平课程以及有贷款需要的高校学生提供拨款；实施和管理"得克萨斯州（有附加条件要求）的教学赠款"项目，为未来同意在严重短缺专业或领域承担教学任务的大三或大四修读学士学位的学生提供（有条件的）赠款；管理助学金信息中心，为中学生和学生家长以及辅导员提供有关助学金和高等教育的信息；为了识别、吸引、保留和招收反映该州人口情况的学生，制定并每年更新一份统一的策略。其要求高校执行该策略并每年向 THECB 报告，管理高等教育护理、专职医疗、其他与健康有关的永久基金收益、少数族裔健康研究与教育的永久基金收益等赠款项目。THECB 对得克萨斯州高等教育系统承担着广泛而重要的职责。

THECB 由 18 名成员组成，成员由州长任命，任期 6 年，由得克萨斯州参议院进行成员确认。除了以前的职责，THECB 后来增加的重要职责之一是通过制定规则来推进政策的落实。根据《得克萨斯州行政法》（2000 年）的规定，

THECB 通过各委员会表决采纳规则。如果主席认为外部成员是必要的，就可以从董事会成员或外部成员中任命一个委员，经过讨论，委员会推荐规则，然后由 THECB 对建议的规则进行投票。如果获得批准，THECB 必须至少提前 30 天通知该规则的用意，然后才能进行表决。THECB 必须向州务卿提交拟议新规则的通知后才能在得克萨斯州的登记簿上公布，此外还需向副州长和众议院议长提供向州务卿提交的通知副本。在通过规则之前，州所属机构必须给所有利害相关人一个合理的机会，以口头或书面形式提交数据、观点、论据，并且理事会必须充分考虑与拟议规则有关的所有书面和口头陈述。在为期 30 天的等待期结束后，议会的每个参议院将每条拟议的州机构规则转交给相应的常务委员会进行审核，然后才能表决采纳该规则。常务委员会根据成员的多数票，可以向 THECB 发送支持或反对通过拟议规则的声明，如果该规则获得批准，将会在提交至州务卿办公室之日起 20 天后生效。最终，THECB 将通过解决高等教育的问题来行使其权力，董事会通过的规则将纳入新的《得克萨斯州行政法》，THECB 可以为高校提供州法律要求的详细信息。因此，得克萨斯州议会和 THECB 共同制定与州转学和衔接协议相关的政策。①社区学院、四年制学校和 THECB 制定了多项政策来促进机构之间的顺利转学，但尚不清楚这些政策是否真正有助于学生学业进步，对该学分将如何应用于学士学位也未有具体说明。这意味着得克萨斯州社区学院学生经常参加不需要的学位课程学习，从而导致时间和金钱的浪费。②

三、得克萨斯州的 60×30 计划

根据鲁米娜基金会 2019 年的研究成果，得克萨斯州的高等教育学位获得率为 43.6%，加利福尼亚州为 49.7%，全国的平均水平为 48.4%。2008 年以来，得克萨斯州的学位获得率增长了 10.3%，但该州仍有许多工作要做。③根据 THECB 2020 年发布的报告，得克萨斯州州议会鼓励社区学院和大学共同开展 60×30 计划，进而增加社区学院转学生获得学士学位的机会。THECB 将此计划定义为"鼓励和确保学生获得高等教育学位的路线图"。60×30 计划的目标是到 2030

① Park T J. The Role of the Community College in Texas: The Impact of Academic Intensity，Transfer，and Working on Student Success. https://ir.vanderbilt.edu/bitstream/handle/1803/11206/Park_Dissertation_Final_Version.pdf? sequence=1.（2012-05-04）[2021-06-23].

② Jabbar H，Epstein E，Sánchez J，et al. 2021. Thinking through transfer：Examining how community college students make transfer decisions. Community College Review，49（1）：3-29

③ Coke K L. Understanding the Barriers East Texas Community College Students Experience in Transferring to a Regional University. https://digitalcommons.acu.edu/cgi/viewcontent.cgi?article=1400&context=etd.（2021-06-20）[2022-09-23].

年，至少 60%的 25—34 岁得克萨斯州人将拥有高等教育证书或学位。60×30 计划设定的 4 个目标如下：①受教育人口。25—34 岁的人口中，有 60%将获得学位或学位证书。②毕业情况。到 2030 年，至少有 5.5 万名学生在当年获得得克萨斯州高等教育机构的证书、副学士学位或学士学位。③工作技能。得克萨斯州高等教育机构的所有毕业生都将完成培养工作技能的课程。④学生债务。本科生债务将不超过得克萨斯州公立院校毕业生第一年工资的 60%。①

THECB 相信通过社区学院和四年制大学之间的有组织合作，这些目标是可以实现的。THECB 专员凯勒在 2019 年州高等教育会议的演讲中强调支持得克萨斯州所有学习者的必要性。他表示 THECB 需要跨越机构界限共同努力，让所有学生，无论种族、民族或收入如何，都能充分参与、受益于得克萨斯州的未来，并为之做出贡献，并通过更清晰、更灵活的途径来获得高质量的教育机会和高价值的证书。在 THECB 和高等教育管理人员的支持下，这些更清晰、更灵活的途径可以帮助消除转学生遇到的障碍。②

第四节 得克萨斯州转学和衔接协议政策的演变

得克萨斯州转学和衔接协议的主要立法和 THECB 政策可以通过以下网站搜索到：得克萨斯州立法委员会（TLC）、得克萨斯州法规、得克萨斯州州务卿、THECB 和得克萨斯州立法在线。通过搜索立法会议之后发布的议会法案可以查明制定的法律。一旦确定了已颁布的法律，通过搜索 THECB 的报告可以得到根据法律要求制定的政策，这些政策指导高等院校如何执行衔接协议和转学法律。

为了清楚地描述相关法律和 THECB 的政策，需要进行两个区分：第一，得克萨斯州议会制定教育法规时，新法律通常会对《得克萨斯州教育法》进行增补或修订。因此，在报告得克萨斯州议会的活动时，所确定的政策将参考《得克萨斯州教育法》的相关部分。第二，一旦立法，由得克萨斯州议会赋予 THECB 高等教育规则制定权，制定管理高等教育法律实施的细则。为了使法规中的一般政策更加详细、清晰，那些细则通常会成为《得克萨斯州行政法》的一部分。在报告 THECB 的活动时，确定的政策也将参考《得克萨斯州行政法》的相应部分。

---

① Coke K L. Understanding the Barriers East Texas Community College Students Experience in Transferring to a Regional University. https://digitalcommons.acu.edu/cgi/viewcontent.cgi?article=1400&context=etd. （2021-06-20）[2022-09-23].

② Coke K L. Understanding the Barriers East Texas Community College Students Experience in Transferring to a Regional University. https://digitalcommons.acu.edu/cgi/viewcontent.cgi?article=1400&context=etd. （2021-06-20）[2022-09-23].

一、得克萨斯州转学政策的发展历程

（一）《得克萨斯州教育法》中的转学政策

《得克萨斯州教育法》中的转学政策制定经历了三个重要的标志性历史阶段。

1. 第一阶段：《众议院法案 2183 号》和第 71 届州议会通过的《参议院法案 457 号》

得克萨斯州的高等教育受一系列法律约束，这些法律是州议会各院辩论之后制定的，通常被纳入《得克萨斯州教育法》（2000 年）。1965 年以前，教育法组织不力并且难被理解。20 世纪 50 年代末和 60 年代初开始，由州议会的法案起草机构 TLC 对教育法进行分类。1965 年，TLC 将影响高等教育的法律编入《得克萨斯州教育法》第三编（Title 3）。自那时，州议会通过立法对州高等教育法进行修改和补充。《得克萨斯州教育法》（2000 年）第三编包含 61 个不同的章节，涉及影响州高等教育的广泛主题。即使有各种各样的法律，直到 1987 年，也没有法律涉及得克萨斯州高等教育的衔接协议和转学问题。在第 70 届立法会议期间，州议会于 1987 年 6 月 17 日制定《众议院法案 2183 号》来改善高等教育机构之间转学的流程。该法案首次将"核心课程"定义为"文学、人文和科学，以及政治、社会和文化历史课程，要求特定高等教育机构的所有学生必须完成该课程才能获得副学士或学士学位"。

《众议院法案 2183 号》允许向 THECB 拨款，以此鼓励和奖励与核心课程设置相适应的院校。每个院校都必须向 THECB 提交一份有关其核心课程具体内容、基本原理和目标的声明。该法案设立了一个咨询委员会，建议院校可以在建立核心课程时使用示范性的教育目标，法案要求相关机构建立并报告满足学位要求所必需的学期学分。《众议院法案 2183 号》作为第 51.305 节添加到《得克萨斯州教育法》中并于 1987 年 6 月 17 日生效，1989 年得克萨斯州议会制定了由第 71 届议会通过的《参议院法案 457 号》。《参议院法案 457 号》责成 THECB 制定政策，说明州高等教育机构之间如何自由转让低年级课程的学分。为了宣传 THECB 通过的流程，每个高等教育机构都要在其课程目录中发布新的、更自由的转学程序。《参议院法案 457 号》的新条文还规定了如何解决转学中的学分争议，第 61.078（c）节规定如果某机构不接受转移的学分，后续应书面通知学生和转出院校拒绝承认学分的决定。法律规定学分转移的争议应根据 THECB 的政策由两所相关院校和学生之间解决。如果纠纷未解决或学生和转出院校对解决方案不满意，就必须在接收院校发出拒绝承认学分的书面通知后 45 天内由转出院校告知州教育长官。在通知中接收院校必须详细说明拒绝承认学分的原因，教育长官或其委托人做出有关学分转移的最终决定后要书面通知学生和两所院校。①

2. 第二阶段：第75届得克萨斯州议会通过的《参议院法案148号》

（1）参议院教育委员会就《参议院法案148号》听取公开证言

使得克萨斯州衔接协议和转学机制发生实质性变化的主要立法是第75届议会常规会议通过的《参议院法案148号》。在考虑这项立法时，议会委员会举行了公开听证会讨论该法案的目的及其产生的影响。1997年2月5日，参议院教育委员会就《参议院法案148号》听取公开证言并讨论了"某些院校的课程"，参议院教育委员会主席比文斯参议员作为该法案的起草人在证词中列举了进行新立法的各种原因，比文斯之所以对转学立法特别感兴趣，是因为阿马里洛社区学院就在他所处的社区。作为社区学院转学的倡导者，他强调了许多转学生力图实现学分转移最大化时遇到的困难：当今美国社会的流动性增加，学生正在得克萨斯州各地进行迁移。随着这种流动性的增加，转学生的数量大幅增长。1997年，大约有7.5万名社区学院转学生在四年制院校就读；根据这个数据，预计到2010年，四年制院校入学人数增加的2/3来自转学生，就读于高等教育机构的学生中有50%在社区学院。②

1987年议会要求每所院校根据核心课程咨询委员会的建议制定一项核心课程。开发核心课程只是一个很好的开端，并不能保证解决所有问题，因此，得克萨斯州议会采取了下一步行动，以确保每所州内公立院校都拥有公认的核心课程，并且可以转移到其他州内院校。许多学生在转学过程中丢失了在转出院校已完成课程的学分。在讨论该州的衔接协议历史并预测未来的发展之后，比文斯提出确保核心课程得以转移的三个主要原因。第一，转移核心课程将防止学生重修该课程，重修会延长获得学位的时间。第二，重复的课程迫使学生支付额外的学杂费。第三，得克萨斯州最严重、最令人困扰的问题是由于学生的学费仅占特定课程费用的18%，该州的纳税人被迫补贴重复课程。③随着高等教育机构寻求更多的州拨款，在系统效率差导致支出效率不高的情况下，高等教育寻求更多资金支持的理由并非都是正当的，从长远来看，新的转学政策可能为该州节省大量

① Bush W B. Articulation and Transfer：The Texas Perspective. https://ttu-ir.tdl.org/bitstream/handle/2346/9510/31295018541754.pdf;sequence=1.（2002-05-20）[2021-06-13].

② Bush W B. Articulation and Transfer：The Texas Perspective. https://ttu-ir.tdl.org/bitstream/handle/2346/9510/31295018541754.pdf;sequence=1.（2002-05-20）[2021-06-13].

③ Bush W B. Articulation and Transfer：The Texas Perspective. https://ttu-ir.tdl.org/bitstream/handle/2346/9510/31295018541754.pdf;sequence=1.（2002-05-20）[2021-06-13].

资金。

　　参议院教育委员会呈现的证词支持比文斯的主张。THECB 代理专员唐·布朗应要求澄清了几点：参议员比文斯、沙普利和达拉斯的罗伊斯·韦斯特谈到了需要为部分完成的"学科门类课程领域"提供学分，布朗表示他没有与大学讨论这个问题，也不知道它们会如何回应要求接受所有部分满足"学科门类课程领域"要求课程的法律。如果要求大学接受部分完成的核心课程，类似的要求就可以适用于"学科门类课程领域"。THECB 召集了来自相关大学和社区学院的咨询委员会代表，就"学科门类课程领域"的范围达成协议。如果该过程成功，那么可转移的"学科门类课程领域"将标准化。布朗认为学生应该能够轻松地获得批准的"学科门类课程领域"学分。

　　在听证会期间委员会的公开证词始于麦克伦南社区学院院长丹尼斯·米凯利斯。米凯利斯做证支持《参议院法案 148 号》的理由是，它使学生能够从社区学院转到大学而无须重复修读课程，他预计到 2010 年将有 13.1 万多名学生接受高等教育，其中 56% 的学生将入读社区学院。1996 年，超过 4.4 万名学生转学，其中 2/3 的学生（约 2.9 万名）从社区学院转学。如果该州不大幅增加完成学位的学生人数，经济就会遭受损失。根据衡量立法对财政影响的说明，该法案通过减少得克萨斯州本来需要资助的重复课程数量，每年能为得克萨斯州节省至少 2000 万美元。[①]参议院教育委员会还听取了其他公开证词。得克萨斯州大斯普林斯霍华德学院院长谢丽尔·斯帕克斯做了公开证词。斯帕克斯代表霍华德学院和得克萨斯州社区学院协会表示自己同意米凯利斯并支持拟议的法案，她表示高等教育应该减少学生不得不面对的麻烦，减轻学分转移困难的政策对于减少这种麻烦是必要的。马蹄湾参议员托尼·弗雷泽质问斯帕克斯社区学院系统是否保存了未被接受的转学课程百分比记录，得克萨斯州社区学院协会执行理事雷·加西亚回应说，该数据不是在全州范围内收集的，而是各个院校负责跟踪不被接受认可的转学课程。加西亚援引美国教育委员会的一项研究认为从社区学院转到四年制大学时平均每个学生要丢失 3 个学期学分。

　　来自得克萨斯大学系统的威廉·坎宁安也赞成拟议的立法，并同意"学科门类课程领域"的想法。坎宁安认为没有任何立法可以解决所有问题，但是该法案有助于解决州内大专生到四年制大学和得克萨斯大学系统的转学与学分转移问题。通过得克萨斯大学的"回归基础"项目以及与大专院校的合作，该系统解决了绝大部分转学问题。大多数未解决的问题可归因于学生在大专或四年制大学中

---

① Bush W B. Articulation and Transfer: The Texas Perspective. https://ttu-ir.tdl.org/bitstream/handle/2346/9510/31295018541754.pdf;sequence=1.（2002-05-20）[2021-06-13].

未要求或获得咨询服务。当参议员弗雷泽询问转学造成的学分丢失具体数据时，坎宁安表示得克萨斯大学系统的成本在尽可能降低。他重申在学生整体需要转移45—60个学分的情况下，如果转学过程中仅损失3个学分，那么学生在转移课程时面临的问题几乎是微不足道的。最后他指出，根据得克萨斯大学和大专院校的衔接协议和承诺，特别是考虑到学生换专业的事实，转学问题的重视程度不能再降低。

1997年，《某些院校的课程》中的公开证词还包括得克萨斯州社区学院教师协会的代表、蒙哥马利社区学院所在区的金伍德学院教员斯科特·尼尔森。他赞成拟议的立法，认为有必要将核心课程从42个学期学分提高到60个学分。斯蒂芬·F. 奥斯丁州立大学的校长丹·安吉尔也做证表示支持《参议院法案148号》。安吉尔赞扬了该州先前对转学和衔接协议政策的改革，新法案中所包含的核心课程和专业学分转移的保证会安抚许多沮丧的学生和家长。他还强调了预计在2000年后可以为得克萨斯州节省2000万美元，以及为学生和家长节省400万美元的重要性，写入该法案的转学担保将有助于确保院校更有效地处理转学。时任得克萨斯州农业机械大学副校长查尔斯·李在附加的证词中强调了一项法案的重要性，该法案将为希望在社区学院开始学士学位课程的学生提供流畅的衔接程序。增加从社区学院转到四年制院校的学生人数，将有助于实现农业机械大学"回归基础"项目的目标。该法案旨在推动社区学院获得副学士学位的学生向四年制院校流动，并避免给学生和州带来不必要的费用支出。农业机械大学系统非常重视衔接协议在帮助该州迎接新世纪挑战方面的重要性。对法案的具体内容进行技术上的讨论之后证词部分就结束了，之后该法案从参议院教育委员会发送至全体参议院成员并得到了委员会的有利建议，《参议院法案148号》获得通过。

众议院高等教育委员会于1997年3月11日召开会议讨论《参议院法案148号》的细节。时任得克萨斯州农工机械大学金斯维尔分校的代表艾玛·兰格尔解释了该法案并要求证人做公开证词。时任得克萨斯社区学院协会执行董事加西亚在讨论中指出协会批准该法案有两个原因：首先协会认为该法案是良好的公共政策，得克萨斯州需要尽一切可能使学生在不失去学分的情况下进行转学。协会预计接受高等教育的学生人数将会增加而其中2/3的学生从社区学院开始学习，必须建立一个使这些学生能够转学的良好体系；协会支持该法案的第二个原因在于能够避免财政资金的浪费，从长远来看，该州的学生和家长可以通过避免支付重复的课程费用来节省支出。

时任美国大学教授协会得克萨斯州分会主席、休斯敦州立大学数学教授罗伯特·高德向众议院高等教育委员会提出了针对拟议立法的唯一负面评论：虽然美国大学教授协会支持该法案背后的概念并认为有必要明智地使用州资源而不是重复已经提供的服务，但"学科门类课程领域"的严格标准将限制大学主要专业领域课程的创造力。拥有州规定的课程意味着必须在州一级进行创新，这会对课程创新产生寒蝉效应。转出机构的"学科门类课程领域"可能与接收机构不在同一水平，他表示这种差异将导致学生在转入四年制院校时无法做好准备。高德还对核心课程的整体转移表示关注，他认为如果没有核心课程内容方面的协调，接收机构学位课程的价值就会被质疑，并且会出现衔接问题。时任委员会主席回顾了加西亚对高德所提问题的回应：加西亚首先反驳了高德对转移核心课程模块的担忧，该法案要求 THECB 为核心课程设置指导方针并赋予每所院校自由选择 THECB 提出的 42 个学分的权利，因此衔接协议的问题将得到适当解决。关于"学科门类课程领域"，加西亚认为 THECB 将为所有低年级课程设置统一的要求，这样无论学生转移到"学科门类课程领域"的哪一步，都可以为下一阶段的学习做好准备。关于创新，加西亚指出该法案规定由教职员工组成的咨询委员会确定"学科门类课程领域"的要求，并对其进行定期审查，届时能够解决课程调整的问题。加西亚最后强调州层面规定的合法权益是为了确保学生转学时不会受到处罚。在加西亚发表声明后，高德撤回了对核心课程整体转移的反对意见，原因是他忽略了该法案涉及 THECB 对核心课程的指导，但他仍对必须在州一级进行创新的想法提出异议。在对法案的技术层面进行了进一步讨论之后，委员会批准了该法案并建议众议院通过该法案，随后众议院通过了《参议院法案148 号》。[①]

（2）得克萨斯州《参议院法案 148 号》在转学方面取得的主要成果

1997 年，得克萨斯州议会再次解决了转学问题并进一步拓展了第 70 届议会通过的《众议院法案 2183 号》和第 71 届议会通过的《参议院法案 457 号》所描述的转学概念。得克萨斯州立法者通过了新的立法，该立法指定了核心课程的学分数，并规定了高等教育机构之间学分转移的要求。随着《参议院法案 148 号》的通过，得克萨斯州第 75 届议会废除了先前关于低年级转学和核心课程的所有立法，同时建立了高等教育机构之间学分转移的新准则。《参议院法案 148 号》已成为《得克萨斯州教育法》第 61 章的一部分，可在《得克萨斯州教育法》（2000 年）第 61.821 至 61.829 节找到，其内容比以前州高等教育机构之间学分转移的立法更为详尽。为了更好地促进转学，《参议院法案 148 号》在 1997 年创建了两个新的组成部分："核心课程"和"学科门类课程领域"。核心课程最初在

---

① Bush W B. Articulation and Transfer: The Texas Perspective. https://ttu-ir.tdl.org/bitstream/handle/2346/9510/31295018541754.pdf;sequence=1.（2002-05-20）[2021-06-13].

1987 年制定的立法中进行了说明，后来由《参议院法案 148 号》进行了修改。《得克萨斯州教育法》（2000 年）第 61.821 节将"核心课程"定义为"文学、人文、科学、政治、社会和文化历史的课程，所有接受高等教育的本科生需要在获得学士学位之前完成"。《参议院法案 148 号》在 1999 年第 76 届议会的立法会议上进行了少量修改，允许在某所院校成功完成核心课程的学生将其作为一个整体转移到另一所院校。接收院校必须接受转移的核心课程模块作为校内核心课程的代替。学生不仅可以获得转移课程模块的学分，而且不需要在接收院校修读额外的核心课程。

转学的立法不断增多，1997 年，阿马里洛参议员比文斯和埃尔帕索参议员沙普利在参议院教育委员会关于《参议院法案 148 号》的听证会上对此表示关切，他们认为如果已完成的部分核心课程无法转学，则新法规将无法达到预期效果。结果《参议院法案 148 号》第 61.822（d）节规定接收院校必须为在转出院校成功完成的核心课程授予学分，然后要求学生利用这种部分转移来完成接收机构要求的核心课程。由于《参议院法案 148 号》将核心课程作为转移机制，因此该法规指示 THECB 在教师咨询委员会的帮助下制定了至少 42 个学期学分的核心课程。为了给高等教育机构提供一些指导，第 61.822（b）节论述了核心课程，每所院校都必须具有至少 42 个学期学分的核心课程。此外，核心课程必须与得克萨斯州的 TCCNS 保持一致。

立法机关在 1997 年除了解决核心课程的问题，还解决了其他课程学分的转移问题。核心课程由沙普利参议员所谓的"基础课程"组成，在满足委员会建议的前提下，其所引发的问题极少。但是过去作为特定专业的一部分，核心课程的转移曾给转学生带来一些困难。因此在 1997 年为参议院教育委员会提供的证词中，沙普利参议员强调和转移特定专业课程一样，为学生提供转移核心课程的机会也很重要，这些专业课程在所谓的"学科门类课程领域"范围内讨论。"学科门类课程领域"最早出现在第 75 届得克萨斯州议会的《参议院法案 148 号》，它确定了可整体转移的主要专业课程的核心部分。第 61.821 节将"学科门类课程领域"定义为"一组满足一般学术教学机构特定学术领域学士学位低年级要求的课程"。换句话说，"学科门类课程领域"包括特定领域的低年级课程（如数学、英语、会计等），后者可以作为一个整体进行转移。除获得核心课程的学分外，转学生还将获得针对特定专业（如数学、英语、会计等）学士学位要求的学分。

为了制定批准的学习课程，THECB 在学院和大学代表组成的咨询委员会协助下负责制定"学科门类课程领域"的要求。《参议院法案 148 号》没有设定特定的学期最低学分，但是允许咨询委员会确定"学科门类课程领域"的适当学分标准，这些"学科门类课程领域"学分可以作为一个整体转移，即在转出院校成功完成"学科门类课程领域"要求的学生将在接收院校获得相应的全部学分。学生必须获得该学位课程的全部学分，才能将其转移为接收院校对该特定学位课程要求的低年级学分；如果未完成"学科门类课程领域"学习，学生仍可以转到另一所院校，并获得成功修读的每门课程的全部学分，这些学分包含在转出院校的"学科门类课程领域"中，但是学生可能需要在接收院校完成所选"学科门类课程领域"的其他课程。为了监控所有高等教育机构的转学做法，《参议院法案148号》要求THECB制定评估标准，并授权委员会进行评估。[①]

3. 第三阶段：2000年以后的转学政策[②]

为了更好地了解《得克萨斯州教育法》中转学政策发展的历程，本小节对2000年以来《得克萨斯州教育法》中与转学相关的规定做了梳理。

（1）转学课程方面的规定

第78届州立法机关会议通过的《得克萨斯州教育法》（2003年）对转学指南的发布和TCCNS做了规定：各高等教育机构应在其课程目录和网站上发布指导方针，说明该机构在课程学分转移方面的做法。在指南中，学校必须使用董事会批准的TCCNS来识别课程（第2695—2696页）；第83届州立法机关会议通过的《得克萨斯州教育法》（2013年）对院校间的学分转移和核心课程做了详细规定（第2688—2690页）；根据第84届州立法机关会议通过的《得克萨斯州教育法》（2015年），学习计划必须为在公立专科学校、公立州立大学或公立技术学院开始学习计划的学生提供转学到另一所公立专科学校、公立州立大学或公立技术学院学习的机会，转学生不必重复上课，转学也不会对他们通过学习计划取得进步造成重大干扰（第2692页）；根据第85届州立法机关会议通过的《得克萨斯州教育法》（2017年），专员应与得克萨斯州劳动力委员会和THECB共同制定和实施P-TECH计划，以解决……高等教育机构之间的学分转移政策（第816页）。根据第86届州立法机关会议通过的《得克萨斯州教育法》（2019年），在高等教育机构注册副学士学位或学士学位课程的学生应在第12个上课日之后，在当前学期结束之前或下学期之前或学生完成的课程累计30个或更多学分的学期之前向该机构提交学位计划（学生完成的课程包括转学课程、国际学士学位课程、双学分课程，以及学生就读的机构授予学分的任何其他课程，包括通过考试授予的课程

---

① Bush W B. Articulation and Transfer: The Texas Perspective. https://ttu-ir.tdl.org/bitstream/handle/2346/9510/31295018541754.pdf;sequence=1.（2002-05-20）[2021-06-13].

② 本标题下的文献均来自 https://statutes.capitol.texas.gov/Docs/SDocs/EDUCATIONCODE.pdf.（2017-09-01）[2022-09-28]. 括注的为文献页码。

学分）（第 1947 页）。

（2）转学生入学要求方面的规定

第 80 届州立法机关会议通过的《得克萨斯州教育法》（2007 年）对高等教育阶段转学生入学标准的应用做了说明：各普通学术教学机构应采取书面录取政策，帮助本科转学生入读该机构。该政策必须针对初级学院和其他低年级高等教育机构……采取鼓励转学申请以及留住学生、提升转学生能力的激励措施（第 1834 页）；第 82 届州立法机关会议通过的《得克萨斯州教育法》（2011 年）对某些普通学术教学机构转学生统一收费的学费制度进行了说明（第 2070—2071 页）；《得克萨斯州教育法》（2013 年）对高等教育阶段转学生的转学资格和必备条件做了说明（第 1829—1834 页），每个理事会必须在提交材料时证明该机构没有禁止"接收转出院校认证的转学学分"的做法（第 2551 页）；《得克萨斯州教育法（2017 年）》对转学生的特殊免试政策做了说明（第 2084—2086 页）；第 87 届州立法机关会议通过的《得克萨斯州教育法》（2021 年）对学生转学前没有通过的课程门数做了限定（第 1862 页）。

（3）转学生数据记录方面的规定

《得克萨斯州教育法》（2017 年）对反向转学数据共享平台的使用以及低年级院校如何汇报向反向转学生授予的学位数进行了介绍（第 2696—2698 页），此外还规定如果倒闭院校的学生通过院校间协议转学到另一院校继续攻读学位课程，负责接收转学生的院校应保留这些学业记录（第 2654 页）。《得克萨斯州教育法》（2019 年）对转学生的电子版入学申请表格式做了详细规定（第 1805—1807 页）。

（二）《得克萨斯州行政法》中的转学政策

1.《得克萨斯州行政法》（2000 年）

一旦新的立法通过并成为《得克萨斯州教育法》的一部分，教育法第 61 章责成 THECB 制定实施该法规的政策或规则，之后将成为得克萨斯州行政法规的一部分。总体上，指导教育管理的规则可在《得克萨斯州行政法》第 19 编找到，转学规则在第 4 章的子章节中专门进行了阐述。《得克萨斯州行政法（2000 年）》的转学规则适用于学术课程和学位课程但不适用于技术课程或劳动力教育学位课程。《得克萨斯州行政法》（2000 年）第 5.390 节的标题为"核心课程的转移和'学科门类课程领域'"，要求所有低年级的学术课程应在公立院校之间完全具备可转移性，并且必须在得克萨斯州的任何公立学院或大学获得相同的学位时有效。第 5.400 节提供了子章节所用术语的定义，并将核心课程定义为"文学、人文、科学以及政治、社会和文化历史的课程，所有高等教育机构的本科生在获得学士学位之前都必须完成该课程"。根据委员会的规则，如果满足以下条件则低年级课程与 TCCNS 一致：该课程具有 TCCNS 编号并在低年级学术课程指南手册（ACGM）中列出；该院校已要求提供课程的 TCCNS 编号并将其纳入相应课程的 ACGM 中；或该院校指定了至少一门 ACGM 中列出的 TCCNS 课程，这些课程可以作为替代课程。ACGM 是 THECB 的官方出版物，列出了根据《得克萨斯州教育法》在州内所有公共高等教育机构之间可以自由转移的普通学术课程的基本核心部分。TCCNS 编号已分配给手册中的所有课程。除了定义院校转学使用的术语，《得克萨斯州行政法》（2000 年）第 5.391 节要求高等教育机构在其课程目录中发布低年级课程，这些课程基本上等同于当前版本 ACGM 中列出的学术课程。THECB 允许院校建立不少于 42 个且不超过 48 个学期学分的核心课程，进一步超越了《得克萨斯州教育法》规定的最低 42 学分的要求。第 5.403 节规定必须将成功完成的核心课程应用于副学士或学士学位，必须与同一专业非转学生获得学分的方式一致并将同样的要求覆盖所有专业的低年级学分。

尽管有必要简化院校之间的转学，但《得克萨斯州行政法》（2000 年）第 5.391（d）节规定任何机构不需要接受超过该专业适用的、THECB 批准的转学课程中概述的学分。此外在 THECB 批准的转学课程缺失的情况下，院校无须在转学中接受比该专业非转学生更多的低年级学分也不需要接受成绩为 D 的转学生。此外，该规则将大学必须从社区学院接受的转学学分数量限制为 66，但是允许学校在需要时接受其他学分。第 5.391（e）节要求院校为转学生和非转学生提供同等的服务。如果某学校要求学生重修在原学校已修完的等效课程，根据第 5.392 节可以对该接收机构进行处罚，处罚的方式是从该校的拨款中扣除重复课程学时的公式拨款。

有关学分转移的争议出现后，为了给学生提供遇到院校拒绝接受转移学分时的申诉途径，THECB 根据《得克萨斯州行政法》（2000 年）第 5.393 节制定了解决低年级课程转移纠纷的程序。如果一所学院或大学不接受在另一机构获得的课程学分，接收机构必须通知学生和转出机构拒绝接收学分的消息。学生可以通过转出院校或接收院校对拒绝接受学分的决定提出异议并与两所院校一起努力按照委员会制定的政策解决课程学分的转移问题。如果在正式发布拒绝接收学分通知后的 45 天内仍未解决争端，院校必须将拒绝的原因通知教育官员。负责的官员或指定人员将就课程学分的可转移性做出最终决定并将最终决定的书面通知提供给学生和院校。委员会需要收集转学纠纷类型以及教育官员或指定人员对每项纠纷的处理数据。新版转学规则的基础是核心课程，《得克萨斯州行政法》（2000年）第5.402节规定，每个学术机构和社区学院都必须设计和采用不少于42个低年级学期学分的核心课程。第5.403节规定院校采用的核心课程可以超过42个但不得超过48个学期学分。第5.402节还规定核心课程必须围绕示范性的教育目标进行设计，与得克萨斯州TCCNS保持一致，并与5个主要组成部分中每个领域要求的最低学期学分数量保持一致。这5个组成部分是传播，数学，自然科学，人文、视觉与表演艺术，社会与行为科学。此外，核心课程必须参考可供院校选择的剩余学期学分（表8-1）。

表 8-1　剩余需完成的核心课程部分

课程名称	可能需要的学期学分
传播学（作文、演讲、现代语言、沟通技巧*）	最多6
数学（有限数学、统计学、微积分或以上）	最多3
自然科学	最多3
人文、视觉与表演艺术（文学、哲学、现代或古典语言/文学和文化研究**）	最多3
社会与行为科学	最多3
机构指定的选项（可能包括上述类别中的额外学期学分、计算机知识、健康/保健、运动机能学、顶点课程或跨学科课程等）	最多3
其他学分总要求	6

*沟通技巧是指在入门课程中获得的基本熟练技能，包括在外语语法、写作、口语和听力/理解方面的工作能力。**现代或古典语言、文学和文化研究包括以原始语言进行文学研究和/或与现代或古典语言有关的文化研究。

　　从1998年秋季开始，州内各院校需要兑现核心课程的转移承诺，并在1999年秋季之前实施核心课程的要求。42学分的核心课程可以作为一个模块转移到得克萨斯州内任何高等教育机构，可以替代接收院校的核心课程，学生不需要在接收院校进一步修读核心课程。唯一的例外是委员会已在接收院校批准了更大范围的核心课程。如果某学生同时在不止一个高校就读，则必须遵循这些学校的核心课程要求。由于大部分学生转学前没能完成转出院校的核心课程，为了使学分转移尽可能统一，《得克萨斯州教育法》（2000年）和《得克萨斯州行政法》（2001年）解决了部分转学的问题。《得克萨斯州行政法》（2001年）第5.402节规定，未在转出院校修读全部核心课程模块的学生仍将获得已通过的核心课程学分，接收院校将与自己核心课程对等的学分赋予学生。学生需要在接收院校完成剩余核心课程模块的要求，并且仍需达到每部分的最低学期学时，但是接收院校接受的学分无须超过核心课程区学期学分的最大值。每所院校都必须发布并向学生提供与TCCNS一致的核心课程要求。THECB为院校提供了一个核心课程表格（表8-

2），院校必须根据表中所述的参数选择核心课程的 36 个学期学分。然后，院校必须使用表 8-2 从一个或多个组成部分中选择额外的 6 个学期学分来完成所需的 42 个学期学分的核心课程。

表 8-2　核心课程表格

课程名称		需要的学期学分
传播学（英语修辞/作文）		6
数学（逻辑学，大学代数同等水平课程或以上）		3
自然科学		6
人文、视觉与表演艺术	视觉/表演艺术	3
	其他（文学、哲学、现代或古典语言/文学和文化研究*）	3
社会与行为科学	美国历史（立法授权）	6
	政治科学（立法授权）	6
	社会/行为科学	3
最低学分总要求		36

*沟通技巧包括以原始语言进行文学研究和/或与现代或古典语言有关的文化研究。

　　《得克萨斯州行政法》（2001 年）第 5.402 节和《得克萨斯州行政法》（2000 年）第 5.403 节允许院校采用超过 42 个学期学分但不超过 48 个学期学分的核心课程，前提是从《得克萨斯州行政法》（2001 年）第 5.402 节列举图表的前 5 个组成部分选择超过 42 个学期学分的其他课程并且获得该院校理事会的批准。如果从《得克萨斯州行政法》（2001 年）第 5.402 节列举图表的前 5 个组成部分之外进行选择，超过 42 个学期学分的核心课程将不获批准。

　　在《得克萨斯州行政法》（2000 年）第 5.404 节中，THECB 设定了评估院校核心课程的标准。首先，该政策规定每所院校都必须"按委员会规定的时间间隔审查和评估其核心课程，并应向校董事会报告审查的结果"。评估标准包括：课程与委员会建议的核心课程内容一致；课程与得克萨斯州 TCCNS 一致；课程与委员会通过的"核心课程：假设、定义、特征"中表达的核心课程组成部分、知识能力和观点要素相一致；委员会建议的院校教育目标和核心课程的示范性教育目标正在实现。每所院校必须将上述结果报告给 THECB，根据《得克萨斯州行政法》（2001 年），该评估报告必须有以下内容：包含院校的核心课程及其主要组成部分、委员会建议的核心课程示范性教育目标表格；简要介绍院校核心课程的目的和内容；评估院校核心课程的过程和程序；利用评估结果改善院校核心课程的方式。直到 2004 年，院校才需要报告核心课程的评估情况。

　　除了有关可转移核心课程的规定之外，《得克萨斯州行政法》（2021 年）还详细说明了 THECB 在《得克萨斯州行政法》（2000 年）第 5.405 节中规定的"学科门类课程领域"政策。此规则要求在某院校成功修读的"学科门类课程领域"可以作为整体转移到接收机构并代替接收机构类似的低年级学位课程。转移"学科门类课程领域"模块的学生应获得指定专业的完整学分。如果学生尚未完成转出院校的"学科门类课程领域"，该学生仍将获得在转出院校通过课程的全部学分。转移的课程将代替接收院校"学科门类课程领域"中对应的部分，但是学生可能需要在接收院校完成"学科门类课程领域"的剩余部分，同时被多家院校录取的学生需要完成授予学位院校"学科门类课程领域"的要求。为了控制对转学课程的资助，《得克萨斯州行政法》（2000 年）第 19 编第 1 部分第 9 章鼓励院校遵循转学政策的相关要求。第 19 编第 1 部分第 9 章 D 子章节详细介绍了有资格得到州拨款的公立社区/初级或技术学院课程如何获得批准和延续的规则和程序。第 9.73 节规定课程必须在 ACGM 的列表中，必须经过 THECB 的审查和批准或者必须与 TCCNS 保持一致才能获得资助。特殊课程（又称"特殊需求课程"）必须经过 THECB 批准才能被州拨款资助。第 9.74 节说明了特殊需求课程获得 THECB 批准的条件：在转学可以接受的范围内；适用于学士学位；至少满足两所地方大学学术、专业或选修课程的一般要求；具备学院级别的严密性。随着课程的发展和变化，这些变化必须反映在 ACGM 中。因此根据第 9.73 节成立了常设咨询委员会，成员由公立社区和大专院校以及其他相关的公立院校代表组成。委员会需要每年开会并向 THECB 就 ACGM 的更改提出建议。①

2.《得克萨斯州行政法》（2022 年）

《得克萨斯州行政法》（2022 年）第 19 编第 4.25 节"学分转移、核心课程和'学科门类课程领域'部分"对转学政策进行了新的规定和说明：各高等教育机构应在其本科生目录中确定与现行版低年级 ACGM 中所列学术课程实质等同的低年级课程；提供低年级课程的各高等教育机构必须提供至少 45 个学期学分的学术课程，这些课程与低年级 ACGM 中列出的课程基本相同，其中包括完成该机构低年级的核心课程；所有高等教育机构必须接受该法规中确定的成功完成的课程学分转移，这适用于大专院校或学士学位，学分授予方式与授予该学位计划中非转学生的相同；各院校必须接受转学生提供的相同数量的低年级学期学分，其要求与同一学士学位课程中非转学生的相同。但在学位课程的主要领域，学校不需要接受超过董事会批准的"学科门类课程领域"中规定的学期学分。在未经

---

① Bush W B. Articulation and Transfer: The Texas Perspective. https://ttu-ir.tdl.org/bitstream/handle/2346/9510/31295018541754.pdf;sequence=1.（2002-05-20）[2021-06-13].

董事会批准的"学科门类课程领域"的任何课程中，机构不需要接受比该专业非转学生更多地适用于学士学位的低年级专业课程学分。高等教育机构不需要对学生在"学科门类课程领域"、核心课程或专业中获得"D"的课程进行学分转换。各高校招收本科转学生，应当提供适合转学生需要的支持服务。这些支持服务应与为定期注册的非转学生提供的服务相似，包括为入学新生提供的迎新计划。高等教育机构不需要接受超过 66 个学期学分的低年级学分转移或学位课程申请，但可以选择接受额外的学期学分。各高等教育机构应允许从得克萨斯州另一公立高等教育机构转学的学生根据接收机构和转出机构的入学日期选择目录、指定毕业要求，其方式与非转学生选择目录的方式相同。得克萨斯州各公立高等教育机构应在其官方出版物（包括印刷和电子目录）中包含特定目录下的毕业要求信息。①

此外，《得克萨斯州行政法》（2022 年）在第 19 编第 4.26 节提到，如果董事会确定某一机构违反第 4.25 节，不适当或不必要地要求学生重修与另一机构已修课程实质等同的课程，那么重复课程学分的公式拨款将从学校获得的拨款中扣除。第 19 编第 4.27 节对高校解决低年级课程的学分转移纠纷时适用的程序做了规定。第 19 编第 4.28 节对核心课程的转移做了说明：如果学生在得克萨斯州公立高等教育机构成功完成 42 学期学分的核心课程，就必须将该部分课程替换为其他得克萨斯州公立接收机构的核心课程。学生应获得每门转移课程的学分，并且不需要在接收机构学习额外的核心课程。如果核心课程的学分转移未完成，除非另有规定，未完成转出机构核心课程、从一个高等教育机构转到另一个高等教育机构的学生，必须在接收机构获得已成功完成的核心课程的学分。在获得这些课程的学分后，学生可能满足接收机构剩余核心课程的要求……除非另有规定，否则任何机构或机构代表不得批准当前注册学生进行课程替换或放弃机构的核心课程。对于从非得克萨斯州公立高等教育机构的学院或大学转入公立机构的学生，应评估其在入学前完成的课程，以确定这些课程是否适用于该机构的核心课程。只有接受转学的课程能够证明已完成了相应基础部分的内容学习、核心目标和学期学分，其学分才能应用于该机构的核心课程。第 19 编第 4.32 节中提到：接收院校应在学生入学时确定转学生是否完成了"学科门类课程领域"。如果学生成功完成了"学科门类课程领域"，普通学术教学机构必须将该部分课程转换为低年级"学科门类课程领域"相应学位课程。入学时，接收机构必须为学生授予所转学位课程的全额学分；如果学生在没有完成"学科门类课程领域"的情况下转到另一所高校，接收机构必须为学生在转出机构成功完成的每门"学科门类

---

① Texas Administrative Code. https://www.law.cornell.edu/regulations/texas/19-Tex-Admin-Code-SS-4-25.（2022-04-08）[2022-09-28].

课程领域"课程授予学分。授予学分后，学校可以要求学生完成接收机构当前"学科门类课程领域"剩余课程的要求或其他课程要求，只要这些要求不重复学生之前完成的"学科门类课程领域"课程内容。第 19 编第 4.33 节、第 4.34 节围绕得克萨斯转学咨询委员会的职能进行了说明，第 4.36 节强调了转学咨询委员会对"学科门类课程领域"的审查。第 4.35 节主要规定了替代学科基础课程的审查标准和程序。第 4.37 节对 TCCNS 的使用做了说明，重申了 TCCNS 课程对转学的意义。①

二、得克萨斯州转学衔接协议发展历程

（一）《得克萨斯州教育法》中的衔接协议

为了更好地了解《得克萨斯州教育法》中转学衔接协议发展的历程，研究对 2000 年以来发布的《得克萨斯州教育法》中与衔接协议相关的规定做了梳理。

1. 起步阶段：2000—2010 年

虽然《得克萨斯州教育法》（2000 年）有一个完整的子章节专门讨论高等教育机构之间的学分转移，但其中只包含很少的衔接协议规定，实际上仅有几次提及衔接协议，因此仅为衔接协议提供了最低限度的指导，在"激励和特别计划资助"部分的第 61.0591 节有对衔接协议的相关解释。为了奖励实现委员会指定目标的大专院校，第 61.0591（c）节为 THECB 提供了特殊拨款。通过制定衔接协议，院校有权获得拨款资助。第 61.851 节将衔接协议定义为"技术准备联盟"计划参与院校的书面承诺，该计划旨在为学生提供非重复性的阶段性成果从而获得相应的学位或证书。最后在标题为"技术准备教育"的子章节 T 中引用了衔接协议，要求正在寻求赠款资助的技术准备联盟根据参与者之间的衔接协议[《得克萨斯州教育法》（2001 年）第 61.855 节]来实施该计划。高等教育机构可以根据《得克萨斯州教育法》（2001 年）第 61.855 节与其他同行、劳工组织或企业签订衔接协议，这些内容是《得克萨斯州教育法》在 2000—2010 年唯一针对衔接协议的条款。②

2. 发展阶段：2011—2021 年③

《得克萨斯州教育法》（2011 年）提到"为了给高等院校学生创造良好的学习

① Texas Administrative Code. https://www.law.cornell.edu/regulations/texas/19-Tex-Admin-Code-SS-4-37.（2022-04-08）[2022-09-28].

② Bush W B. Articulation and Transfer：The Texas Perspective. https://ttu-ir.tdl.org/bitstream/handle/2346/9510/31295018541754.pdf;sequence=1.（2002-05-20）[2021-06-13].

③ 该标题下的文献均来自 https://statutes.capitol.texas.gov/Docs/SDocs/EDUCATIONCODE.pdf.（2017-09-01）[2022-09-28].

环境，促进所有高等教育机构之间学分通用和转移的本科课程衔接，各机构应确定、采用并对学校提供的每门本科课程可衡量的学习成果进行公共监督（第1949—1950 页）"；《得克萨斯州教育法》（2013 年）对"大学早期教育计划"做了规定，其中提到该计划必须包括：与该州的学院、大学和技术学校签订衔接协议，向参与的学生提供在学院、大学或技术学校接受高等教育和培训的机会；每个衔接协议必须解决课程调整、教学材料、教学日历、学习课程、学生获得高等教育财政援助资格、学生注册和出勤、分级期和政策以及全州评估工具的管理问题（第 826—828 页）；《得克萨斯州教育法》（2015 年）提到针对辍学生群体，公立初级学院和学区合作签署衔接协议的程序（第 805—807 页）；《得克萨斯州教育法》（2017 年）中提到"衔接协议"是指学区或开放注册特许学校和高等教育机构之间为了帮助学生取得新的进步和成就而作出的书面承诺，主要目的是促使学生在以工作为基础的教育计划中获得学位或证书（第 813 页）。《得克萨斯州教育法》（2017 年）针对 P-TECH 项目的衔接协议做了规定：每个衔接协议必须解决课程调整、教学材料、教学日历、学习课程、学生注册和出勤、分级期和政策以及全州评估工具的管理问题（第 815 页）。专员应制定 P-TECH 学校的认定标准以及参与资助计划的标准。标准要求学区或开放注册特许学校必须仅与由（THECB 认可的）国家或地区认证机构认证过的高等教育机构签订衔接协议（第817—818 页）。提供学士学位课程的每个公立专科学校必须在课程进行的前 5 年与一个或多个普通学术教学机构或医疗和牙科单位签订衔接协议，目的是确保在公立专科学校停止提供学位课程的情况下，就读于学位课程的学生有机会完成课程要求。THECB 可能要求提供类似学位课程的普通学术教学机构或医疗和牙科单位与公立专科学校签订衔接协议。THECB 应规定程序，确保提供学位课程的每个公立专科学院将学位课程的衔接协议告知每位学生（第 3274—3275 页）；《得克萨斯州教育法》（2019 年）专门就低年级高等院校学分转移的衔接协议进行了说明，"衔接协议"是指高等教育低年级学院与普通学术教学机构之间签署的正式书面协议，该协议确定了低年级学院提供的、必须可以转化为普通学术教学机构特定课程学分的课程。各普通学术教学机构可与低年级院校就学位证书或学位课程签订衔接协议，以便使低年级机构转学到普通学术教学机构的学生可获得学分。2019 年 9 月 1 日或之后签订的衔接协议可以使用 THECB 制定的"学科门类课程领域"。普通学术教学机构可根据另一低年级学院的要求，将现有的衔接协议延伸至另一低年级学院……根据规定签订的衔接协议可使转学生在低年级学院完成的课程最多获得 60 个学期学分。普通学术教学机构参与衔接协议并不影响该机构的招生政策（第 1951—1952 页）；《得克萨斯州教育法》（2021 年）也对衔接协议有说明（第 3272—3273 页），此外还提到了学区和公立高等教育机构之间的任何协议，包括谅解备忘录或衔接协议在提供双学分计划方面的要求（见文献第 598—601 页）。

（二）《得克萨斯州行政法》中的衔接协议

1.《得克萨斯州行政法》（2000 年）

《得克萨斯州行政法》（2000 年）中 THECB 政策也很少提及衔接协议。第 5.246（f）节（2）要求大学系统"与当地社区和技术学院及其他大学制定衔接协议和伙伴关系"，因此衔接协议也在劳动力教育中发挥了作用。第 9.121 节的目的是使公立社区、初级学院和技术学院能够与其他高等教育机构或未经南部院校协会（SACS）一致性认证的组织订立协议以提高衔接性、合作质量、教育计划和服务的效率，但是子章节 G 的其余规定限制了学分班的适用范围。第 9.123 节规定有学分或继续教育学分（CEU）的劳动力教育课程时数是获得公式拨款的条件之一。此外如果课程达到或超过 780 学时，必须给适用于学位证书和应用副学士学位的课程相应的学分。最后，使用学期/季度学时学分的学生入学时需要遵守得克萨斯州学术技能计划的规定。该节的其余部分涉及两个组织之间课程的创建和合同协议的撰写。除了适用于公立院校的衔接协议规则外，私立院校也必须解决衔接协议问题。《得克萨斯州行政法》（2000 年）的第 12.31 节规定：拥有副学士学位授权资质的私立院校应在机构目录的显著位置上发布学分如何转移到其他高等教育机构（包括社区和技术学院以及四年制院校）的完整信息。以上所列部分是《得克萨斯州行政法》与衔接协议有关的唯一准则。通过得克萨斯州议会颁布的立法和 THECB 通过的规则，得克萨斯州已采取了一些行动来解决州内部的转学和衔接协议问题。

2.《得克萨斯州行政法》（2022 年）

《得克萨斯州行政法》（2022 年）第 19 编第 4.84 节—第 4.85 节①对院校间协议的规定主要针对高中和社区学院之间的双学分计划。对于中学和公立大学之间建立的任何双学分合作关系，在开设此类课程之前，必须由公立学区或私立中学和公立学院的董事会或指定机构（如校长和首席学术官）批准协议。任何双学分衔接协议必须解决以下要素：可抵免课程；学生的申请资格；班级地点；班级的学生构成；教师的选拔、监督和评估；课程的设置、教学和评分；学术政策和学

---

① Texas Administrative Code. https://www.law.cornell.edu/regulations/texas/19-Tex-Admin-Code-SS-4-85.（2022-04-08）[2022-09-28].

生支持服务；学分记录；资助拨款以及规定的课程顺序。

在第 19 编第 4.84 节中，2021 年 9 月 1 日或之后，得克萨斯州公立高等教育机构与公立学区之间签订或续签的任何协议（包括谅解备忘录或衔接协议）必须包括以下内容：与相关规定、与州目标相一致的特别课程计划；制定与双学分和大学入学准备相关的通用咨询策略和术语；规定学区提供的背书以及（根据协议提供的）适用于这些背书的双学分课程要与高等教育课程和机构行业的资质证书保持一致；确定工具（包括得克萨斯州教育局、THECB 或州劳动力委员会开发的工具），帮助辅导员、学生和家庭选择（根据地区背书和协议提供的）双学分课程；建立或提供（根据协议可能获得的）课程学分的程序，包括制定课程等效性对照表或其他将高中课程与大学课程进行等效衔接的方法，确定完成的每门课程可能获得的学分数量；介绍为参与学生提供的学术支持和指导；明确高等教育机构和学区各自在提供课程和确保课程质量及教学严谨性方面的角色和责任；说明根据该计划提供的课程资金来源，至少包括学费、交通费、参与学生所需的任何费用或课本的资金来源；要求学区和机构考虑在课程中使用免费或低成本的开放教育资源；指定至少一名学区或机构员工负责为注册双学分课程的学生提供学术建议；以上相关信息每年要在高等教育机构和学区各自的互联网网站上发布。

第五节 得克萨斯州院校自主管理模式的运行机制

一、得克萨斯州院校转学协调机构的运行

THECB 是得克萨斯州公立高等教育的法定协调机构。在立法机关的指导下，THECB 与学院和大学系统、转学生研究部门合作制定了许多全州范围的转学政策，其目的在于规范转学课程，确立得克萨斯州通识教育核心课程、"学科门类课程领域"、TCCNS 和转学的通用申请以及州衔接协议指南。其中，通识教育核心课程是州内所有本科生 42 个学期学分的核心课程。每所院校的核心课程都包括宗旨声明、6 个核心目标和 9 个共同课程的组成部分，可以转移到任何其他高等教育机构并且必须可以替代接收机构的核心课程。ACGM 是得克萨斯州所有社区、州和技术学院的学术课程清单，课程手册提供了一个可搜索的基于网络的课程清单，这些课程已被批准用于授予学士学位的大学。THECB 还制定了"双学分计划"，双学分课程可由具备资质的教师在中学校园内教授或者高中生可以在大学校园内修读双学分课程，包括学术课程和技术课程。THECB 致力于避免转学生浪费多余的学期学分，帮助学生在高等教育机构获得学分和学位证书，

及时优化转学途径并提高学生获得学位的效率。该州的转学监督机制规定：如果接收机构拒绝接受学生学分，必须向学生发出通知，解释原因并附上明确的指示，学生可以向专员提出上诉。学生可以联系转出或接收机构，三者必须设法解决这种情况。①根据《得克萨斯州行政法》（2019 年），如果没有决议，管理的专员应做出最终决定。

根据 THECB2020 年秋季向州议会提交的报告，得克萨斯州在全州范围内采取了一些促进转学和课程衔接的举措，例如推行 ACGM、TCCNS、得克萨斯州核心课程（TCC）、"学科门类课程领域"和 ACGM 学习成果项目。目前得克萨斯州所有公立大学都参加了 TCCNS 但并非所有大学提供的低年级课程都在 TCCNS 中，大多数机构在一些低年级课程中采用了通用课程编号，其余则提供了别的通道或提供机构编号之外的通用课程编号，以标识自己在 TCCNS 中的课程。GAI 核心课程中 TCCNS 覆盖的范围为 34%—100%。对于某些在对等课程中使用通用编号的 GAI，机构内不区分通用课程和非通用低年级课程。在 2018—2019 学年目录中，得克萨斯州公立大学列出的没有与 ACGM/TCCNS 对应的低年级课程比有对应的课程更多。虽然包括在核心课程的范围内，但仍有 28% 的大学课程不在 ACGM/TCCNS 中，并在转学前不为社区学院的转学生提供相关信息，而使用专门的、不常见的课程满足核心课程和专业要求可能使转学生处于不利地位。

二、得克萨斯州院校转学的"学科门类课程领域"框架

得克萨斯州院校自主管理模式的运行主要是依据"学科门类课程领域"框架实施的。在"学科门类课程领域"框架下，完整的课程主要包括以下要素：与学科相关的得克萨斯州核心课程、最多 12 个学科基础课程的学期学分、至少 6 个学期学分的定向选修课。这些信息将由各学术机构的教师提交，并通过 THECB 网站进行共享。如果学生完成"学科门类课程领域"的所有课程并转入得克萨斯州的另一所公立高等教育机构，"学科门类课程领域"将作为一个整体进行转移，并适用于学生所选的专业。如果学生完成了"学科门类课程领域"、核心课程，以及所有学生（无论专业）需要完成的任何学院或大学课程，则被认定完成了所有低年级课程。如果学生以不完整的"学科门类课程领域"课程进行转学，那么通过的每门课程都可以转移并应用于学位申请，但转入机构会要求学生完成额外的低年级课程。"学科门类课程领域"是一套课程，除了核心课程之外，还满足特

---

① Education Commission of the States. Transfer and Articulation Policies-Texas. https://ecs.secure.force.com/mbdata/mbstprofexcL?Rep=TA14&st=Texas.（2014-05-20）[2021-06-29].

定专业/学位计划的低年级（大一和大二）要求，保证转学生可以转移到得克萨斯州的任何公立学院或大学。虽然学生在完成核心课程和"学科门类课程领域"后会获得可以转移的副学士学位，但不能完全保证学生可以转学，因为能否转学还取决于学生的专业。实现学分标准化转移的两个主要途径是完全可转移的核心课程和"学科门类课程领域"。如果整个核心模块或"学科门类课程领域"尚未结束，该核心模块或"学科门类课程领域"内所有通过的课程学分均可转移，但是学生仍然可能需要满足接收院校核心课程或"学科门类课程领域"的其他要求。

三、得克萨斯州高校运行的转学计划

得克萨斯州已启动的相关转学计划包括"学科门类计划"、得克萨斯州"调整动议计划"和自愿转学契约。"学科门类计划"旨在使大学和职业准备标准、职业和技术教育标准与学生的知识、技能和能力保持一致，其中包含多个进入和退出点，包括行业认可的认证、应用科学副学士学位以及社区学院之间的学分转移协议。除非在课程页面上另有说明，否则"学科门类计划"中的所有课程都必须采用已发布的内容。得克萨斯州调整动议计划和自愿转学契约制定的初衷是推进转学过程，并为学生提供指导，了解哪些低年级课程为指定学科的学士学位提供最佳路径，主要包含工程学（生物医学、化学、土木、电气、工业、机械）、生物学、化学、数学、商业、计算机信息系统与科学、管理信息系统。

四、得克萨斯州高校转学运行存在的问题和不足

尽管得克萨斯州制定了转移核心和学科门类课程的政策，但并未制定转学之前需要完成文学副学士学位的条款，因此无法保证该州转学生转移的低年级专业课程适用于接收院校的专业。得克萨斯州仍处于衔接协议和转学政策的发展阶段，还需要采取措施更好地保证衔接协议和转学过程运行流畅，以确保州内高等教育机构之间的所有课程学分实现最大限度的转移。得克萨斯州转学和衔接协议的运行中存在的问题如下。

（一）课程衔接问题

GAI 的报告指出，课程衔接是得克萨斯州创建衔接协议的障碍，其原因包括：社区学院没有整合专业要求和核心课程；大学的学士学位不需要某些社区学院核心课程中要求的学习技能课程；各机构的课程和使命不同，技术项目不能帮助学生在同一领域或学科获得学术学士学位做好准备；当学生的最终目标是转学

并获得学士学位时，会鼓励学生混合安排学术课时和技术学时；社区学院使用的非标准课程名称会使学生和转学顾问感到困惑；学士学位的学期学分有限制（120 学期学分）；无法通过修读低年级转学课程来满足有机构学分和高年级学分数量要求的学士学位认证标准；要求在校园内开设大学课程的社区学院占用了机构资源并且效率低下；转学的合作院校之间有一方更改课程时，双方都需要修改协议。衔接协议不能保证学生被院校录取；一些学位课程专业性比较强，几乎没有通用的课程要求；社区学院无法有效提供需要专业师资的预科课程；项目的认证要求可能会限制接受社区学院的转学学分。

（二）地理位置问题

GAI 的报告还指出，地理位置也是得克萨斯州制定衔接协议的障碍，其原因包括：和社区学院在距离上的间隔使得衔接协议的制定变得困难；社区学院转学生群体由许多社区学院的学生组成而不是由单一的主要支线学校组成；社区学院更喜欢与主要的转学合作机构达成协议而不是与较少接收本校转学生的机构达成协议；大城市是多所社区学院和大学的所在地，它们彼此之间存在生源竞争。GAI 还被要求对 2018 年通过调查确定的 15 项转学障碍进行排名并适时添加新出现的问题。这些转学障碍可分为以下几类：与转学咨询相关的问题；服务机构和学生支付教育费用的财务限制；项目上的挑战，例如招生、容量和课程安排。目前尚未发现所有院校共有的问题。

综上所述，对得克萨斯州高校转学政策和机制的运行总结如下。

第一，转学制度的良好运行有赖于州政府及高等教育管理部门建立集中有效的治理结构。通过对美国三个州转学模式的案例分析可以看出，两个转学表现较好的州都注重转学制度的系统化或集约化设计，得克萨斯州转学效果表现不佳的原因则是该州实行"院校自主管理模式"，缺乏系统或集约的州级院校转学制度设计和衔接协议，由高校自主管理为主，所以存在一些州转学治理制度和运行的问题。

第二，社区学院是衔接美国州内不同等级及不同类别高等院校、实现高等教育系统人才周转流动的中转站。美国社区学院在帮助学生获得学士学位方面发挥着重要的基础作用，而学生顺利转学是通过两年制学院、四年制大学和州立法领域的政策实践和制度安排相结合来实现的。

第三，转学制度为美国的副学士学位与学士学位、硕士学位、博士学位教育机构搭建起了水平联结、纵向贯通的"立交桥"，为实现终身教育打下坚实基础。虽然美国各州大学系统、大学内部和学校之间的转学政策和协议存在多样性和复杂性，但其出发点和治理的理念都具有一定的合理性，其目的在于促进学生转学，最大限度地减少学分损失，帮助学生在课程注册和转学方面做出明智的决定。我国要建设高质量高等教育体系，就必须打破各级各类教育间的壁垒，实现普通本科教育和职业教育的纵横贯通，拓宽人才成长多元通道。

第四，美国转学制度是以学生为中心的高等教育理念的一个具体体现。教育的旨归是以人为本，学生本应根据自身的起点水平和兴趣爱好就读于合适的学校和专业，因此，合理的转学制度设计既有助于在各类高校系统之间实施畅通无阻的学分转移，也有助于实现以学生为中心的高等教育这一根本目标。[1]美国在高校学生转学制度上做出了创新性的探索和实践，对我国高等教育构建系统化和集约化的院校转学制度、实现学生学业的有效衔接和转学具有启发作用。

---

① 张秀梅. 美国中等后教育领域学分转移实践机制分析. 中国远程教育, 2009（3）：72-76.

第九章 美国高校转学政策案例分析

美国社区学院建立以来，转学一直是其核心任务，两年制社区学院在为学生准备学士学位方面发挥了重要作用。每年约有 220 万名学生在两年制学院开始学习，其中超过 30 万人在最初入学后的四年内转学到能授予学士学位的机构。另外，每年至少有 40%获得学士学位学生的成绩单上有一些社区学院的学分。[①]计划在社区学院学习两年，然后在四年制院校学习两年，来获得学士学位的学生人数一直在大幅增加，转学生队伍的最大组成部分仍然是从社区学院转到四年制大学的学生。社区学院已成为美国大学生接受高等教育的一种经济上可负担、便捷、可行的选择。根据美国社区学院协会 2010 年发布的报告，大约 43%的大学生就读于两年制院校，其中有超过 71%的人转入四年制大学。因此，美国高校转学的主体是两年制院校和四年制院校。政治家、两年制和四年制大学校长、首席招生管理官、学生和学术事务人员、未来的学生及其家人都非常关注这一趋势。韦尔曼在 2000 年为美国公共政策和高等教育中心所做的转学研究中指出：学士学位正在成为美国大多数学生进入劳动力市场的"敲门砖"，这使得两年制院校转学至四年制院校变得越来越重要。高中毕业生人数增加、贫困和少数民族学生增加、许多四年制大学提出更严格的入学要求、大学学费上涨等多重因素促使更多学生选择社区学院作为接受高等教育的起点。[②]美国高等教育政策越来越多地将协作作为改善教育成果的关键机制，鼓励高校对 K-16 通道进行调整，促使转学过程更加高效、更加具有成本效益，并努力使教育证书与劳动力市场的需求保持一致。

---

① Serban A，Kozeracki C，Boroch D，et al. Transfer Issues and Effective Practices：A Review of the Literature. https://files.eric.ed.gov/fulltext/ED521887.pdf.（2008-02-01）[2021-09-23].

② 转引自 Fowler L F. Factors that Influence the Successful Transfer of Two-Year College Students to Four-Year Research Universities：Examination of a Large Two-Year College Transfer Program. https://getd.libs.uga.edu/pdfs/fowler_lisa_f_201112_edd.pdf.（2011-01-10）[2021-09-23].

第一节　美国两年制院校转学政策案例分析

美国社区学院已经有 100 多年的历史，并在各个时期不断获得进步和发展，目前来看，它至少从 7 个教育创新阶段演变而来：两个阶段分别始于 19 世纪 80 年代和 19 世纪 90 年代，即社区助推主义和研究型大学的兴起；其后的三个阶段是进步时代（1900—1916 年）的教育改革，即普及性中等教育的到来、教师教育的专业化和职业教育运动；最后两个阶段分别是高等教育录取的开放化、成人和继续教育以及社区服务的兴起，这些主要是二战后出现的。以上 7 项创新的种子甚至可以在最早的初级学院中找到。社区学院运动在 20 世纪 60 年代加速，改变了高等教育只能由少数特权人士享有的情况，为更多学生开启了接受高等教育的大门。①社区学院向所有学生开放，即使是那些在学业上准备不足的学生，这是所有社区学院的核心价值之所在。近年来，社区学院在经济繁荣时期获得显著发展，即使在联邦和州预算疲软的今日，社区学院仍通过灵活地开发和提供课程来满足学生、市场及社区不断变化的需求。两年制院校的倡导者认为，与四年制大学相比，两年制学校为更多样化的人群提供服务，并为来自弱势背景和学业准备不足的学生提供珍贵的高等教育机会。两年制大学生与高中毕业后立即进入四年制大学的传统适龄学生有很大不同。这个群体的构成更加多样化，更有可能具备工作经历（至少是兼职），这个群体主要是女性，是家族中第一个上大学的人，他们通常比传统的大学生年长并且需要经济援助。

社区学院一般被定义为两年制机构，肩负着提供职业文凭和证书以及转学的使命，其授予的最高学位是两年制副学士学位。无论过去还是现在，两年制社区学院都发挥着重要的转学功能作用。②与转学相关的三个学术领域涵盖学生的学业准备和表现、组织和机构文化、学生的参与和融合。有报告指出，在四年制学校就读的所有学生中，约 49% 是从两年制学校开始的。③然而在 2011 年秋季入学的社区学院学生中，只有 29% 的学生在 6 年内转入四年制学校。其中，72% 转到

---

① Hankin J. The Community College：Opportunity and Access for America's First-Year Students. https://files. eric.ed.gov/fulltext/ED393486.pdf.（1996-01-04）[2021-09-23].

② Fowler L F. Factors that Influence the Successful Transfer of Two-Year College Students to Four-Year Research Universities：Examination of a Large Two-Year College Transfer Program. https://getd.libs.uga.edu/pdfs/fowler_lisa_f_201112_edd.pdf.（2011-01-10）[2021-11-10].

③ Barrington K.Why Don't More Community College Students Transfer to Four-Year Schools? https://www. communitycollegereview.com/blog/why-dont-more-community-college-students-transfer-to-four-year-schools.（2020-12-09）[2022-02-10].

公立机构，20%转到私立非营利机构，8%转到营利机构。根据社区学院研究中心2021年发布的研究报告，尽管80%的社区学院学生表示打算转入四年制大学，以获得学士学位或更高的学位，但其中只有23%—30%的人在2014—2019学年实现了转学。[①]基于以上数据，本章对美国两年制社区学院和四年制院校的典型案例进行转学政策分析。

一、纽约市立大学系统国王郡社区学院[②]

（一）纽约市立大学系统的转学基本政策

转学路径（transfer pathway）是美国高等教育界一项具有百年历史的机制，其设立的初衷是社区学院和四年制院校共同担当，让社区学院的学生有更多机会获得学士学位。[③]纽约市立大学在学分转移方面推行的是学分等值体系，该体系包含确保低年级通识教育课程和某些预科课程进行转移的政策，适用于整个纽约市立大学系统所有校区的课程要求。虽然已经为攻读特定专业的学生创建了一些转学路径，但已实施的路径尚不能保证具有副学士学位的转学生满足转入院校及课程的低年级课程的所有要求，并为接下来的专业学习做好准备，因为四年制院校在确定低年级专业课程要求方面具有一定的灵活性。2013年，纽约市立大学进行了全面的转学政策改革，为系统内最受欢迎的10个专业制定了可转移的通用核心课程和通用预科课程。纽约市立大学系统的转学运行机制主要包括以下两个部分。

1. 针对来自纽约市立大学系统内部的转学生

转出机构必须确定学生已经完成哪些课程，保证其已满足通识核心课程的要求；转入院校不能将这些课程从学生完成的通识核心课程列表中删除。未包含在转出机构通识核心课程中但满足转入院校通识核心课程要求的"等效课程"将在转学时视为满足要求。无论课程等效性如何，转入院校还可以基于课程是否符合转学路径学习成果的要求来评估转出机构未指定为通识核心课程的其他课程。为了使学生的利益最大化，转入院校认为课程符合其他转学路径学习成果的要求，

---

① Fink J，Jenkins P D，Kopko E M，et al. Using Data Mining to Explore Why Community College Transfer Students Earn Bachelor's Degrees with Excess Credits. https://academiccommons.columbia.edu/doi/10.7916/D8NC7CNF. （2018-02-26）[2022-09-22].

② 高源，宋旭红. 美国高校学生转学的运行模式和保障机制. 高教发展与评估，2019（5）：51-61.

③ Handel S J，Williams R A. The Promise of the Transfer Pathway：Opportunity and Challenge for Community College Students Seeking the Baccalaureate Degree. https://files.eric.ed.gov/fulltext/ED541978.pdf. （2012-10-11）[2022-02-12].

与学生协商后可以对该课程的转学路径指定要求进行更改。

2. 针对来自纽约市立大学系统外部的转学生

转入院校将根据通用核心课程的学习成果对转学生进行评估。如果学生后来转到另一所纽约市立大学系统的学院，被第一所转入院校评估为满足通用核心部分要求的课程将自动符合第二所院校的指定要求，第二所（或之后的）转入院校必须接受第一所转入院校指定的通用核心课程。为了审核相关课程是否符合自己的要求，第二所（或之后的）转入院校也可以评估转出院校未指定为满足通用核心部分要求的课程。如果学生转学时在学分评估和学分转移中遇到问题，可以向纽约市立大学的学术事务办公室（OAA）进行申诉。①

（二）国王郡社区学院转学政策

国王郡社区学院（KCC）是纽约市立大学系统下属的一所公立社区学院，始建于 1963 年，位于纽约市布鲁克林区。该学院被《纽约时报》命名为"美国顶级社区学院之一"。该学院针对纽约市立大学系统内部及外部的转学生有不同的转学要求。

1. 转出规定

国王郡社区学院针对转出生的规定为：GPA 达到 2.0，并且已通过纽约市立大学的阅读、写作和数学入学考试。学生最好在转学前完成副学士学位。某些课程和学院可能有其他要求，比如更高的 GPA。以 GPA 2.0 毕业的学生有资格转到很多其他大学，但是某些私立院校要求 GPA 达到 2.5 或更高。转出前在国王郡社区学院获得副学士学位的优势之一是，大多数纽约市立大学的高级学院将保证接收 60 学分。私立大学也可能为副学士学位获得者授予更多学分。如果在获得副学士学位之前转学，除非已经修完纽约市立大学的通识核心课程，否则学生不会获得任何转学学分保证。学制衔接协议是四年制大学和国王郡社区学院建立的一种书面合作伙伴关系，目的是保证在国王郡社区学院修习的某些特定课程可以转移到某些特定的大学。如果学生在国王郡社区学院以令人满意的成绩完成某些课程，这些课程的学分将适用于其未来的学士学位。目前，很多国王郡社区学院转出生已经被康奈尔大学、斯密斯文理学院、纽约大学、东北大学等名校录取，并获得丰厚的奖学金。

如果学生已从纽约市立大学系统的社区学院毕业并想申请系统内部的四年制

① Pathways Guidenlines Revised on April 1，2014. https://www.laguardia.edu/uploadedfiles/main_site/content/divisions/aa/pathways/pathways_guidelines.pdf.（2014-04-01）[2022-02-11].

大学，首先必须完成转学入学申请。如果学生已获得文学、理学或应用科学副学士学位且 GPA 达到 2.0 或更高，就可以保证被录取到纽约市立大学的四年制学院就读，但不一定是自己首选的课程或学院。

2. 转入规定

国王郡社区学院在 1985 年发起的"新起点计划"是社区学院反向转学的成功代表。该模式设计的初衷是为那些在四年制院校因学业成绩不合格而面临开除学籍危险的学生提供到社区学院进行二次学习的机会。在接受四年制院校的移交之后，参加"新起点计划"的学生可以被拥有良好学术声誉的国王郡社区学院接收入学。国王郡社区学院的反向转学主要建立在学分互认的基础上，转入生在国王郡社区学院完成副学士学位所需的时间取决于其从以前的学校转移了多少学分，以及在国王郡社区学院选择的课程和专业。要继续获得在之前高校已经修完的学分，转入生需要寄送之前的成绩单到国王郡社区学院的注册办公室进行正式评估，接受的学分数根据学生申报的专业要求进行确定。国王郡社区学院最多接受其他认可高校 30 个学分，条件是每门课程都以令人满意的成绩完成：非纽约市立大学学生的成绩最低要求为 C，纽约市立大学学生的最低要求为 D；同时，课程内容与国王郡社区学院对等，课程满足学生的毕业要求。非纽约市立大学学生必须在国王郡社区学院完成至少 30 个额外学分才能获得学位。从纽约市立大学转学并且已经参加考试的学生可以不必参加国王郡社区学院组织的入学考试，除此之外的大多数转入生必须参加纽约市立大学考试，以进行下一步安置。要转学至国王郡社区学院并转换专业，就需要填写课程更改表申请换专业，并向国王郡社区学院的注册办公室提交免修学分申请。国王郡社区学院还为参与"新起点计划"的学生专门安排一位辅导老师，以帮助他们处理转学事宜、职业及个人发展问题，指导他们如何顺利地获得校园内外的各项支持服务。"新起点计划"实施的 6 年取得了很大成绩：到 1991 年春末，参加计划的学生中有 25%顺利地从国王郡社区学院毕业，或再次成功转学至四年制院校，46%计划在 1991 年春季之后继续留在国王郡社区学院就读。所有申请转入四年制院校的"新起点计划"毕业生都被至少一所申请院校录取。①

国王郡社区学院与四年制机构不断维护、更新和扩展其转学衔接协议。转学衔接协议是国王郡社区学院与四年制学院或大学之间的书面合同，其中包含将转入特定四年制院校的议定课程或计划。这对于学生来说是一种保证，如果学生在

---

① Ottiinger C. College Going，Persistence，and Completion Patterns in Higher Education：What Do We Know？ https://files.eric.ed.gov/fulltext/ED381102.pdf.（1991-11-03）[2021-10-11].

国王郡社区学院完成课程或学术计划并取得令人满意的成绩（符合转入机构的要求）、通过申请并被四年制机构录取，这些完成的课程或计划将作为获得学士学位的条件。为了最大限度地转移学生在国王郡社区学院获得的学分，学院强烈建议学生在转入高年级学院之前获得副学士学位。

（三）国王郡社区学院转学程序

国王郡社区学院在评估转学学分时执行以下程序。[①]

1. 学分转移

就读过社区学院的转学生必须提交转学入学申请以及每所就读院校的正式成绩单。如果申请人获得的学分少于 24 个，还必须提供官方高中成绩单或原始高中同等学力考试（GED）或高中测试评估（TASC）分数。只有官方成绩单或从发证机构/组织直接发送成绩报告到招生服务中心，或使用签名、密封的信封交付，才符合审查条件。传真、未密封的文件不被视为官方文件。为了满足后续课程的先决条件并为完成学位提供准确的学术规划，转学生入学前获得学分的官方文件应在第一学期结束之前提交，目前在读期间完成的外部课程和考试成绩也应尽快提交。从国王郡社区学院转学但未获得副学士学位或证书的学生，可以通过转入其他机构获得最多两门课程或 8 个学分来完成课程要求。根据上述最高 30 个学分的转移政策，这些课程必须被认定为符合国王郡社区学院学习计划的学位要求。

2. 申诉程序

在课程作业或先前学习成果的转移衔接中可能出现错误。如果学生认为发生了这种情况，可以联系教务处办公室，与转学评估员讨论评估结果，并提供协助审查所需的任何其他文件（如更新的成绩单或大学目录、教学大纲或来自转出机构的其他文件）。如果问题没有得到解决，学生可以向课程所属部门的负责人提出申诉。

二、加利福尼亚州高转学率社区学院

（一）加利福尼亚州社区学院转学概况

随着时间的推移，社区学院的任务从授予副学士学位增加为促进经济和劳动

---

① Transfer Policies and Procedures. https://www.kingsborough.edu/registrar/documents/Transfer-PoliciesAndProcedures.pdf#:~:text=Transfer%20courses%20will%20be%20awarded%20credit%20with%20no,Transfer%20credits%20are%20not%20counted%20towards%20the%20GPA.（2022-01-20）[2022-09-23].

力发展、提高学生的基本技能、实现终身学习。帮助社区学院低年级学生进行学业准备、通过转学进入大学一直是社区学院的重要使命。转学为社区学院学生获得学士学位开辟了一条重要途径,对于加利福尼亚州公立高等教育系统来说更是如此。加利福尼亚州一直是美国社区学院发展的领头羊,其社区学院入学人数至少占美国社区学院入学总人数的1/4。随着经济状况的波动,该州许多公立大学努力满足不断增长的学生需求。[①]

　　加利福尼亚州的社区学院在为州居民提供教育机会方面发挥着重要作用,其中包括为学生提供转入四年制大学的机会。根据加利福尼亚州高等教育总体规划,成绩排名在前1/3的高中毕业生可以获得直接进入州公立大学学习及获得学士学位的机会;成绩排名不在前1/3的学生可以通过社区学院转学获得学士学位。尽管超过1/3的学生符合学业要求,该州的公立大学只招收大约1/5的高中毕业生,这给加利福尼亚州的社区学院带来了很大的转学压力。[②]社区学院的转学生规模庞大,2015/2016学年超过5.8万名社区学院学生转学到加利福尼亚州立大学,1.6万名转学到加利福尼亚州大学。转学生约占加利福尼亚州立大学2015/2016学年本科新生人数的一半,加利福尼亚州立大学在2014/2015学年授予的学士学位中,有一半授予了从社区学院转学而来的学生。加利福尼亚州大学2015/2016学年大约有28%的本科新生是从社区学院转来的,社区学院转学生在2014/2015学年获得了加利福尼亚州大学约1/3的学士学位。[③]

　　加利福尼亚州立大学和加利福尼亚州大学在学分转移上实施的是两套不同的体系。加利福尼亚州立大学推行的2+2转学整合系统内的通用核心和预科课程协议,确保课程学分在整个系统中始终如一地应用于课程学习计划,并在全系统范围内指定几乎所有专业的预科课程。这种政策组合允许大多数拥有副学士学位的学生在转学前满足所有低年级的通识教育和专业预科要求,做好进入大学学习相关专业的准备,并在接下来的两年内获得学士学位。2+2转学保障通识教育和专业预科课程学分在系统内跨院校的转移和应用,确保学生无缝转入大学并为高年级专业课程做好准备。加利福尼亚州2013年的学生转学成就改革法案要求社区学院授予转学生副学士学位,并制定了社区学院到加利福尼亚州立大学系统转学

①　Neault L C,Piland W E. Implications of State and Local Policy on Community College Transfer in California. https://files.eric.ed.gov/fulltext/EJ1067579.pdf.(2014-09-01)[2021-10-11].

②　Jackson J,Bohn S,Johnson H. Higher Education in California:Expanding College Access. https://www.ppic.org/wp-content/uploads/higher-education-in-california-expanding-college-access-october-2019.pdf.(2019-10-01)[2021-10-11].

③　Lewis J,Bracco K R,Moore C,et al. Trial and Error:California Students Make the Best of an Improving yet Complex Transfer Process. https://files.eric.ed.gov/fulltext/ED574471.pdf.(2016-10-10)[2021-10-11].

路径的政策和流程；同纽约市立大学系统一样，加利福尼亚州大学推行的是学分等值体系，该体系为所有专业（尤其是最受欢迎的专业或具有特定低年级课程的专业）在一个系统中跨院校转移通识教育和某些预科课程的学分提供了保障。加利福尼亚州大学为系统内最受欢迎的专业开发的通用预科课程统称为加利福尼亚州大学转学路径。

（二）加利福尼亚州 7 所案例院校转学措施的共性因素

加利福尼亚州社区学院校长办公室于 2007 年资助了一项研究，该研究由加利福尼亚州社区学院系统办公室、加利福尼亚州社区学院研究和规划小组的学生成功中心、加利福尼亚州学生成功伙伴计划（Cal-PASS）实施。这项名为"转学领导力中心"（TLC）的研究对加利福尼亚州转学率较高的 7 所社区学院进行了研究（表 9-1）。

表 9-1 加利福尼亚州转学率较高的 7 所社区学院转学情况

学校名称	实际转学率/%			转学人数/人		
	1998/1999 学年	1999/2000 学年	2000/2001 学年	1998/1999 学年	1999/2000 学年	2000/2001 学年
德安扎学院	57.42	57.93	58.05	2 527	2 624	2 486
尔湾谷社区学院	55.64	58.76	57.42	1 152	1 062	1 031
波特维尔学院	31.75	36.56	35.41	441	424	497
里德里学院	43.51	40.61	41.55	1 303	1 320	1 509
圣迭戈城市学院	44.61	44.81	46.15	1 448	1 417	1 378
斯凯蓝学院	51.57	48.80	50.12	1 016	961	822
洛杉矶西南学院	36.69	31.75	35.87	507	422	460

资料来源：A Qualitative Study of Two-To-Four-Year Transfer Practices in California Community Colleges: An Analysis of Seven Case Studies Featuring Colleges with Consistently Higher-Than-Expected Transfer Rates. https://files.eric.ed.gov/fulltext/ED521877.pdf（2008-09-17）[2023-03-03].

其转学措施的共性因素包括以下几点。

1. 打造浓厚的校园转学文化

（1）推进以转学为重点的服务项目

①在洛杉矶西南学院，"扩展机会、计划和服务"（EOPS）项目与转学中心密切合作，许多学生同时注册了这两边的课程。②德安扎学院已经整合了转学中心和针对弱势群体及第一代大学生的支持计划。③斯凯蓝学院的 7 个学习社区和 5 个支持计划为学生提供学术和咨询支持，其中包括提供转学建议和协助、通过EOPS 项目支持第一代大学生转学。④里德里学院针对西班牙裔、拉丁裔学生以

及 EOPS 项目侧重于转学,当参加 EOPS 项目的学生做好准备时,学院的项目顾问会将他们带到转学辅导员那里。学生强调辅导员提供了很多支持并帮助完成从教育计划到大学转学申请的任何环节。作为转学的非正式顾问,教职工反复向学生传达要为转学做好准备,向学生解释转学的下一步要求以及所在专业领域可修的学士学位课程,教师会邀请转学顾问进班讨论转学相关事宜。⑤圣迭戈城市学院的 EOPS 项目和其他支持计划也非常重视转学。⑥波特维尔学院的 EOPS 项目以及"转学通识与综合研究"(LIST)项目关注转学环节的推进。⑦尔湾谷社区学院"以学生为焦点"的小组参与者将 EOPS 项目描述为"面向学术界""关注个性的转学"。

(2)重视转学宣传

①洛杉矶西南学院年度举办的院校博览会突出转学承诺,校长强调州内转学是学院使命的一部分,转学中心分发的活动指南及传单信息丰富且质量较高。②波特维尔学院院长每周定期通过广播向当地社区宣传社区学院作为"转学通道计划"的实用性。③尔湾谷社区学院每年举办两次转学院校博览会和转学生结业典礼,要求迎新活动要侧重于转学,转学中心定期发布转学次数简报并制作信息通信让学生了解大学申请的截止日期、要求的变化、衔接问题和事项、举办课程模式和转学成功经验研讨会。④德安扎学院有年度转学日活动,校长反复强调学院推进特殊人群转学的承诺并且在学院内广泛传发相关文件。转学是学生迎新指南的一个重要主题,四年制大学的代表常驻校园。学院网站将"高转学率"列为选择该校的第一大理由。迎新指南突出转学并附带易于理解的图表,其中比较了不同教育水平个体的收入潜力。学校衔接办公室的内联网积极推动教师对转学的认识和理解,并及时更新衔接协议要求和课程设计指导工具。内部网站还包括全州性的问题、相关立法,以及与 CSU、UC 和私立院校签订的转学录取协议或保证的更新。学生迎新指南的一个重要主题是转学机遇与缘由。转学中心与学生支持计划共享一个空间,该计划为弱势群体和第一代大学生提供学术建议、学业指导、领导力发展和学习小组服务。⑤斯凯蓝学院在迎新活动中强调转学,通过传单和公告栏宣传转学,为教育或事业上取得杰出成就的转学生提供在年度转学院校博览会和转学名人堂亮相的机会。转学中心网站上提供详细的转学信息,相关网页在学院主页上有专门的链接,该网站为学生提供了通过电子邮件或普通邮件接收转学相关信息的选项。此类邮件也会转发给其他大学员工,尤其是负责特别项目的主任和协调员。⑥里德里学院设立了专门的转学日,来自四年制合作院校的教职工给学生进行转学答疑。学院把不同院系的教职员工和管理人员召集起来举行会议,通过电视广播在社区学院与四年制大学代表之间建立联系并向学生通

报转学服务和活动，把转学的横幅、传单和海报张贴在校园各处，制作宣传材料并将社区学院展示为后续转学道路上有重要价值且学费可以承受的一步。⑦圣迭戈城市学院每年为表彰优秀转学生而举办的招待会吸引了大量教师参与其中。在转学平台上竞选公职的校长把转学作为自己使命的一部分并在毕业典礼上讲述转学生的成功故事。转学中心工作人员在自助餐厅维护宣传公告板、在教室张贴海报、进入教室进行转学指导，学校开发的示范性转学网站通过 12 步转学流程解决学生在转学和职业探索过程中遇到的困惑。转学和职业中心每学期制作一次纸质通信副本，电子版每月更新一次。

2. 形成"以学生为中心"的学术环境

（1）聘请转学成功的学生担任同伴指导，突出榜样的力量

①波特维尔学院任命即将转学的学生担任啦啦队队长、学业倡导者和榜样，教职员工亲自现身说法鼓励学生。②里德里学院辅导和写作中心的工作人员几乎完全由学生担任。③德安扎学院聘请来自弱势群体的转学生充当同龄人的榜样，转学中心的学生支持项目雇用弱势群体学生担任同伴的转学顾问。④斯凯蓝学院由学生担任大使，接待进入一站式学生服务中心进行辅导咨询、经济援助和招生咨询的学生，转学中心推广的年度"转学名人堂"活动表彰取得杰出成就的优秀转学生，入选者的照片和传记发布在转学服务中心网站上。⑤尔湾谷社区学院和圣迭戈城市学院为成功转至四年制院校的学生专门举办庆祝招待会，圣迭戈城市学院的学生大使对当地的 K-12 系统进行外展服务。⑥洛杉矶西南学院聘请学生担任同伴指导和榜样，招募同龄人到 EOPS 项目和转学中心服务。虽然有很大比例的学生入学时只具备基本的技能水平，但辅导员将他们视为潜在的转学群体并与他们分享成功转学的案例。来自四年制院校的学生（类似于同伴顾问）与学生保留和转学中心进行合作；里德里学院将成功转学的校友视为学生的榜样。

（2）将转学融入学术支持服务，营造社区的归属感

1）教职员工对学校发展抱有强烈的使命感及责任感，师资流失率低。德安扎学院教职员工在课堂内外为学生提供服务，长期帮助学生。社区参与学校使命的讨论，鼓励委员会和更广泛的社区群体提供意见和想法。该校和波特维尔学院、里德里学院、洛杉矶西南学院聘请能与学生建立联系的、与学生拥有相同文化种族背景或来自相同街区的教职员工进行转学指导；波特维尔学院、里德里学院帮助转学生联系到合适的工作人员并获得相应服务。

2）帮助和鼓励学生进行转学准备，加强转学指导。①洛杉矶西南学院学习协助中心帮助学生准备大学申请的个人陈述，通过提供咨询和不同类型的支持服

务加强指导。转学中心在每月的部门会议上为管理人员、辅导员传达最新的转学信息，通过工作坊解决学生体验的问题、指导学生与转学院校代表进行沟通。学校上下一起努力帮助学生从基本技能课程过渡到转学课程并在期初、期中、期末对转学流程进行课堂演示。教职员工在各个细节上尽可能帮助学生，学院的目标是即使成功概率很小，也要帮助学生取得成功。②德安扎学院以学风严谨而著称，学校上下反复强调学业成就的高附加值，教职员工经常谈论的话题是自己的学生在转学时如何超越了目标院校的同龄人。学校尝试将学生服务与教学指导相结合，组建基于部门的包括教学和咨询人员在内的学生保留服务团队，通过写作和阅读中心的辅导及研讨会帮助学生进行转学时的个人陈述。转学是校内所有人的共同责任，衔接办公室主任每月为计划开发转学课程的教师举办研讨会。衔接工作人员的另一个头衔是"转学服务协调员"，工作人员的办公室是教职员工和学生的主要交叉点。主任与协调员密切合作，协调员负责在适当的时机提醒主任关注出现的问题到底是内部的还是跨部门的。

在传达转学信息和培训方面，工作人员与教职员工一对一会面并发起与四年制机构课程进行衔接的研讨会，教职员工在内网可以轻松获得大量更新的衔接信息。例如：①波特维尔学院的教师定期和辅导员联系，以确保学生得到及时更新的准确转学信息，担任顾问的教职员工与部门其他人员共享收集到的信息和相关学科的专业知识。教师根据学生入学时的学业水平逐步引导和鼓励他们设定更高的目标，使其认识到获得学士学位的良好前景；辅导员讲授的三个单元学生成功必修课程重点强调转学；教师和辅导员利用与四年制大学的合作关系来帮助学生。工作人员直接陪伴学生到转学服务部门处理相关事宜，学院的教师顾问为学生提供所在学科的转学指导，帮助学生获得最新的进展情况。学生在此过程中可以了解如何在一系列专业中获得转学和就业机会。②里德里学院的辅导和写作中心专注于转学，教师到辅导员办公室讨论学生的个人情况。为了节省时间并明确转学路径，衔接工作人员积极支持教职员工的课程设置计划，转学中心向总顾问、教职员工和管理人员每周传递最新的准确转学信息。学院在学生申请过四年制院校的地方举办转学申请研讨会，甚至通过线上向其他社区学院索取成绩单。③斯凯蓝学院通过学习社区提供学术、咨询和转学支持服务，设置转学辅导课程，帮助学生分析、选择满足自身需求的大学。学术评议会主席在会议上介绍转学服务信息，转学中心向教职员工、辅导员、学生和工作人员分发转学信息，为学生提供职业探索和转学的可能性。④尔湾谷社区学院英语系举办研讨会协助学生准备申请提交的论文，教师鼓励学生积极准备转学。教职员工与衔接工作人员通过会谈获得最新信息，从而保证学生能够了解最确切的衔接内容。⑤圣迭戈城市学院的个人成长课程也强调了转学，教师定期收到学校转学中心的简讯，转学中心协调员帮助学生进行职业、专业和学位探索。转学中心主任到班级和师生一起讨论转学问题，教师与学生交流求学经历，并将大学与社区学院的课程要求进行比较。校长在城市州立大学和加利福尼亚大学在内的区域联盟或协会任职，从而获得更多推进学校间转学的机会。

3）开发学业早期预警系统。①圣迭戈城市学院通过转介表格指导学生获得支持服务，并安排教职员工帮助学生。②德安扎学院的早期预警评估项目建立了基于系部的学生保留团队，并向学业困难的学生提供辅导。③里德里学院的干预措施使学生扎根于现实，并知悉可用的资源，辅导员与教职员工一起讨论如何帮助学生。④洛杉矶西南学院保留与转学中心的参与者在开学后的第 8 周会收到教职员工提供的学习进度报告，学校以班级通知的形式学生的学业状况，处于落后状态的学生可以获得额外指导。

3. 在财务资助方面提供有力的转学支持

（1）通过多种方式提供助学金信息

①斯凯蓝学院助学金办公室和转学机会中心一起为成功转学的学生开办协调工作坊，学院至少有一项与加利福尼亚大学相关的转学奖学金。学校领导倾向于支持提高转学成功率的新举措，并尽可能使其制度化，并且校长创新基金会提供后续的资金支持。②尔湾谷社区学院由学生保留和转学中心提供四年制机构的奖学金信息，奖学金计划适用于新生、在读生和转学生，通过网站、学生的网站账户、校园看板和公告进行宣传。学院的资助要求通常很宽松，学生不符合经济援助的条件通常是因为从发展课程开始学习，或在此过程中改变了方向。③洛杉矶西南学院帮助学生在线完成资助申请，学校在课堂上举办资助研讨会并在社区组织演讲。学院与某些学校达成联盟协议的目的是方便当地的加利福尼亚州立大学学生到社区学院上课。如果课程可转移，由加利福尼亚州立大学支付课程费用。

TRIO 是一组由联邦资助的外展计划，旨在帮助希望接受高等教育的弱势学生。TRIO 包括 8 个项目，主要目标是为低收入个人、第一代大学生和残疾人提供服务和帮助，指导他们在中学到学士学位之间的学术通道中取得进步。[①]TRIO 资助的学生保留和转学中心设置了一些要求：学生必须至少完成两次咨询预约并参加每学期两次的研讨会或实地考察，例如大学博览会或校园参观。保持一定 GPA 的学生参加中心的研讨会或实地考察和/或完成其他要求，学校会给予一定的资助。学校使用软件用来跟踪学生的进展情况（咨询访问、研讨会、课程作业

---

① TRIO Programs. https://www2.ed.gov/about/offices/list/ope/trio/index.html.（2021-12-17）[2022-01-04].

和 GPA）。①德安扎学院之前由辉瑞（Pfizer）资助转学顾问，现在由学院负责支持该职位。资助办公室在线提醒学生及时关注截止日期并通知学生可以申请的奖学金计划。学院认可并奖励学生学习的创新项目。②圣迭戈城市学院由加利福尼亚州法规第 5 章（Title V）补助金和 TRIO 为弱势群体学生提供转学援助。③里德里学院负责助学金和转学的协调员经常为教师提供相关资料，以便其及时向学生通报转学的关键节点和截止日期。学生可以在课堂查看教师演示的相关信息，工作人员经常就各种主题进行 5 分钟的课堂演示。辉瑞资助金支持学生到四年制大学进行实地考察，部分费用由学校承担。波特维尔学院将第 5 章补助金支付给教师顾问，并为第一代大学生提供转学支持，部分费用由 TRIO 承担。

（2）资助发展一批特别项目

这些特别项目包括建立学习社区、使用同伴导师或教师导师、将教学与学生服务相结合等。例如，尔湾谷社区学院强调使用荣誉课程项目为学生提供教师导师。荣誉课程项目在德安扎学院、尔湾谷社区学院、洛杉矶西南学院、里德里学院、圣迭戈城市学院、斯凯蓝学院也很活跃。圣迭戈城市学院、斯凯蓝学院、洛杉矶西南学院的荣誉课程为学生提供被意向转学院校优先录取的可能性。圣迭戈城市学院、波特维尔学院强调传统的"学习社区"。德安扎学院、波特维尔学院也同样开设了以社区为重点的课程。洛杉矶西南学院、斯凯蓝学院、里德里学院三所学院都开设了学者-运动员课程。德安扎学院、洛杉矶西南学院、里德里学院的辅导中心为学生准备提交给四年制院校的转学个人陈述提供支持服务。

4. 与四年制院校共同有效推进转学实践

斯凯蓝学院最大的转学目的地——加利福尼亚大学戴维斯分校的一名代表每周到校访问，里德里学院最大的转学目的地——加利福尼亚州立大学以及附近一所私立大学的代表每周也会到校访问。一些四年制机构安排代表每周在社区学院举行会议，2007/2008 学年到访德安扎学院的大学包括康奈尔大学、圣母大学、加利福尼亚大学在内的 6 所大学和学院，每年该校的转学日会吸引数十所四年制大学参与。德安扎学院的衔接办公室强调了可用的转学路径并与 26 家私立和/或州外四年制机构建立了转学协议。来自 7 家转学机构的代表定期到波特维尔学院访问并物色有转学意向的学生，波特维尔学院采用的是保持高度接触、即时创建衔接协议的方法。如果学校之前没有相关文件而学生表达了希望转到某校的意愿，管理机构就会开始着手制定相关的转学协议。来自 11 家转学机构的代表定期到圣迭戈城市学院会见学生，为了减免学费，圣迭戈城市学院的学生可以在圣迭戈州立大学和加利福尼亚大学圣迭戈分校交叉注册。有 5 所私立大学定期访问圣迭戈城市学院的转学中心。数据显示该校 40% 的转学生转到州外或选择转到私立院校，学校与私立大学的关系得到更多重视。衔接办公室主任对社区学院和附属大学新专业的发展保持关注。在洛杉矶西南学院，加利福尼亚州立大学当地的工作人员到社区学院进行现场招生。加利福尼亚州立大学多明戈山庄分校的学生可以选择在西南学院上课，如果课程可以转移，将由多明戈山庄分校支付课程的学费。尔湾谷社区学院通过制作程序手册对现有的衔接协议进行审核，这一过程还可以预测衔接需求，来自几家转学机构的代表定期到校访问并物色有转学意向的学生。加利福尼亚州立大学和里德里学院的教职工一直保持着联系。此外，德安扎学院、尔湾谷社区学院、波特维尔学院、洛杉矶西南学院、里德里学院、圣迭戈城市学院还安排学生到四年制大学校园进行参观。加利福尼亚州立大学的教职员工和辅导员到里德里学院和斯凯蓝学院与学生分享四年制院校的求学经历，从而为学生提供了一个更加个性化的机会来了解转学目的院校。

第二节　美国四年制公立院校转学政策案例分析

在《美国新闻》(*US News*) 年度调查提供的 2019 年 1138 所大学秋季转学统计数据中，平均新转学人数为 497，平均转学录取率为 64%。排名最高的前 10 所大学转学新生人数都超过了 4150 名，转学生录取的平均规模为 5929 名。前 10 所学校的转学录取率差异很大，最低为弗吉尼亚州利伯缇大学的 29%，最高为马里兰大学大学学院的 100%，后者在 2019 年秋季招收了 10 676 名新转学生，位居榜首。转学生录取人数排名前 10 的大学中，9 所是公立大学，利伯缇大学是唯一的一所私立大学。6 所为国立大学，这些学校通常以研究为重点，授予各种学科的硕士和博士学位。其他 4 所学校是地区性大学，提供各种本科课程和一些硕士课程但很少有博士学位课程。加利福尼亚州和得克萨斯州各有 3 所学校上榜，佛罗里达州有 2 所学校上榜，马里兰州和弗吉尼亚州各有 1 所学校上榜。表 9-2 是美国 2019 年秋季招收转学新生最多的 10 所大学信息。[①]

表 9-2　美国 2019 年秋季转学生最多的 10 所高等院校

学校名称	学校性质	录取的转学生人数/人	转学生录取率/%
马里兰大学大学学院	公立	10 676	100
佛罗里达国际大学	公立	7 191	76
中佛罗里达大学	公立	6 265	59

① Kowarski I.10 Colleges That Enroll the Most Transfer Students. https://www.usnews.com/education/best-colleges/the-short-list-college/articles/colleges-that-enroll-the-most-transfer-students.（2022-01-25）[2022-02-10].

学校名称	学校性质	录取的转学生人数/人	转学生录取率/%
加利福尼亚州立大学北岭分校	公立	5 998	56
得克萨斯大学阿灵顿分校	公立	5 812	93
利伯缇大学	私立	5 386	29
CSU 长滩分校	公立	4 816	37
休斯敦大学	公立	4 636	87
圣何塞州立大学	公立	4 657	67
北得克萨斯州大学	公立	4 152	84

佐治亚州的转学生研究相关文献同样佐证了四年制公立大学是接收两年制院校转学生的主体。佐治亚州界学院是一所地处市区的两年制转学机构，该校99.8%的学生转学到佐治亚州三所大型的著名公立研究型大学：佐治亚大学、佐治亚州立大学、佐治亚理工学院。2008/2009 学年，佐治亚大学 20.2%的转学生、佐治亚州立大学 47.4%的转学生、佐治亚理工学院 32.2%的转学生来自周界学院。①为了更好地了解美国四年制公立院校的转学政策，本节以密歇根州立大学与佐治亚大学的转学情况为例进行说明。

一、密歇根州立大学

（一）密歇根州转学概况

密歇根州没有全州范围的高等教育委员会或主要的系统委员会。在密歇根州，高等教育机构间合作的动力主要来自州协会附属机构的自愿参与，而不是来自政府机构。密歇根大学注册和招生协会在转学和衔接政策制定方面发挥着核心作用。2012 年，密歇根州立法机构在当年的社区学院拨款法案中指出该法案的重点是提升机构之间转移核心课程的能力。该法案提议审查和修订当时的密歇根大学教务长和招生主管协会（MACRAO）转学协议，该协议自 20 世纪 70 年代初开始生效。法案还创建了一个州委员会，其成员包括 5 名社区学院代表、5 名来自该州公立大学的代表和 4 名立法者（2 名来自众议院，2 名来自参议院）。立法要求在 2013 年 3 月提交中期报告，并在 2013 年 9 月之前提交最终报告。MACRAO 董事会成立了一个密歇根州转学协议（MTA）特设委员会，该委员会于 2013 年 8 月开始召开会议并主导密歇根州转学协议的实施过程。根据州委员

---

① Fowler L F. Factors that Influence the Successful Transfer of Two-Year College Students to Four-Year Research Universities：Examination of a Large Two-Year College Transfer Program. https://oatd.org/oatd/search?q=a&form=basic&sort=date &start=1248481. （2011-01-10）[2021-11-10].

会的最终建议，MACRAO 负责制定实施计划和未来修订密歇根州转学协议的方法。MACRAO 于 2014 年 3 月向州议会提交了关于实施过程的所需报告。[①]密歇根州转学协议旨在帮助学生从密歇根州的社区学院转学到该州的四年制学院或大学，密歇根州转学协议从 2014 年秋季学期开始使用，取代了之前的 MACRAO 转学协议。如果学生不确定要读哪门学术课程或要转入哪所四年制学院或大学，选择社区学院课程时可将密歇根州转学协议作为一个起点。密歇根州转学协议要求至少拿到 30 个学时的大学学分，以满足参与的四年制学院或大学的大部分（如果不是全部）低年级通识教育要求。这 30 个学时必须包括：一门英语作文课程；第二门英语作文课程或一门交流课程；两门社会科学课程（来自两个不同的学科）；两门自然科学课程，包括一门实验室课程（来自两个不同的学科）；两门人文或美术课程（来自两个不同的学科，工作室和表演课程不符合条件）；一门大学代数、统计学或定量推理课程。用于完成密歇根州转学协议要求的每门课程必须获得 GPA 2.0 或更高的成绩。[②]

（二）密歇根州立大学转学概况

密歇根州立大学是密歇根州招生规模最大的公立大学。学校拥有超过 5 万名学生、5200 英亩（≈21 平方千米）的校园和近 600 座建筑物，规模接近一座小城市。密歇根州立大学在 2018 版卡内基分类中被列为非常高研究活动的博士学位授予型大学。2019 年密歇根州立大学收到 4008 名转学生的转学申请，学校共接收 2136 名学生，转学录取率为 53.29%。此外，在 2136 名录取的转学生中，1590 名学生最终入学，这意味着密歇根州立大学每 100 名转学生中录取 54 名。转学生占整个学生群体的 4.03%。

（三）密歇根州立大学转学要求

密歇根州立大学有关转学申请时间、课程学分的相关要求如下。

1. 采用先到先审制，近年来符合资格申请者的数量已超过可录取的名额

根据可用班额大小等几个因素，学生在某些学期可能无法提交申请材料。本科申请者的录取决定通常在收到所有申请材料后的 8—12 周发布，完整的申请材料包括入学申请、正式成绩单和标准化考试成绩。最初的录取结果可能是暂缓的

---

① Michigan Transfer Agreement Participation Guidelines. https://www.macrao.org/assets/docs/MTA_Guidelines_Fall_2019_FINAL-edits_02_2020.pdf.（2020-02-10）[2022-02-13].

② The Michigan Transfer Agreement. https://www.macrao.org/michigan-transfer-agreement.（2020-02-10）[2022-02-13].

决定，学校会要求学生向招生办公室提供更多信息。转学生至少要在准备入学的学期前 6 个月开始申请。

2. 转学生的录取基于学生在当前和之前就读院校的学业表现，GPA 根据所有已完成课程的成绩进行计算

在预计的入学期限前，至少完成一个完整学期（16 周）学业的学生在录取过程中更具竞争力：完成相当于密歇根州立大学 WRA 101/WRA 195H 水平的课程；完成相当于密歇根州立大学 MTH 101、102、103、116 或更高水平的课程，或完成相当于密歇根州立大学 STT 200 或 201 水平的课程；完成 28 个或更多可转移至密歇根州立大学的学分；GPA 达到 3.0 或更高，成绩水平保持一致；修满 42 个或更多学分的学生不能选择探索性、护理学预科、兽医学预科专业。

3. 学校在收到已满足学分要求的录取学生缴纳的提前注册定金后，将在大约 6 周内对其进行正式的转学学分评估

申请者可以登录密歇根州立大学的学生信息系统来访问评估流程，其中展示了在其他院校完成的课程如何转移到密歇根州立大学。从两年制院校转学的学生最多可转移 60 个学分到学士学位。GPA 成绩为 2.0 或更高的课程可能会在转学中得到认可，任何 GPA 低于 2.0 的课程都没有资格获得转学学分。密歇根州立大学在学分转移方面不与任何第三方暑期项目（如 Lion International、AUIA 等）合作。由于疫情的影响，如果学生在 S/NS 成绩等级系统中的等级为 S，2020 年春季学期在另一所院校学习的课程学分就可以转移，这意味着密歇根州立大学将接受该课程。如果转学课程使用数字评分系统，转学生 GPA 至少需要达到 1.0。[①]

4. 学生可以转移的其他学分

（1）考试学分

学分授予考试是大学水平的等效测试，它提供了一种低成本的途径来获得指定科目的大学学分。学生可以通过 AP、IB、CLEP、DSST 和国际 A-Level 考试获得学分。通过这些考试获得的学分被美国和其他国家的 2900 多所学院和大学接受，学生通过高分可以获得课程豁免或课程学分。所有分数必须直接从测试机构发送到招生办公室。

（2）双录取课程学分

双录取课程也称为兼修注册课程，是指高中生注册的大学课程，以获得可转移的大学学分。如果学生在高中时曾在经过认证的学院或大学双重注册，就可能

---

① Admission Criteria. https://admissions.msu.edu/apply/transfer/admission-criteria.（2020-06-13）[2021-02-13].

有资格获得在该机构完成的课程学分，并可以使用学校转学网站的相关信息来确定可否转移到密歇根州立大学的课程。学生必须提交每所学院或大学的官方成绩单，供密歇根州立大学进行学分审核，官方成绩单必须由学校通过邮件或在线直接发送至密歇根州立大学。

（3）早期或中期课程获得的大学学分

如果学生通过早期或中期课程获得了大学学分，就可以根据转学网站的相关信息来确定哪些课程学分可以转入密歇根州立大学。为了获得学分转移资格，学生必须提交通过早期或中期大学教育计划完成的大学课程官方成绩单。官方成绩单必须由学校通过邮件或在线直接发送至密歇根州立大学。

（四）具备转学等效性的主要考试及密歇根州立大学对应课程的学分转移要求

1. 国际 A–Level 考试[①]

目前密歇根州立大学只有剑桥考试、新加坡 A-Level 考试、牛津剑桥和 RSA 考试局（OCR）以及培生爱德思的系列考试具备转学等效性。如果申请者参加以下未列出的任何其他 A-Level 考试和/或其他地点的考试，必须获得密歇根州立大学预先批准。

针对剑桥考试的会计、应用信息与通信技术、生物科学、商学、商务研究、化学、中文、计算机科学、计算机、经济学、英语常识、英语文学、法语、地理、中文通识教育、德语、历史、海洋科学、数学、体育、物理、会计原理、项目工作、心理学、社会学、西班牙语、思维能力、乌尔都语、视觉艺术等科目及科目对应的学分要求，密歇根州立大学设置了一一对应的必修课程和正常情况下需要完成的课程学分要求。针对新加坡 A-Level 考试的艺术、生物学、化学、中国汉语研究、中国语言文学、计算、经济学、英语语言学、现代物理学精要、法语、地理、几何和机械/建筑图纸、德语、历史、日语、知识与探究、英语文学、马来语言文学、业务管理、数学、音乐、药物化学、物理、会计原理、戏剧研究和戏剧等科目，密歇根州立大学根据每门考试科目的学分数设置了对应的必修课程和课程学分要求。针对 OCR 的历史、地理科目，以及培生爱德思考试的会计、阿拉伯语、生物学、商业、化学、中文、经济学、经济和商业、数学、物理、心理学、俄语、统计数据等科目，密歇根州立大学根据每门考试科目的学分数设置了对应的修读课程和课程学分，此外还对大部分课程设置了 A—D 的成绩要求。

---

① Michigan State University International A-Level Equicalencies. https://admissions.msu.edu/-/media/assets/admissions/docs/msu_international_a_levels.pdf.（2021-05-20）［2021-12-09］.

2. 美国大学理事会先修课程

针对先修课程（AP）的美国历史、英语、艺术史、生物学、微积分、高级研讨会、顶点研究、化学、中国语言文化、计算机科学、计算机科学原理、微观经济学、宏观经济学、英语语言和作文和/或英语文学与作文、环境科学、欧洲历史、英语、法语语言和文化、德语语言和文化、政府与政治-美国、政府与政治-比较、人文地理试、意大利语言和文化、日本语言和文化、拉丁语、音乐理论、物理"C"力学（基于微积分）、物理"C"电磁学（基于微积分）、物理"B"（不基于微积分）、物理1、物理2、心理学、西班牙语言和文化、西班牙文学与文化、统计数据、世界历史等科目的考试分数及学分要求，密歇根州立大学设置了相应的修读课程、减免课程、替代课程要求。[①]

3. 大学水平考试计划[②]

针对大学水平考试计划中的商务（金融会计、信息系统和计算机应用、商业法导论、管理原理、市场营销原理）、写作与文学（美国文学、分析和解释文献、大学作文、大学作文模块、英语文学、人文学科）、世界语言（法语1级、法语2级、德语1级、德语2级、西班牙语1级、西班牙语2级）、社会科学与历史（美国政府、美国历史Ⅰ（早期殖民到1877年）、美国历史Ⅱ（1865年至今）、人类成长与发展、教育心理学导论、导论心理学、社会学导论、宏观经济学原理、微观经济学原理、社会科学与历史、西方文明Ⅰ（古代至1648年）、西方文明Ⅱ（1648年至今）、科学与数学（生物学、化石、化学、大学代数、大学数学、自然科学）考试科目的最低分数及学分要求，密歇根州立大学设置了对应的学习课程或免除课程，对部分课程的学分做了规定。

4. DANTES 对应课程[③]

针对 DANTES（一种美国军方教育项目）的越南战争史、西方世界艺术、天文学、商业道德与社会、商业数学、计算与信息技术、刑事司法、环境与人文、美国道德、技术伦理、教育基础、大学代数基础、咨询基础、网络安全基础、普通人类学、健康与人类发展、苏联历史、人力资源管理、人文/文化地理学、商学入门、地质学概论、执法概论、世界宗教导论、终身发展心理学、管理信息系

① Michigan State University College Board Advanced Placement Program Equicalencies. https://admissions. msu.edu/-/media/assets/admissions/docs/msu_ap_equivalencies.pdf.（2019-10-01）[2021-12-09].

② Michigan State University College Level Examination Program（CLEP）Practice and Policies. https:// admissions.msu.edu/-/media/assets/admissions/docs/msu_clep_equivalencies.pdf.（2017-09-28）[2021-12-28].

③ Michigan State University DANTES Equivalencies. https://admissions.msu.edu/-/media/assets/admissions/ docs/msu_dantes.pdf.（2019-06-28）[2021-12-28].

统、文科数学、货币和银行业务、组织行为、个人财务、高级英语写作、金融原理、物理科学原理、公开演讲的原则、统计学原理、监管原则、药物滥用、写作技巧、内战与重建科目及课程需达到的最低分数和学分数，密歇根州立大学设置了对应的同等水平课程。

5. 国际文凭课程（IB）同等水平科目[①]

针对 IB 的阿姆哈拉语 A——文学、艺术/设计视觉艺术、生物学、业务及管理、商业和组织、化学、计算机科学、设计技术、经济学、经济政策、英语 A（语言和文学）、英语 A（文学）、英语 A2、环境系统、电影、地理、全球政治、历史（包括区域历史）、伊斯兰世界史、全球信息技术、语言 A（适用于除英语 A1 以外的任何语言）、语言 B（适用于英语 A1 以外的任何语言）、语言 B（英语）、数学（分析和方法，IB187）、数学（分析和方法，IB188）、数学（分析和方法，IB189）、数学（应用和解释，IB190）、数学（应用和解释，IB191）、数学（应用和解释，IB192）、音乐、物理、哲学、心理学、社会人类学、体育运动和健康科学、戏剧艺术科目分数及学分或减免要求，密歇根州立大学设置了对应的课程，并对部分课程的免修和课程顾问做了规定。

（五）密歇根州立大学部分专业的转学要求

表 9-3 主要列举了会计、保险精算学、广告创意/广告管理、农业和自然资源等专业的转学要求及参考文件，各专业对 GPA 和可转移课程学分的要求有较大的差异。

表 9-3　密歇根州立大学（MSU）各专业的转学要求

专业名称	转学要求
会计*	该要求适用于对以下专业感兴趣的学生：会计、金融、人力资源管理、管理、市场营销和供应链管理。酒店管理专业有单独的要求。学生可能会被以下专业之一录取：商科（被布罗德学院录取）或商科预科。学生不能通过转学录取程序直接被学位授予专业录取 1. 商科录取要求 ①28 个或累积的额外可转移学分；②完成 CSE 102（参照批准的 CSE 替代课程录取标准）；③完成大学预科课程：STT 200/201/315、WRA 101/110-195H、EC 201 或 202，所有课程 GPA 均达到 3.5，或者其中 3 门课程的个人成绩不低于 3.0；④批准的大学预科替代课程参照录取标准；⑤所有机构的最低累积 GPA 为 3.5。商科录取的学生被密歇根州立大学录取后将可以申请学位授予专业 2. 商科预科录取要求 学分少于 56 学分且不符合商科录取资格的学生将被考虑录取为商科预科专业。想要录取为商科预科需要满足的条件是：学生在所有机构中获得的 GPA 至少达到 3.2。拥有 28 个或更多可转移学分的学生必须满足布罗德学院对代数可转移学分的要求（MTH 103、MTH 116、MTH 124、MTH 132）或大学代数之外的 ACT 或 SAT 数学分数要求（ACT 28、旧版 SAT640、SATX 660）。学校

① Michigan State University International Baccalaureate Program Equicvalencies. https://admissions.msu.edu/-/media/assets/admissions/docs/msu_ib_equivalencies.pdf.（2019-06-28）[2021-12-28].

专业名称	转学要求
会计*	强烈建议获得 42—55 学分的学生在以下课程取得进展（这能帮助学生在密歇根州立大学及时获得学位）：CSE 102、STT 200/201/315、WRA 101/110-195H、ACC 201、ACC 202、EC 201、EC 202、MKT 250（MGT 250 或 BUS 250 也符合此要求；密歇根州立大学课程代码在 2019 年秋季已更改）。商科预科（business preference）的学生将申请到布罗德学院，在进入密歇根州立大学后申请学位授予专业。根据密歇根州立大学的政策，拥有 56 个或更多可转移学分的学生如果不符合商科录取专业的要求，不能被密歇根州立大学录取为商科预科专业 3. 确定课程的可转移性 可以在密歇根州立大学转学数据库中研究学生当前或之前所在院校课程的可转移性（申请者需要仔细阅读每门课程的所有备注，包括公布的等效课程结束日期）。学生被 密歇根州立大学录取时，学校注册办公室将对转学学分进行正式评估。转学学分评估需要官方成绩单
保险精算学**	精算学专业的先修课程条件是： ①累积 GPA 达到 3.0；②MTH 132、133、234 的平均 GPA 为 3.0；③MTH 360、STT 441 的平均 GPA 达到 3.0。达到 56 个学分的学生录取之前将由部门顾问进行审核。鼓励尚未完成先修课程或尚未达到 56 个学分的学生选择数学、统计学或计算数学专业，直到可以进行录取审核
应用工程学***	对应用工程科学、生物系统工程、化学工程、土木工程、计算机工程、计算机科学、电气工程、环境工程、材料科学与工程或机械工程专业感兴趣的学生应访问工程学院转学页面了解详细信息。根据学分的数量，斯巴达工程学（Spartan Engineering）的先修课程包括以下内容： ①WRA 101；②CEM 141 和 CEM 161（计算机科学专业免除要求；化学工程、材料科学与工程专业的学生必须参加 CEM 151。获得 CEM 141 学分的学生需要参加考试。如果通过，将免除 CEM 151 的要求。如果没有及格，学生必须在 MSU 修读 CEM 151）；③EGR 102（注意：机械工程、计算机工程和计算机科学专业的学生要完成 CSE 231。电气工程师专业的学生应选择 CSE 220）；④MTH 132；⑤MTH 133；⑥MTH 234；⑦PHY 183；⑧PHY 184；⑨机械工程专业所有技术课程的总体 GPA 必须达到 3.6。计算机科学、化学和材料科学工程专业所有技术课程的总 GPA 必须达到3.4 和 3.2。所有其他工程专业的
应用工程学***	总 GPA 要求达到 3.2，技术课程 GPA 达到 3.0。下表显示了当学生转移少于 28 个学分、少于 42 个学分、42 个学分或更多时，学生需要完成哪些课程。此外还列出了进入工程学院以及申请 MSU 所需的 GPA（4 分制）

专业名称	少于 28 学分 备注（必须附上高中成绩单和测试分数）				少于 42 学分 备注：已经获得 CEM141 学分的申请者可以不必参加 CEM151 的考试。如果没有获得 CEM141 学分，申请者必须在 MSU 修读 CEM151						多于 42 个学分			
	WRA 101	MTH 132	MTH 133	PHY 183	CSE 220	CSE 231	EGR 102	CEM 141	CEM 151	CEM 161	MTH 234	PHY 184	GPA	TECH. GPA
应用工程科学	○	○	○	○			○	○		○	○	○	3.2	3.0
生物系统工程	○	○	○	○			○	○		○	○	○	3.2	3.0
化学工程	○	○	○	○			○	○	○	○	○	○	3.4	3.2
土木工程	○	○	○	○			○	○		○	○	○	3.2	3.0
计算机工程	○	○	○	○		○	○	○		○	○	○	3.2	3.0
计算机科学	○	○	○	○		○	○	○		○	○	○	3.4	3.2
电气工程	○	○	○	○	○		○	○		○	○	○	3.2	3.0
环境工程	○	○	○	○			○	○		○	○	○	3.2	3.0
材料科学与工程	○	○	○	○			○	○	○	○	○	○	3.4	3.2
机械工程	○	○	○	○		○	○	○		○	○	○	3.6	3.4

续表

专业名称	转学要求
应用工程学***	学生的技术 GPA 是指所有技术课程的平均成绩，例如：MTH 132 被视为技术课程，用于计算学生的技术 GPA，而 WRA 101 则不是。 以下是计算技术 GPA 的方法：学校将根据 MSU 转学页面以及转学生的成绩考虑是否接受课程。低于"C"的成绩不能转移学分。所有学分都将按照 4 分制进行审核并根据完成课程院校使用的评分标准进行评分。学分转移的规定如下：①从两年制院校转学的学生最多可转入 60 个学分用于攻读学士学位。②从四年制院校转学的学生可以转移自己获得的所有学分。③成绩为 2.0 或更高的课程可能会在转学中得到认可。任何成绩低于 2.0 的课程都没有资格获得转学学分。④修满 42 个或更多学分的学生必须选择专业。⑤建议化学工程专业的学生选择有机化学。⑥建议生物系统工程专业的学生修读相当于 BS 161 水平的课程。 转学申请流程如下：如果申请者满足上述所有要求，可以通过招生办公室填写转学生在线申请表进行申请。转学申请者需要在预计的入学日期之前申请一个完整的学期
建造管理***	建筑管理（CMP）是一项名额有限的招生计划，具有二级招生流程。拥有 56 个或更多可转移学分的学生必须满足以下标准才能获得 CMP 大三的直接录取资格。要符合资格，申请者必须：在 CMP 先修课程中完成同等水平的课程学习；在所有 CMP 先修课程中平均 GPA 为 3.0 或更高；申请者要在 4 月 1 日之前联系规划、设计和建设学院才能进入接下来的秋季学期直接录取审核计划。CMP 先修课程是：MTH 124 或 MTH 132；PHY 231 或 PHY 183；STT 200 或 STT 201；EC 201 或 EC 202；CMP 101；CMP 12；CMP 210；CMP 222；CMP 230；CMP 245。学院建议学生在当前院校没有同等水平课程的情况下，尽早转入 MSU 完成相应课程
营养学***	累积 GPA 为 3.1+ 的转学生可能会被营养学专业录取。拥有 42 个或更多可转移学分的学生必须完成这些先修课程的同等水平课程：①CEM 141；②CEM 161；③CEM 143 或 252）；④MTH 103 或 MTH 116；⑤STT 200 或 STT 201 或 STT GCU
早期保健和教育***	进入早期护理和教育计划需要 30 个（或更多）可转移学分，累积 GPA 为 2.75 且其先修课程的成绩不低于 2.0。此外，学生必须：①在同等课程中获得学分：WRA 101 或 WRA 110-150 或 WRA 195H；②在同等课程中获得学分：完成 MTH 101、102、103、116、124 或 132；③在入学时提交并通过背景调查；④在学前班或幼儿教室有三次实习经历；⑤能够进行急救和心肺复苏术
游戏和互动媒体**	对游戏和互动媒体专业感兴趣的学生需要完成 56 个学分、综合 GPA 为 2.5、累积 GPA 为 2.0 或更高并完成以下课程：① CAS 116 媒体草图和图形；② CAS 117 游戏和互动；③ MI 101 认识媒体和信息；④ MTH 103 大学代数或 MTH 116 大学代数和三角学。有 28 个或以上可转移学分、满足上述要求的学生将直接被该专业录取。拥有 56 个或更多可转移学分但不符合这些要求的学生需要在 MSU 选择其他专业。MSU 鼓励学生转移相当于 MTH 103 或 MTH 116 同等水平的课程
运动机能学**	学校鼓励具有强大数学和科学学术背景的转学生申请 MSU 后在教育学院攻读运动机能学学位。所有该专业的学生必须完成以下核心基础课程，成绩需要达到 2.0 或更高。学校鼓励转学生在申请 MSU 之前完成以下水平课程的学习：MTH 103、MTH 116、MTH 124 或 MTH 132；CEM 141；KIN 216 或 ANTR 350；PSL 250；KIN 173；KIN 251。转移 56 个学分或以上的学生必须至少完成大学代数课程的学习。进入密歇根州立大学后可以完成学位特定课程的学习，学校鼓励申请者访问运动机能学专业的本科生网站获取更多信息
景观设计**	景观设计专业的招生名额有限制，学制为 4.5 年，有二级录取程序。拥有 28 个或更多可转移学分的学生必须满足以下标准才能获得该专业大二的直接录取资格。要符合标准学生必须做到：在景观设计专业的先修课程中完成同等水平课程的学习；在 4 月 1 日之前联系 SPDC 以便在下一个秋季学期进行直接录取审核。景观设计专业的先修课程包括 LA 140；LA 141；LA 200；PDC 120；MTH 116 或 MTH 103 和 STT 200/201。未获得 56 个学分、不符合上述条件的学生仍可转入景观设计专业，但需在校内达到二级录取要求。进入 MSU 后，无论学生转移多少学分，该专业将需要 4.5 年才能完成。因此如果当前的院校没有同等课程，SPDC 建议学生尽早转入密歇根州立大学以完成相应的课程学习
音乐**	MSU 音乐学院要求在入学前进行录取试演。这些试演通常在 1 月或 2 月进行。要申请试演，音乐专业的申请者必须提交追加的专业申请表
自然科学**	自然科学学院鼓励具有强大数学和科学学术背景的转学生申请密歇根州立大学的专业。由于优秀的数学技能在这些专业中很重要，因此学校强烈鼓励转学生在申请密歇根州立大学之前完成 MTH 103 或 MTH 116 最低要求的课程

续表

专业名称	转学要求
注册护士**	要进入护理学院获得注册护士计划（BSN for registered nurses program）的直接录取资格，申请者必须具有护理文凭或副学士学位，获得美国注册护士执业执照并且总 GPA 不低于 2.75。学生还应该在课程开始日期之前完成下面列出的护理专业先修课程：①WRA 101 或 WRA 110-150 或 WRA 195H）；②ISS 2XX；③ANTR 350；④PSL 250 或 PSL 310；⑤MMG 201 和 MMG 302；；⑥CEM 141 和 CEM 161）；⑦PSY 101；⑧FCE 225 或 HDFS 225；⑨STT 200 或 201。学校鼓励申请直接入读护理课程的学生完成艺术与人文学科（IAH）的综合研究要求，但这些不是入学的先修课程。满足先修课程要求的学生应在申请 MSU 后向护理学院提交追加申请表。护理学院以滚动的方式审核追加申请并录取夏季、秋季和春季入学的学生。申请者可以访问护理学院网站了解注册护士计划的更多信息
社会工作**	要获得社会工作学院的录取资格，学生的总体 GPA 必须达到 2.75。有 56 个或更多可转移学分的学生必须完成这些先修课程的同等水平课程：WRA 101；PSY 101；SOC 100；SW 200；EC 201 或 EC 202；PLS 100 或 PLS 140；ISB 204，PSL 250，PSY 209，HNF 150、MMG 141；200 等级水平的心理学（PSY）课程。符合上述直接录取标准、有 42 个可转移学分的学生将收到一个提交追加申请表的链接。秋季入学的申请审核从春季开始，直至招满为止
特殊教育——学习障碍**	该专业的相关信息适用于对教育或特殊教育——学习障碍或教师预备课程感兴趣的学生。对运动机能学或运动训练感兴趣的学生应参考专业的具体要求。有兴趣获得教师资格证书的学生必须首先向招生办公室提交本科申请。对基础教育感兴趣的学生应选择以下专业：教育（适用于标准基础教育）、特殊教育——学习障碍（适用于特殊教育）或儿童发展（幼儿结合小学教师认证）。对中等教育感兴趣的学生应选择与未来教授科目对应的专业并在申请表上打钩表明自己希望获得教师资格证书。招生办公室将根据以下因素审核申请者的直接录取资格：完成 42 个可转让学分；总 GPA 最低为 3.10（包括所有课程和所有就读学校）；WRA 101 或 WRA 110-150 或 WRA 195H；完成 MTH 101、102、103、116、124 或 132。符合上述直接录取标准的学生需要完成教育学院追加的申请表。此外申请者必须参加整个 SAT 考试并将结果发送到密歇根州立大学（只参加部分 SAT 考试或未能及时将结果发送到 MSU 将导致教师预备计划的录取流程无法进行）；向招生办公室提交最终 GPA 和总学分的成绩单；如果申请特殊教育专业，需要提交服务于特殊需要学生的实践时长文件
动物护理**	要获得兽医护理课程（即之前的兽医技术）的录取资格，学生的总体 GPA 必须达到 2.75 或更高，所有数学和科学必修课程的成绩至少达到 2.0，最后完成的 12 个学分课程的 GPA 至少达到 2.5。学生必须在 2 月 10 日之前申请兽医护理课程，申请者还必须提交追加的申请表。学校将审核申请者的成绩单以确定所有必要的先修课程是否能在春季/冬季学期结束时完成。当前的密歇根州立大学学生和准转学生必须完成以下先修课程和/或转学同等学力：①WRA 101；②MTH 103（大学代数）或 MTH 116 或 MTH 124 或 MTH 132 或 MTH 152H。申请者需要完成以下课程之一：数学 101 和 103；MTH 103 和 114；MTH 116 或 124 或 132 或 152H；BS 161；BS 171。一旦学生被密歇根州立大学录取，就可以完成其他的大学/项目相关课程。学生必须至少有 80 个小时的兽医实践经历才能申请。兽医实践经历的定义是"在兽医或有执照的兽医技术人员的监督下进行的志愿服务、观察或相关工作"。在审核申请者档案时，学校将查验兽医实践经历总小时数以及这段时间的工作质量

注：财务、人力资源管理、管理、营销或供应链管理专业转学要求同会计*。生物系统工程、化学工程、土木工程、计算机工程、计算机科学、电气工程、环境工程、材料科学与工程或机械工程转学要求同应用工程学***；表中对课程名称 CSE：计算机科学与工程；STT：统计和概率；WRA：写作、戏剧和艺术文化；EC：经济学；MTH：数学；ACC：会计学；MKT：Marketing 市场学；MGT：管理学；BUS：商务；CEM：化学；EGR：工程学；PHY：物理学；BS：生物科学；CMP：施工管理程序；CAS：通信艺术与科学；MI：媒体和信息；KIN：运动机能学；ANTR：人体解剖学；LA：景观设计；PDC：规划、设计和施工；ISS：社会科学综合研究；PSL：生理学；MMG：微生物和分子遗传学；PSY：心理学；FCE：家庭与儿童生态学；HDFS：人类发展与家庭研究；SOC：社会学；SW：社会服务；PLS：政治学；ISB：生物综合研究；HNF：人类营养和食物；http://bulletin.uga.edu/CoursesHome?cid=861.

*：Requirements for Transfer Admission Consideration. https://broad.msu.edu/undergraduate/admissions/transfer/；

**：Restricted Majors. https://admissions.msu.edu/apply/limited-enrollment-majors；

***：https://www.egr.msu.edu/future-engineer/transfer-students.

二、佐治亚大学

（一）佐治亚州的转学概况

在佐治亚州，有两种公立高等教育系统：包含两年制和四年制机构的佐治亚大学系统（USG）；只关注成人教育和职业培训的两年制专门机构、较少关注转学的佐治亚州技术学院系统（TCSG）。佐治亚州转学政策的实施主体是佐治亚大学系统。2012 年，"佐治亚州学位完成倡议"为佐治亚大学系统发布了一项全面的系统内学位完成计划，其中一项新的衔接政策保证通识教育和专业预科课程的转移。佐治亚大学系统和佐治亚州技术学院系统之间的转学受学位课程的机构间衔接协议约束。从佐治亚州技术学院系统学生的角度来看，佐治亚州的转学政策是由机构驱动的。

许多大学生能在其教育生涯中进入多所机构学习，这主要得益于机构之间的转学政策。美国近 1/3 的大专生至少转学 1 次，转学在佐治亚大学系统内很常见。有研究表明，符合最低入学要求的学生有 22%在佐治亚大学系统机构之间至少转学 1 次，且大多数为正向转学生，两年制机构的所有转学生中有 44%转到该州 4 所研究型大学中的 1 所，其中大部分转到佐治亚州立大学或佐治亚大学。这代表了从州立学院到大学、从州立或综合性大学到研究型大学的转变。佐治亚大学系统内的机构间转学效率很高。2018/2019 学年就读于佐治亚大学系统院校的新生中，约有 1/3 为转学生，许多转学生来自系统内的其他院校。其部分原因可能是佐治亚大学系统机构共享核心课程，在合并董事会的治理下比在大多数其他治理结构下更容易实施转学要求。[①]

2021 年，佐治亚大学系统由 26 所公立院校组成，这些院校根据具体使命和职能分为 4 个种类（研究型大学、综合性大学、州立大学、州立学院）。虽然教学是所有佐治亚大学系统机构的核心，但 4 种院校对研究的重视程度和提供的学位类型不同。研究型大学最重视研究，其次是综合性大学和州立大学。研究型大学和综合性大学通常不提供副学士学位课程，但提供硕士和博士学位课程。州立大学提供本科和硕士课程，但通常很少有或只有有限的博士或副学士学位课程。州立学院提供学士和副学士学位课程以及通识教育课程，但不提供研究生课程。一些州立学院主要提供副学士学位课程和少数的专业学士学位课程。根据佐治亚大学系统的政策，高等教育机构必须根据研究型大学、综合性大学、州立大学或

---

① Michael D. Bloem.The Effects of Minimum College Transfer Admissions Requirements within the University System of Georgia. https://scholarworks.gsu.edu/cgi/viewcontent.cgi?article=1008&context=gpl_reports （2021-05-21）[2022-02-12].

州立学院等四种类型的定位设定不同的最低的转学录取要求，即学生必须达到这四种类型大学设置的最低 GPA 才能考虑转学录取。具体而言，佐治亚大学系统对每个机构部门的最低转学录取要求如下：研究型大学的转学 GPA 至少达到2.3；综合性大学和州立大学的转学 GPA 至少要达到 2.0；州立学院要求学生的转学 GPA 必须达到继续就读或返回转出机构的要求。各机构可以设置高于佐治亚大学系统要求的最低转学录取要求。佐治亚大学和佐治亚理工学院的最低转学GPA 分别为 3.2 和 3.0。重要的是，GPA 标准仅适用于至少有 30 个可转移学分的学生。少于 30 个可转移学分的学生需要满足每个机构的新生入学要求（例如SAT/ACT 分数）。GPA 是最低的入学标准，因此仅满足机构的 GPA 要求并不能保证转入该机构。[①]

（二）佐治亚大学的转学概况

佐治亚大学成立于 1785 年，是美国第一所州立大学。佐治亚大学通常被称为佐治亚州的"旗舰大学"，该校的悠久历史和传统在州内和美国东南部地区广为人知。研究生和专业教育方面实力雄厚、本科生占主导地位的佐治亚大学由高素质的新生和来自其他大学系统的转学生组成。2019 年，佐治亚大学接到 2757名转学生的申请，最终录取了 2085 名学生，转学录取率为 75.63%。转学生占该校学生群体总人数的 21.0%。[②]

（三）佐治亚大学的转学要求

佐治亚大学学分转移的基本要求如下。

1. 学分转移规定[③]

随着大学对当前学期的可用空缺进行审查，转学要求在每个学期都会有所变化。根据转入佐治亚大学的时间，学校设置了不同的 GPA 基准，每达到 30 个学期学分改变一次班级排名。另外，某些学院和系部对课程中的学生人数有所限

---

① Bloem M D. The Effects of Minimum College Transfer Admissions Requirements within the University System of Georgia. https://scholarworks.gsu.edu/cgi/viewcontent.cgi?article=1008&context=gpl_reports. （2021-05-21）[2022-02-12].

② University of Georgia（UGA）Transfers：2021 Requirements，Dates，GPAs & More. https://www.campusreel.org/how-to-transfer-colleges/university-of-georgia-transfer-requirements#:~:text=What%20is%20University%20of%20Georgia%E2%80%99s%20transfer%20acceptance%20rate%3F,it%20is%20to%20transfer%20into%20University%20of%20Georgia. （2021-03-13）[2022-01-02].

③ Transfer Eligibility：Requirements for Consideration. https://www.admissions.uga.edu/admissions/transfer/. （2021-04-20）[2022-02-11].

制，因此申请者填报的专业是决定录取的一个因素。在审核档案时，佐治亚大学对学术成就进行认定的依据是学生计算出的转学 GPA 以及完成的课程数量，计算 GPA 时需要使用学生在可转移课程（包括 D、F 和 WF 中）获得的所有学分。如果课程重复，学分会使用两次。同样，学校仅会审核具有特定课程名称、课程编号和学分的转学课程。学校基于当年可用的录取名额做出转学录取决定，因此 GPA 和已完成的学分都无法保证能申请者被录取。为了符合转学条件，申请者必须满足以下确定的标准之一，并在规定的截止日期之前提交所需材料。

如果具备以下条件，学生则有资格转学到佐治亚大学雅典校区的本科专业：在申请的截止日期前完成 30—59 个可转移学分；至少在预定的录取期限前 12 个月从高中毕业；按预定的录取期限完成至少 1 年的大学学习，并且转学的 GPA 达到 3.3 或更高。

如果符合以下条件，则有资格获得佐治亚大学雅典分校、格里芬分校、蒂夫顿分校或在线课程的本科专业转学录取：在申请的截止日期前完成 60 个或更多的可转移学分；至少在预定的录取期限前 12 个月从高中毕业；按预定的录取期限完成至少 1 年的大学学习，并且转学的 GPA 达到 2.8 或更高。格里芬分校、蒂夫顿分校或在线课程的学习需要专业协调员的授权。如果学生在佐治亚大学计划攻读的本科专业报考人数较多，录取后还会有其他要求和第二次申请流程。

2. 申请要求

想要获得转学申请资格，以下材料必须在申请学期的截止日期之前寄达：转学申请；70 美元申请费（不退还）；所在院校的官方成绩单，包括通过联合或双录取招生计划、出国留学计划、暑假或其他类似计划完成的工作；转学申请者要确保提交最新的学期课程最终成绩单，申请者不需要考虑和提交高中成绩和 SAT/ACT 成绩。

（四）佐治亚大学热门专业的转学要求

社区学院有责任确保每门可转学的课程都能顺利转移到目的院校，承担这一责任的前提是准确定义大学水平的课程，并确保所有课程都符合这一要求。虽然可转移性、课程衔接、州系统范围内的衔接协议与学生转学密切相关，但大部分有关课程可转移性的研究主要涉及特定课程或学科课程的转移。通常特定课程可转移性的动态与衔接协议一致，可转移性的动态变化包含与学科相关的学术认证、给定课程的学分和课程差异。在特定学科或课程中，从两年制到四年制机构的纵向衔接需要机构间的正式协议，以确保学生的学分能够轻松转移。系统内衔接协议持续有效的一个关键要素是确保课程被学生的专业接受，而不仅仅是被接受为选修学分，对于竞争激烈的、唯一认可的（按学科）或受到高度监管的课程衔接更是如此。

会计，广告，工艺陶瓷，艺术/艺术教育，室内艺术，新闻广播，儿童与家庭发展研究（幼儿教育：学前班—小学二年级），交流科学与障碍，消费经济学，消费新闻学，幼儿教育，经济学，英语教育，运动及体育竞技，金融，外语教育，室内设计，基因遗传学，健康与体育，国际商务，教育心理学、培训及技术，景观设计，杂志，管理，信息系统管理，市场营销，中学教育，作曲，音乐教育，音乐表演，音乐理论，音乐理疗，报纸，公共管理，出版管理，房地产，风险管理与保险，科学教育，社会科学教育，社会服务，特殊教育，体育研究，电讯艺术等是佐治亚大学系统热门专业，这些专业为转学生制定了详细的转学要求，其内容主要包含学术水平及专业知识测试、学业测验的成绩分数、专业课程或先修课程的成绩、核心学习课程 GPA、基础课程修读、论文、学术方面（学术背景、学业经历、学术兴趣、学术或职业目标）的书面陈述、作品的分析资料、推荐信和简历、班级排名、试镜等。表 9-4 为佐治亚大学系统部分热门专业的转学要求。

表 9-4　佐治亚大学系统部分热门专业的转学要求

热门专业	转学要求
会计（B. B. A.）	①学术水平测试——多项选择题考试，主要用于衡量大学头两年的学业水平。②会计知识测验——多项选择测验，难度等同于 ACCT 2101 的期末考试
艺术/艺术教育（B. F. A.）	①完成两门基础课程（ARST 1050 和 ARST 1060）或（ARST 1050 和 ARST 1080）。②资料审核
新闻广播（A. B. J.）	①核心学习课程 A-E 合并后的 GPA。②对学术兴趣的书面陈述
儿童与家庭发展研究（幼儿教育：学前班—小学二年级）（B. S. F. C. S.）	①佐治亚大学核心学习课程 A 和 D 的 GPA（40%）。②论文（30%）。③参考材料（30%）
交流科学与障碍（B. S. Ed.）	①ENGL 1101、ENGL 1102、MATH 1101 和 BIOL 1103 的成绩或同等水平课程的成绩。②代数、微积分或更高等级的数学课程（需为大学的非补救课程）；统计学；写作；语言学；心理学；物理；或除 BIOL 1103 以外的人类生物学课程。③短文写作
经济学（A. B.）	①学术水平测试——多项选择题考试，主要用于衡量大学头两年的学业水平。济学课程成绩——ECON 2105 和/或 ECON 2106 或同等水平课程的最终成绩。③所有数学课程的成绩
英语教育（B. S. Ed.）	①学术背景（20%）。②习者合作的经验（30%）。③与教育事业有关的经历（20%）。④3～5 页的目的陈述，解释候选人为何希望从事英语教学事业（30%）
运动及体育竞技（B. S. Ed.）	①佐治亚大学核心学习课程 A-D（20%）。②佐治亚大学系统核心学习课程 F（60%）。③运动与体育科学方面的论文（20%）

续表

热门专业	转学要求
金融（B.B.A.）	①学术水平测试——多项选择题考试，用于衡量大学头两年的学业水平。②经济学课程成绩——ECON 2105 和/或 ECON 2106 或同等水平课程的最终成绩。③会计学课程成绩——ACCT 2101 和 ACCT 2102 或同等水平课程的最终成绩
基因遗传学（B.S.）	以下课程的 GPA 至少要达到 3.0：BCMB（BIOL）（CHEM）3100 或 BCMB 4010、BIOL 1107-1107L、BIOL 1108-1108L、CHEM 1211-1211L 或 CHEM 1411-1411L、CHEM1212-1212L 或 CHEM 1412-1412L、CHEM 2211-2211L 或 CHEM 2411-2411L、CHEM 2212-2212L 或 CHEM 2412-2412L、MATH 2200-2200L、MATH 2210-2210L 或 STAT 2100H 和 STAT 4210。 *学生必须正式申请遗传学专业
健康与体育（B.S.Ed.）	①主要相关课程（EPSY 2020、EFND 2030、HPRB 1710）的 GPA（总分的 50%/最高可得 50 分）。②书面论文（总分的 50%/最高可得 50 分）
教育心理学、培训及技术（B.S.Ed.）	①提交一份履历表，记录与本学位课程目标相关的学习经历和/或其他活动。②提交论文说明职业目标以及与完成本学位课程的关系
景观设计（B.L.A.）	①在该专业的第二年年底之前完成的专业课程 GPA。②在该专业的第二年年底之前完成与专业相关的其他课程 GPA。学在以上所述课程的班级排名
管理（B.B.A.）	①学术水平测试——多项选择题考试，主要用于衡量大学头两年的学业成绩。②经济学课程成绩——ECON 2105 和/或 ECON 2106 或同等水平课程的最终成绩。③会计学课程成绩——ACCT 2101 和 ACCT 2102 或同等水平课程的最终成绩。④学习管理专业的目的陈述——简短的论文（300—400 字），其中申请者需要描述自己对专业的兴趣以及未来的目标
中学教育（B.S.Ed.）	①核心学习课程 A 和 F 的 GPA（30%）。②简历（30%）。③论文（40%）
音乐教育（B.Mus）	①一年级学生的入学试镜，选拔具有最高音乐演奏技能的学生。②在第一和第二年通过随后的音乐演奏技巧考试，以此证明对至少一种演奏媒介具有成熟的音乐把控和演奏技巧。③第二年末正式面试后来自音乐教育专业教师的推荐信。考虑到学生未来要从事的中小学音乐教育事业，以此来评估学生的性格和沟通技巧
音乐理疗（B.Mus）	①一年级学生入学试镜，通过一套乐器选拔具有最高音乐演奏技能的学生。②完成音乐理疗第一年和第二年的研讨会和实践课。③在第一和第二年通过了随后的音乐演奏技巧考试，证明对至少一种演奏媒介具备表演的成熟度，演奏技巧不断提高。④在第二年末通过正式面试得到音乐教育和治疗学系教师的推荐信。考虑到学生未来要从事的中小学教育事业，该评价对学生的个性和沟通技能进行了评估
出版管理（A.B.J.）	①核心学习课程 A-E 合并后的 GPA。②对学术兴趣文章的书面陈述
房地产（B.B.A.）	①学术水平测试——多项选择题考试，用于衡量大学头两年的学业水平。②经济学课程成绩——ECON 2105 和/或 ECON 2106 或同等水平课程的最终成绩。③会计学课程成绩——ACCT 2101 和 ACCT 2102 或同等水平课程的最终成绩。④学习房地产专业的目的陈述——简短的论文（300—400 字），其中申请者需要描述自己对专业的兴趣以及未来的目标。
科学教育（B.S.Ed.）	①生科学专修课程的 GPA 为 2.5 或更高（40%）。②核心课程 F 区的 GPA 为 2.5 或更高（20%）。③根据相关经历撰写的论文（40%）
社会科学教育（B.S.Ed.）	①申请表，其中学术准备（核心课程 E 区和 F 区的 GPA）占 60%。②为 ESOC 2450 准备的书面论文（40%）
社会服务（B.S.W.）	①在该专业批准的社会服务机构完成了 50 个小时的志愿者工作。②参考材料。③达到预科专业课程要求的最低标准
特殊教育（B.S.Ed.）	①记录的专业先修服务及学习经历的质量。②论文质量。③在要求的核心课程中所选课程的 GPA。④三封推荐信

注：ACCT：会计学；ARST：艺术工作室艺术；ENGL：英语；MATH：数学；BIOL：生物学；ECON：经济学；BCMB：生物化学和分子生物学；CHEM：化学；STAT：统计学；EPSY：教育心理学；EFND：教育基础；HPRB：健康提升与行为；ESOC：社会研究教育

第三节　美国四年制私立院校转学政策案例分析

　　尽管全日制社区学院的招生人数增长速度快于四年制院校，但社区学院学生转入精英院校的机会正在减少。1984 年，精英私立四年制学校录取的学生中有10.5%是转学生，精英公立院校的转学生比例为 22.2%；到 2002 年精英私立四年制学校的转学生比例下降到 5.7%，精英公立院校的转学生比例下降到 18.8%。精英私立院校自 1990 年来的录取比例一直在下降（图 9-1），公立院校则从 1999 年15.8%的最低点略有反弹（图 9-2）。2002 年秋季，从两年制院校转入精英四年制院校的转学生一共只有约 1.1 万名。其中一半以上在公立院校，只有 3%在文理学院。在这 1.1 万人中，只有 1000 人是来自弱势背景家庭的学生。根据阿斯彭研究所（Aspen Institute）2018 年的研究报告，美国每年有约 5 万名成绩优异、来自中低收入家庭的社区学院学生无法转入四年制大学。这些学生中约有 1.5 万人的GPA 达到 3.7 或以上，这意味着他们在全国最难考入的学校中具有竞争力。[①]

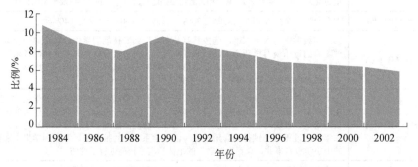

图 9-1　精英私立院校 1984—2002 年的录取比例变化

资料来源：Dowd A C，Bensimon E M，Gabbard G，et al. Transfer Access to Elite Colleges and Universities in the United States：Threading the Needle of the American Dream. https://www.jkcf.org/research/transfer-access-to-elite-colleges-and-universities-in-the-united-states-threading-the-needle-of-the-american-dream/.（2016-01-10）[2021-11-20].

　　数据表明在美国筛选最严格的私立大学中，每 1000 名学生中只有不到一名是社区学院的转学生。在少数成功转学的社区学院转学生中，只有 20%来自低收入家庭。转学机会的研究结果强化了拉巴里（David Labaree）在 1997 年发表的论点，即美国教育系统的特点是无限的可能性和有限的可能。拉巴里认为这种矛盾存在的根源在于美国是一个从未绝对排除社会流动可能性的阶级社会，这种结构

---

　　① LaViolet T，Fresquez B，Maxson M K，et al. The Talent Blind Spot：The Practical Guide to Increasing Community College Transfer to High Graduation Rate Institutions. https://files.eric.ed.gov/fulltext/ED585516.pdf.（2018-06-27）[2022-09-20].

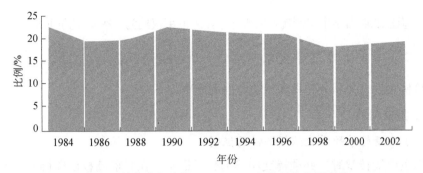

图 9-2　精英公立院校 1984—2002 年的录取比例变化

资料来源：Dowd A C，Bensimon E M，Gabbard G，et al. Transfer Access to Elite Colleges and Universities in the United States：Threading the Needle of the American Dream. https://www.jkcf.org/research/transfer-access-to-elite-colleges-and-universities-in-the-united-states-threading-the-needle-of-the-american-dream/.（2016-01-10）[2021-11-20].

使来自于贫困和工人阶级家庭的学生处于不利地位。通过教育实现显著社会流动的可能性很小，而且阶级层次越低，这种可能性也大大降低。研究显示，那些成功进入精英四年制大学的社区学院转学生毕业率很高。75%的人在高中毕业后的8.5 年内取得了学士学位，在精英的四年制大学中，这一比例会增加到80%或90%。在转学生较为集中的一般性四年制大学中，大约只有一半的学生在这段时间内获得学士学位。[①]

为了更好地了解美国私立精英四年制大学的转学政策，本节首先以哈佛大学与耶鲁大学的转学情况为例进行说明。私立普通四年制大学的转学政策将以哈姆林大学和汉普郡学院为例进行转学政策分析。

一、哈佛大学

（一）哈佛大学转学概况

哈佛大学是美国顶尖的私立四年制研究型大学。2019 年，哈佛大学收到1548 名转学生的申请，学校最终招收了 15 名学生，转学录取率为 0.97%。转学生占学生群体总人数的 0.13%。[②]哈佛大学本科生院每年秋季仅接收约 12 名转校生。

---

① Dowd A C，Bensimon E M，Gabbard G，et al. Transfer Access to Elite Colleges and Universities in the United States：Threading the Needle of the American Dream. https://www.jkcf.org/wp-content/uploads/2018/06/Threading_the_Needle-Executive_Summary-1.pdf.（2016-01-10）[2021-11-20].

② Harvard University Transfers：2023 Requirements，Dates，GPAs & More. https://www.campusreel.org/how-to-transfer-colleges/harvard-university-transfer-requirements#:~:text=Harvard%20University%20accepts%200.97%25%20transfer%20applicants%2C%20which%20is，you%20will%20need%20to%20submit%20standardized%20test%20scores.（2021-06-17）[2021-11-20].

每年有超过 1500 名学生申请转入哈佛大学，录取率仅约为 0.8%，竞争非常激烈。

（二）哈佛大学转学要求

哈佛大学有关学分转移和申请方面的要求如下。

1. 提交材料

（1）申请转学的学生必须提供的证明

学生申请转学时，必须提交明确的转学需求、在目前高校已取得的学术成果证明和有力的推荐意见。

（2）年中成绩单

学生申请转学时，学生所在学校的辅导员通常会发送成绩单给哈佛大学，但其中很少包括或不包括高年级的课程成绩。哈佛大学需要年中成绩单的原因是方便审查学生高三课程前半年的表现。年中成绩单必须由学生所在学校顾问或其他学校官员填写，一旦完成，需要尽快寄到哈佛大学教务处。

（3）教师评价

转学申请者还需要提交由两位不同学科领域的老师填写的教师评价表，学生在提交转学申请后还可以继续提交其他推荐信。

2. 学分转移规定

哈佛大学尊重学生在转学前完成的课程，同时也给学生时间深入研究哈佛的课程内容。学生最多可以转移 16 门学期课程的学分（相当于两整年的学术工作）并且有机会修读哈佛大学文学或理学学士学位所需的另一半课程。经过认真评估，哈佛大学注册办公室将为录取的转学生授予在其他院校完成的课程学分。哈佛大学注册办公室无法就学生当前就读院校的课程和申请过程中的预期班级名次提供建议。

在经过认证的学位授予机构获得的全日制课程学分能够转移的前提是：修读了与哈佛大学文学科课程水平相当的科目，取得的成绩为"C"（或同等水平）或更高。哈佛大学通常不会认可以下学分：在线或远程教育课程；夜间或拓展类课程；非全日制课程；技术或职业课程，例如会计、市场营销、新闻、法律、农业、护理、商业、通信或专门的军事培训课程；计入高中文凭学分的双重注册课程；转学前在另一所院校某个学期或季度完成的学业（除非转出院校已为该阶段的学业授予学分）；在另一所院校通过速成教育获得的学分；大学水平的入学考试、高级的大学入学考试结果或通过考试获得的任何学分，即使是转出院校授予的学位学分；暑期学校课程（不包括学生在当前学院或大学接受的暑期课程或哈佛大学暑期学校的课程）。

要获得转学资格，学生必须在一所大学完成至少连续一个学年（不超过两个学年）的全日制学位课程。如果转学成功，学生必须在哈佛大学完成至少两年的学习。一旦学生在另一所学校完成了两年以上的大学学业，无论所修课程是什么，该学生将不再具备转学录取资格。接受过职业培训教育、技术教育、在线教育、校外教育或表演课程教育的申请者通常不符合转学条件。作为高中高年级课程的替代，在一整个学年已修完大学常规课程的学生（通常称为双注册）应申请第一年入学，前提是这些课程的学分符合高中毕业要求。非全日制学生除非之前已经完成一整个连续学年的学习，否则没有资格申请转学。

对于中学阶段转学生应该学习哪些课程的问题，哈佛大学的回应是不存在所谓的"万能法则"。哈佛大学希望转学生通过参加老师和辅导员推荐的课程来挑战自己。有些学生认为AP、IB或其他高级课程完成得越多越好；有些学生通过参加大量此类课程在学术和个人成果方面取得成功；有些学生则受益于更加平衡的方法，即匀出更多时间进行课外学习和个人发展。如果学习代数或统计学课程更合适，也不是每个人都需要报名参加微积分课外学习。即使是学习成绩最好的学生也可能因为一次性参加过多的课程而受到负面影响，相反，他们可能受益于自己感兴趣的主题，例如写作、阅读或研究项目。招生委员会希望转学生在目标专业领域通过严谨的学习取得成果。除了优异的成绩、考试分数和有力的推荐，招生委员会还考虑其他非学术因素，例如参与的重大课外活动和由此凸显的才能。此外，招生委员会还会评估申请者的个人素质，例如领导能力、创造力、应变能力、求知欲和独立思考能力。除了标准的申请材料，学生可以提交展示自己杰出天赋的补充材料，包括音乐表演、艺术作品和研究证明。招生委员会可酌情评估补充材料，例如音乐录音、艺术作品或学术作品的精选样本，这些材料完全由学生自主选择。

3. 申请要求

（1）申请方式

哈佛大学接受联盟申请、通用申请、通用大学申请这三种方式。录取委员会对每个人一视同仁。转学申请者需要尽快完成并提交材料，以确保学校能够全面、及时地对申请进行审核。如果学生使用通用申请，就必须先提交申请，然后才能将辅助材料（中学成绩单、教师报告等）发送给大学。学生提交申请前的任何内容都不会发送给哈佛大学招生办公室。

（2）费用减免

哈佛大学希望所有学生都可以顺利进入申请流程。如果申请的费用给学生及家庭带来很大困难，该费用可以免除。如果学生符合经济困难的各项指标，可以直接通过通用申请或联盟申请来请求减免费用。如果学生不符合这些指标或正在使用通用申请的方式，则需要填写《入学申请费用豁免申请表》。申请费用豁免不会对转学申请造成任何不利影响。

（3）标准化考试

哈佛通常要求所有的转学申请者提交 ACT 或 SAT 分数。疫情的特殊情况下，如果学生无法参加考试，学校也会考虑未进行标准化测试的秋季转学申请。如果学生已参加了这些考试，哈佛强烈建议提交分数（学校也可以接受学生自己报告的分数）。如果学生以前申请过哈佛，即使在当前的转学申请中没有汇报，学校也可以查阅到学生之前的成绩。除此之外，需要提交的是学院/院长/教务长的报告、学校官方提供的成绩单、学校讲师的 2 封推荐信、高中的官方成绩单。如果学生选择提交标准化考试的成绩，可以提交 SAT 或 ACT（有或没有写作部分都可以）。如果学生选择提交专项测试的成绩（尽管学校不再要求），只选择 1门数学考试更有利。同样，如果学生的母语不是英语，用学生母语进行的专项测试可能作用不大。学生需要提交过去 3 年的测试分数。标准化考试提供了一个粗略的标准来衡量学生学到的知识以及学生在大学期间的学习表现，但这只是哈佛大学录取过程中考虑的众多因素之一。高中成绩也有助于评估学生对大学课程的准备情况，但美国和世界各地的中学采用各种评分系统，有些学生在家接受教育，所以根本没有学校成绩，这会导致评价结果存在一定的偏差。

二、耶鲁大学

（一）耶鲁大学转学概况

与其他机构相比，精英四年制大学招收社区学院学生的可能性更小。根据詹妮弗·格林 2019 年的研究报告，在 100 所最顶尖的大学中只有 14%的学生是转校生，只有 5%来自社区学院，每年有超过 3.5 万名社区学院的大学生就读于这些学院和大学。尽管这个数字看起来很重要，但实际上比例非常低。事实上，社区学院的学生在这些机构的转学生总数中占比不到一半。更重要的事实是，这些社区学院转学生的表现优于许多直接从高中入学或从其他四年制大学转学而来的学生。[①]以耶鲁大学为例，作为美国顶尖的私立四年制研究型大学，2019 年耶鲁共收到 1361 名转学生的申请，最终接收了 24 名，转学录取率为 1.76%。转学生占

---

① Glynn J. The Success of Students Who Transfer from Community Colleges to Selective Four-Year Institutions. https://www.jkcf.org/wp-content/uploads/2019/01/Persistance-Jack-Kent-Cooke-Foundation.pdf.（2019-01-15）[2021-09-23].

学生群体总人数的 0.27%。①成功转学至耶鲁的学生来自不同的背景，其中包括社区学院、第一代大学生家庭和军人。耶鲁大学每年都会招收少数来自经过认证的、两年制或四年制院校的转学生。目前没有有关成绩、分数和兴趣的说明可以确保申请者成功转入耶鲁大学。

（二）耶鲁大学转学要求

耶鲁大学有关学分转移和申请方面的要求如下。

1. 转学考试

（1）耶鲁大学的转学申请过程

转学生从大二（第二年）或大三（第三年）开始必须在耶鲁大学学习至少两年（4 个学期）才能获得学士学位。转学生只能在秋季学期开始注册，班级名次由耶鲁大学院长办公室评估转移的学分后确定。入学后，被录取的学生将知悉自己的班级名次。转学生有资格获得与一年级学生相同的基于需求的经济资助。学生可以使用耶鲁大学的快速费用估算器在 3 分钟内估算出自己所需的费用。耶鲁大学在评估录取和经济援助的申请时不考虑学生的国籍或移民身份。转学政策还涵盖居住在美国的无证件学生，无论他们是否已获得暂缓遣返（DACA）身份。大学期间的学习遭遇推迟或中断 5 年（或更久）的学生可以申请专门为非传统学生设计的"伊莱·惠特尼学生计划"。与转学生不同，该计划的学生可以灵活地兼职或进行全日制学习，其学费取决于每学期的课程学分数量。②

（2）转学生的标准化测试③

耶鲁大学对每个转学申请者进行评估，标准化测试分数只是耶鲁大学审核的众多因素之一。针对疫情的特殊情况，耶鲁大学暂时中止了必须提交 ACT 或 SAT 成绩的要求。这项政策涉及 2020/2021 学年和 2021/2022 学年录取周期内、计划在 2021 年秋季或 2022 年秋季入学的申请者。无法完成考试或选择不提交考试成绩的申请者不会受到不利影响。在审核 2020/2021 学年和 2021/2022 学年招生周期内的转学申请时，招生委员会期望申请者已完成 1 项或多项考试并获得可以反映学术实力和大学准备程度的分数。对于已经向耶鲁大学提出过申请的学

① Yale University Transfers：2023 Requirements，Dates，GPAs & More. https://www.campusreel.org/how-to-transfer-colleges/yale-university-transfer-requirements#:~:text=In%202019%2C%20Yale%20University%20received%20 1361%20transfer%20applicants.,below%20to%20predict%20your%20chances%20of%20getting%20accepted. （2021-06-17）[2021-11-20].

② Transfer Application Process. https://admissions.yale.edu/transfer.（2021-08-20）[2021-11-20].

③ Standardized Testing for Transfer Application. https://admissions.yale.edu/standardized-testing-transfer-applicants. （2021-08-20）[2021-11-20].

生，之前申请中提交的所有测试结果可以直接进行审核。耶鲁大学将于 2022 年
冬季针对 2023 年秋季或更晚时期录取的学生制定一项新的政策。

（3）ACT 和 SAT 概述

为了应对新冠疫情造成的破坏和影响，耶鲁大学本科招生办公室暂时中止了
某项要求，即转学申请者无须在 2020/2021 学年的招生周期内提交 ACT 或 SAT
成绩，无法完成考试或选择不提交考试成绩的申请者不会处于不利的状况。对于
以前向耶鲁大学递交转学申请的学生，之前提交的所有测试结果可供审核。对于
2022 年秋季或更晚申请转入的学生，申请者必须提交 SAT 或 ACT 官方或自我报
告的成绩（除了在不提供此类考试的国家或地区上大学的学生）。学生可以通过
申请表或耶鲁大学的录取门户网站提交自我报告的分数。

在 2020/2021 学年和 2021/2022 学年的录取周期内，耶鲁的申请者可以选择
报告 ACT 和/或 SAT 的成绩。无法完成考试或选择不提交考试成绩的申请者不会
受到不利影响。通用申请和联盟申请将包含对"耶鲁大学是否对申请者进行 ACT
或 SAT 分数的审核"问题进行选择的选项。学生需要回答"您是否希望在申请中
考虑 ACT 或 SAT 成绩"，回答"是"的申请者将不得更改回复。在审核学生申请
的过程中，校方将考虑任何官方或学生自己提交的 ACT 或 SAT 成绩。回答
"否"的申请者可以在耶鲁大学的录取门户网站上找到"申请更新表格"，修改好
表格后，将回答更改为"是"，在申请后的任何时间自行提交 ACT 或 SAT 的结
果。标准化测试结果只是学生申请的一部分，可以在学生提交的整个文件资料中
查看。耶鲁大学的转学录取没有最低分，也不存在保证录取的分数。2020 年秋季
入学的一年级学生考试分数的中位数（第 25—75 个百分点，即 50%）如下：SAT
循证阅读和写作为 720—780；SAT 数学为 740—800；ACT 综合为 33—35。在耶
鲁大学的"可选考试"政策生效时，招生办公室不会发布申请者、录取学生或在
校注册学生的考试成绩或考试共享的数据。

1）SAT 与 ACT：耶鲁大学招生委员会对两种考试一视同仁，同时提交 SAT
和 ACT 的学生没有特别优势。

2）论文和写作部分：ACT 论文和 SAT 写作部分是可选的。选择完成论文或
写作部分的申请者可以在应用程序上自行提交论文或写作分数。ACT 或 SAT 的
官方成绩报告包括论文或写作的分项分数。

3）学生自己报告的分数：选择在申请中提交 ACT 和/或 SAT 分数的学生可
以通过"申请更新表格"报告分数，学校收到申请后，学生可在耶鲁的录取门户
网站上找到该表格。被录取并在耶鲁大学入学的申请者必须在入学前提供所有报告
分数的官方成绩。申请者的报告分数与官方分数之间存在差异可能会导致录取通知

取消。

4）多重检定和测试日期：选择提交分数的申请者可以选择报告 1 个或多个考试日期的分数，但必须包括一整套分项分数，例如 SAT 的数学、循证阅读与写作，ACT 的英语、数学、阅读和科学。

5）拼分（superscoring）：评估 SAT 成绩时，招生官员将重点关注所有考试日期中各部分的最高成绩。如果申请者参加两次 SAT 考试，学校将分别考虑循证读写和数学的最高分数。在评估 ACT 成绩时，招生官员将重点关注所有考试日期中最高的 ACT 综合成绩，同时还要考虑单个 ACT 的分项分数。

（4）附加考试

SAT 科目的考试结果在转学审核时视为无效。在提交申请之前已经完成 AP、IB 或 AICE 考试的学生可以选择在"通用申请""联合申请""QuestBridge 国家大学比赛申请"的测试部分自行报告分数。完成这些考试中的一项并且认为自己的成绩在特定学术领域表现出优势的学生可以选择自行报告（非强制性），考试结果将视为整体审查过程的一部分。

（5）申请之后发送的分数

提交申请后，完成标准化测试或获得新考试成绩的申请者可以使用耶鲁大学录取门户网站上的"更新申请表"功能自行提交新分数，或在考试日期前将耶鲁大学列为正式的分数接收单位。耶鲁大学 SAT 的 CEEB 代码为 3987，ACT 代码为 0618。

（6）英语非母语人士的测试

耶鲁大学强烈建议接受中学教育不满两年的英语非母语者（英语为授课语言）参加以下任何一项能力测试。

1）英语（作为外语）测试（TOEFL）。TOEFL 要求预先注册才能获得测试日期。最具竞争力的申请者托福成绩至少要达到机试 TOEFL 100 分、TOEFL 笔试 3 个部分各达到 25 分。11 月的测试（针对提前录取）或 1 月的测试（针对常规录取）结果可能无法及时提交给招生委员会进行审议。学生要确保所有考试注册中都包含耶鲁大学的 CEEB 代码（3987）。

2）雅思（IELTS）和皮尔逊英语测试（PTE）。雅思和 PTE 在世界各地提供能力测试，但需要申请者预先注册。最具竞争力的申请者，其雅思成绩应达到 7 分或更高，PTE 得分应达到 70 分或更高。

3）Duolingo 英语测试（DET）。申请者可以提交 DET 成绩，该测试结合了英语水平测验和简短的视频采访。DET 的技术和格式可让申请者随时随地通过互联网完成测试。最具竞争力的申请者 DET 分数至少应达到 120。

（7）InitialView

InitialView 是一个第三方面试机构，可以提供实时的没有脚本的视频面试，候选人可以将这些面试视频与其他申请材料一起提交给院校。面试不计分，但必须提前预约。

2. 学分转移规定①

转学录取委员会在申请评估过程中确定候选人是否具备转学资格，对申请者的大专学历进行全面审查以确定学分是否可以转到耶鲁大学。以下政策可以指导候选人进行转学选择：符合条件的转学生在进入耶鲁大学之前至少拥有一年的可转移学分（8 个耶鲁大学的课程学分）。转学申请者入学后从大二或大三开始学习，耶鲁大学不录取具有两年以上可转让本科课程学分（18 个耶鲁大学学分）的学生。所有学生都必须在耶鲁大学至少完成两年的课程（修完 18 个耶鲁大学学分）。高中毕业之前获得的任何大学学分都不能作为可转移学分。高中和大学课程同时双向录取的学生、进入耶鲁大学时可转换学分少于 8 个的学生应申请第一年入学。耶鲁不接受已经拥有学士学位的转学申请者。教育中断至少 5 年的申请者可以考虑通过"伊莱·惠特尼学生计划"进行申请。

（1）学分转移准则

要获得学士学位，所有耶鲁大学的本科生都必须完成 36 个学分。耶鲁大学的大多数课程均为 1 学分的学期课程。转学申请者最多可以转移在其他机构获得的 18 个课程学分，并且必须在耶鲁大学至少完成 18 个学分。耶鲁大学院长办公室会评估所有录取转学生的成绩单，以确定学分的可转移性。与耶鲁大学本科生开设课程水平相似的学分最有可能转移。录取的转学生将在回复录取通知书之前获得可转学分的估值，以及完成学士学位所需的学期数。在耶鲁大学收到申请者所在院校的最终成绩单后，录取的学生会收到一份最终的转学学分报告。

（2）其他准则

非耶鲁大学的课程必须在经过认证的大专院校完成。学生至少要在 3/4 的非耶鲁大学课程中取得 A 或 B 的成绩，其余课程的成绩不能低于 C。仅得到通过或者未通过的课程学分无法转移。以下课程的学分耶鲁大学不予认可：AP、IB、CLEP 或学生入读高中时获得的大学学分。在有限的条件下，在线课程可能有资格获得耶鲁大学的学分但这些课程必须包括与讲师定期、同步的互动及反馈。通过耶鲁大学学习的在线课程会自动转化成相应的成绩单，在线课程可能不适用于分配要求。

---

① Transfer Eligibility & Academic Guidelines. https://admissions.yale.edu/transfer-details.（2021-08-20）[2021-11-20].

（3）分配要求和申报专业

耶鲁大学的分配要求系统呵护所有学生对知识的追求，同时鼓励灵活和自由地扩展个人兴趣、发掘好奇心并承担学术风险。所有学生都必须完成学科领域的课程要求，至少要修读人文和艺术两门课程的学分、科学两门课程的学分以及社会科学两门课程的学分。学生还要获得至少两门定量推理课程的学分、两门写作课程的学分，以及进一步提高外语水平的课程来满足技能要求。在耶鲁大学行政管理人员的批准下，从其他学院转来的学分可用于满足分配要求。耶鲁大学的学生通常会在大二结束时宣布主修专业。尽管大多数专业对转学生开放，但某些系部有特别的规定或前提条件，这可能阻止某些转学生继续攻读该专业。进入大二或大三第二学期并对耶鲁大学某个（需要在大二申请）专业感兴趣的转学生，可以在录取后与该专业的本科指导主任商议专业。鉴于几门工程课程的循序性，学校希望攻读工程专业的转学生完成所有的大学水平单变量微积分（或更高水平）课程和入门物理学课程。

3. 申请要求

所有转学申请者必须通过联盟申请或通用申请的方式进行。耶鲁接受任何一种申请，两种方式无优劣之分。每个入学周期学生只有 1 次提交申请的机会。转学申请的要求包括以下几个方面。

（1）80 美元申请费或其他费用的豁免请求

所有付款和费用的豁免请求均通过通用申请或联盟申请提交。如果学生认为准备申请费用有困难，可以在申请表上申请豁免。

（2）学术评价

学术评价必须来自大学授予学分课程的任课老师，应通过通用申请或联盟申请以在线方式提交。其他人（研究导师或论文导师）的来信可以作为补充。补充信件应邮寄至本科招生办公室或通过电子邮件发送至指定邮箱。

（3）目前或最近一段时期拿到的学院成绩报告

可以通过通用申请或联盟申请下载学院的成绩报告。使用（通用申请的）学院成绩报告或（联盟申请的）转学成绩报告应由有权访问学生学术和纪律记录的大学官员完成，例如学生所在学院的院长、顾问或教务长。学院官员应将填妥的表格邮寄至耶鲁大学本科招生办公室或将邮件发送至指定邮箱。

（4）转学的期中考试成绩报告

当前正在攻读大学课程的转学申请者必须提交本学期的期中考试成绩报告。学生可从通用申请或联盟申请下载（通用申请的）期中考试成绩报告或（联盟申请的）学院课程成绩报告。学生可将填妥的表格邮寄至耶鲁大学本科招生办公室或通过电子邮件发送至指定邮箱。

（5）大专和高中的官方成绩单

转学申请者必须提交所有在读大专院校的正式学院成绩单。成绩单应直接从其所在学院/大学通过通用申请、联盟申请或直接邮寄到耶鲁大学本科招生办公室。转学申请者必须提交正式的高中成绩单（包括毕业日期）。成绩单应邮寄至耶鲁大学本科招生办公室或通过电子邮件发送至指定邮箱。其他材料包括来自大学教职员工或助教的两项学术评估；SAT 或 ACT 成绩。

4. 通过其他院校转学而被录取学生的转学要求

（1）学位要求

要从耶鲁大学毕业，转学生必须满足所有学士学位的要求。必须至少获得36门课程的学分，其中包括在之前学校获得的学分与随后在耶鲁大学获得的课程学分。此外，还必须完成耶鲁大学主要课程的要求，并满足学士学位的分配要求。一旦被录取，转学生应向转学计划负责人咨询，以确定自己在分配要求（尤其是语言）方面的具体情况。

（2）入学期限

转学生应按照之前院校进行最终学分评估时指定的学期入读耶鲁大学。在任何情况下，转学生在耶鲁大学的入学时间均不得少于4个学期，或在耶鲁大学获得的课程学分不得少于18个。转学生没有资格获得或使用加速学分。

（3）学分转移

在学生入学时，耶鲁大学对可转移学分进行初步评估，学校在收到学生之前就读院校的所有正式成绩单后，可以完成转学学分的最终确定。

（4）附加条款

超出确定转学学分的期限而必须继续留在耶鲁大学学习的学生，必须向荣誉与学术委员会申请批准。仅当学生无法在指定的学期数内完成学士学位要求时，学校才会考虑此类申请。此处可以参照 A 节文学学士学位或理学学士学位"8个入学学期"的要求。如果大学某个学期的知识超过了8个入学学期的同等水平，该学生可以获准多留1个学期，但是在此学期内无法获得耶鲁大学的奖学金，但可以享受助学金。

（5）成绩单

转学生的成绩单可以显示学生转学到耶鲁大学之前的院校和获得的课程学分，但是没有列出转学生在之前院校所学课程的名称或成绩。在入读耶鲁大学之前需要完成学业记录的转学生，必须获得之前院校的成绩单。

（6）耶鲁以外的课程学分

入学考试后，转学生最多可获得在耶鲁大学以外完成的两门课程学分，并可以根据"P节：其他大学的学分""K节：特别安排"中"国外学年或学期"的指导获得1年或1个学期的国外学分。按规定学生至少要在耶鲁大学就读4个学期，并通过学习至少获得18个学分。

（7）分配要求

转学生不受第一年、大二或大三分配要求的约束，但必须满足学士学位的分配要求。

（8）D/不及格

转学生最多有4次机会将成绩为D/不及格的课程转换为有效学分。

（9）入学前就读耶鲁大学

一旦学生被录取为转学生，该学生在进入耶鲁大学就读第一学期前不能以"伊莱·惠特尼学生计划"或非学位学生的身份申请进入耶鲁大学。

表9-5详细说明了转学计划和"伊莱·惠特尼学生计划"的一些主要差异。候选人可以申请转学计划或"伊莱·惠特尼学生计划"中的一项，不能同时申请。

表9-5　转学计划和"伊莱·惠特尼学生计划"要求

情况	转学计划	"伊莱·惠特尼学生计划"
教育中断	没有或极少的中断	5年或以上
需要通过的测试	SAT或ACT（2022年秋季申请者可选）	选考
学分转移	入读1—2年的院校可转移学分	没有转学学分的最低或最高要求
录取	仅支持全日制	全日制或兼职
住宿	单身学生可在校内住宿	可提供的研究生住房数量有限，大部分住在校外
助学金申请资格	基于需求的经济援助	基于需求的经济援助
助学金覆盖范围	满足100%的财务需求；奖励主要根据上学期间的全部费用	最高奖学金上限为学费和耶鲁大学一间标准宿舍的费用。学生将获得免费的平日午餐

三、哈姆林大学

（一）明尼苏达州转学概况

长期以来，转学一直是明尼苏达州的立法优先事项。至少从20世纪90年代初期开始，立法机构一直在关注转学问题，美国许多州对转学过程高度重视，明尼苏达州转学政策的重心是促进院校之间的合作。该州立法机构于 1991 年颁布的法规指示，州内高等教育系统通过改进转学政策、制定共享转学信息的程序，以满足越来越多的转学生需求。1994 年，4 个公立高等教育系统（即明尼苏达社区学院、明尼苏达技术学院、明尼苏达州立大学和明尼苏达大学）的代表共同创建了明尼苏达转学课程（MnTC），其中不仅概述了所有公立机构都认可的低年级通识教育课程希望达成的预期目标和学生能力目标，还纳入支持和维护该课程的结构，以及在 4 个系统中实施课程的关键步骤和时间表。该州建立了 1 个转学监督委员会来推动 MnTC 的实施，基于学科组织相关教师建立了一系列衔接委员会，委员会成员可以跨系统进行沟通，及时更新课程要求。衔接委员会的主要目标是构建知识，在理解、信任和相互尊重的基础上，实现公平对待和支持转学生。

1995 年，除明尼苏达大学外，明尼苏达州所有公立两年制学院和四年制大学都合并为 1 个集中的高等教育系统，称为明尼苏达州立学院和大学系统（MnSCU）。1999 年，MnSCU 内主要的学士学位授予机构、10 个附近社区和技术学院之间的主要大都市区建立了 1 个高等教育网络——大都市联盟。大都市联盟的成立旨在在州立法机构指导下，扩大所有成员校区使用课程和服务范围。2010 年，该州立法审计办公室和系统办公室与两个学生协会合作在 MnSCU 内进行了两项转学研究，发现转学过程中存在许多低效率的问题，因此，当年，高等教育法案引入立法，要求 MnSCU 改善系统内机构之间的学分转移。"智能转学计划"是针对 5 个主要领域制定的：课程大纲、学位审计报告系统（DARS）和课程等效性、申诉、转学合规性和事项沟通、培训。该州立法机关鼓励并培育由相关教职员工、学生和管理人员组成，代表系统机构、学术和技术学科的工作组解决学分转移的问题和障碍。工作组的建立给整个系统的学生转学体验带来更多关注，2013 年对两个学生协会进行的后续调查发现，该州所有转学领域都有所改善。根据明尼苏达州会议法，2014 年的高等教育立法要求 MnSCU 制定一项实施多校区衔接协议的计划，帮助系统内某些已获得副学士学位的学生完成学士学位。2015 年，MnSCU 计划开发从副学士学位到学士学位课程的新式转学路径。此外，州立法机关还鼓励为某些需求量大的职业领域制定新的应用科学学士（BAS）学位课程计划，目标是为获得应用科学副学士学位（AAS）的学生提供转学路径。①明尼苏达州立学院和大学董事会根据《明尼苏达州法规》第 136F 章授权签订转学协议，并将此权力下放给学院和大学。与 20 年前相比，明尼苏达州立学院和大学之间的学分转移如今要容易得多。有数据表明，从 MnSCU 机构

---

① Yeh T L. State Policy and Its Impact on Collaboration to Promote Transfer in Minnesota. https://files.eric.ed.gov/fulltext/ED608152.pdf.（2018-08-15）[2022-02-12].

转移的 89%学分可以被 MnSCU 州立大学接收。例如，北亨内平社区学院转学任务的一部分是让学生完成文学副学士学位或 MnTC，然后转学到四年制大学，近30%的北亨内平社区学院学生是转学生。①

（二）哈姆林大学转学概况

哈姆林大学坐落于美国明尼苏达州圣保罗市，成立于 1854 年，是明尼苏达州内历史最为悠久的私立四年制高等学府。在2018 版卡内基分类中属于硕士学位授予学校。2019 年，哈姆林大学收到 494 名转学生的申请，最终录取 259 名学生，转学录取率为 52.43%。转学生占学生总人数的 5.65%。②

哈姆林计划是哈姆林大学实行严谨文科教育的基础，该计划是一项国家认可的通识教育计划，可为学生提供灵活的、以目标为导向、与毕业要求直接相关的技能和经验。明尼苏达州两年制转学课程和为期四年的哈姆林计划合作的目的是帮助学生形成良好的通识教育基础。完成明尼苏达转学课程且最低成绩达到 C-的学生将自动满足 2019—2020 版哈姆林计划的（至少）10 项要求，剩下的 9—10 项要求要在哈姆林完成。该计划的主要特点是跨学科、目标驱动式、基于理论的教育实践、参与实习和学徒训练，为初中和高中生提供独立学习、广泛且不断变化的机会并进一步发展学生在写作、口语、计算等领域的技能和文化意识。③上述这些教育目标与毕业要求直接相关，强调每个学生要对自己的教育负责并且向更多的群体表达学习知识技能的必要性。

（三）哈姆林大学转学要求

哈姆林大学有关学分转移和申请方面的要求如下。

1. 申请要求④

（1）转学申请

学生可以把在线申请发送到学校的招生办公室，也可以下载申请表并将纸质

① Eichten G J. Addressing the Barriers to Credit Transfer for Students Articulating from Two-Year to Four -Year Institutions within the Minnesota State Colleges and Universities. https://www.proquest.com/openview/993c019004f3ba05ef96d8087d7878f6/1?pq-origsite=gscholar&cbl=18750&diss=y.（2005-12-17）［2022-02-12］.

② What is Hamline University's Transfer Acceptance Rate?. https://www.campusreel.org/how-to-transfer-colleges/hamline-university-transfer-requirements.（2021-08-20）［2021-11-20］.

③ Transfer Credits from MinnState to Hamline. https://www.hamline.edu/undergraduate/admission/mntc-hamline-plan/.（2018-06-20）［2021-12-08］.

④ On-Campus Transfer Student Application. https://www.hamline.edu/undergraduate/admission/apply/transfer/.（2018-06-20）［2021-12-08］.

版邮寄到学校。

（2）学业成绩

至少完成 1 年的全日制大学课程（24—32 学分）；申请者需要提交所有就读过的高等教育机构成绩单。成绩单应直接从所在学校的注册处发送到哈姆林大学；如果完成的全日制大学课程不到 1 年，除上述内容外还要提交官方的高中成绩单（直接从申请者的高中学校发送到哈姆林大学），也可以提交从 ACT、大学理事会或申请者的高中学校发送到哈姆林大学的 ACT 或 SAT 成绩（非必选项）。

（3）教导主任表格

转学生必须提交由最近就读学校院长填写的教导主任表格。表格必须从该院校直接发送到哈姆林大学本科招生办公室。

（4）推荐信（非必选项）

学校鼓励申请者至少提交一封由教师直接发送给哈姆林大学的推荐信。

（5）保证金

学校在收到综合保证金后发送班级的报名材料。

2. 衔接协议基本条款①

衔接协议基本条款共计 10 条。在（1）—（3）条款中共同要求：学校必须获得区域认证；转学课程最低成绩要达到 C-，已修课程必须为大学水平且与学士学位相关。

（1）学院和大学

学生最多可从两年制院校转移 64 个学期学分。

（2）二级注册后选项

二级注册后选项（PSEO）是一项双学分计划，允许符合条件的 11 和 12 年级高中生在大学校园内注册和完成大学水平的课程后获得高中和大学学分。学生最多可从 PSEO 课程转移 64 个学期学分。申请者从 PSEO、CIS、AP、IB、CLEP 和 DSST 转移的学分总数不得超过 64 个。

（3）在学校/在高中学习的大学课程

学生最多可从在学校/在高中学习的大学课程（CIS）课程转移 16 个学期学分。申请者必须使用授予学分的学院或大学（而不是高中）官方发布的成绩单。

---

① Transferring Credit to Hamline. https://www.hamline.edu/registration-records/transfer-credit/. （2018-06-20）[2021-12-08].

（4）AP

一般来说，AP 分数最低要达到 4 分。在某些情况下（主要是外语），3 分也可以接受。每门得到认可的考试可以获得 4 个学期学分。AP 考试最多可转移 20 个学期学分。申请者参加过的英语（语言与作文、文学与作文）考试不符合哈姆林第一年的写作要求。申请者需要检查 AP 分数是否有资格获得学分，也可以向大学理事会索取 AP 分数。

（5）IB

学分仅授予高水平的等级考试，最低分数要求为 4 分或 5 分，具体取决于学科领域。每门得到认可的考试都会获得 4 个或 8 个学期学分，这具体取决于考试内容。学生最多可以从 IB 考试转移 20 个学分。申请者参加过的英语 A-level 考试不符合哈姆林大学第一年的写作要求。申请者需要检查 IB 分数是否符合学分要求，可以向 IB 请求获得相关分数。

（6）CLEP

达到或高于美国教育委员会推荐的分数（通常为 50）可以获得学分。申请者参加的英语作文 CLEP 考试不符合哈姆林大学第一年的写作要求，学生最多可以从 CLEP 转移 16 个学期学分。

（7）DSST 计划

达到或高于美国教育委员会推荐的分数（通常为 40 分以上）可以获得学分。学分须经哈姆林大学相应学术部门的批准，技术写作 DSST 不符合哈姆林大学第一年的写作要求。DSST 最多可转移 16 个学期学分。

（8）出国留学

通过哈姆林大学批准的海外学习计划完成的课程可获得学分，成绩必须至少达到 C-才有资格转移。海外学习的成绩单由国际和校外项目办公室评估学分和成绩的等效性。

（9）从国外学校转移学分

在哈姆林大学进行评估之前，学生必须将国外学校的成绩单（哈姆林大学出国留学计划的成绩单除外）提交给外部机构进行逐门课程的评估和处理。该机构必须是全国证书评估服务协会的成员，这些组织通常会向学生收取评估服务费用。3 个常见的机构是世界教育服务（WES）、教育认证评估（ECE）、美国大学注册和招生人员协会（AACRAO）。

（10）军事学分

联合军事成绩单（JST）和空军社区学院（CCAF）的课程可获得学分。已修课程必须被认定为大学水平并且与学士学位相关。学生最多可以从军事成绩单转移 32 个学期学分。

（四）哈姆林大学与两所院校的衔接案例

衔接协议是用来支持转学的工具，涵盖学生在高等教育机构之间系统流动涉及的过程和关系。衔接协议的目标是促进课程，更准确地说是学生的学分从一个机构到另一个机构的无缝转移，其本质是通过个人和机构的共同努力帮助学生顺利转移到另一所学校。[①]为了更好地了解美国私立四年制普通高等院校间的转学政策，研究以哈姆林大学与阿诺卡-拉姆齐社区学院（ARCC）、因佛山社区学院（IHCC）两所院校的衔接协议为例进行说明。

1. 阿诺卡-拉姆齐社区学院和哈姆林大学转学衔接协议[②]

阿诺卡-拉姆齐社区学院（转出机构）和哈姆林大学（转入机构）转学衔接协议由阿诺卡-拉姆齐社区学院和哈姆林大学签订，协议内容及任何修订和补充将根据明尼苏达州的法律进行解释。转出机构设立了创意写作的艺术副学士学位（AFA）（以下简称"输送计划"），转入机构设立了创意写作的艺术学士学位（BFA）（以下简称"接收计划"），两者将促进学分转移以及课程之间的平稳过渡。协议就入学和毕业要求、学分转移、实施和审查要求做出了详细规定，由A、B、C、D 四个部分的内容组成。A 部分的课程转移表格就明尼苏达通识教育转学课程中转出院校的课程前缀、编号和名称、目标、学分数（共计 29 学分）以及转入院校的课程前缀、编号和名称、哈姆林大学计划要求、申请学分、哈姆林大学与阿诺卡-拉姆齐社区学院对应的衔接课程和等效课程范围进行了解读；B部分的先修课程、必修核心课程、重点必修课或专业选修课（限制或一般）以及限制性（专业）选修课需要满足转入专业的特定要求，协议就哈姆林大学和阿诺卡-拉姆齐社区学院此部分一一对应的课程及总计 31 学分的专业、重点、非限制性选修课做了具体说明。学生需要申请的大学学分（共计 60 学分）为明尼苏达通识教育转学课程及专业、重点、限制性和非限制性选修课程的学分总和；在 C部分中，接收大学对剩余学分的数量（68 学分）做了界定，针对实习、创意写作高级研讨会、技巧的形式和元素 I：诗歌（或小说或非小说类创作）、技巧的形式和元素 II：诗歌（或小说或非小说类创作）、高级诗歌（或高级小说或高级非

---

① Anderson G，Sun J C，Alfonso M. Effectiveness of Statewide Articulation Agreements on the Probability of Transfer: A Preliminary Policy Analysis. https://muse-jhu-edu.uconn.80599.net/article/195064/summary.（2006-06-27）[2022-02-13].

② Articulation Agreements. https://www.hamline.edu/articulation-agreements/.（2018-06-20）[2021-12-08].

小说类创作）：工作坊、文学文化理论、编号在 3020 以上的非写作英语课程、没有在阿诺卡-拉姆齐社区学院完成的社会科学学分（或推理学分、多样性学分）、通识学分等课程的前缀、编号和名称及对应的学分数做了规定；D 部分对转出及转入院校共计 128 学分的课程进行了描述。

2. 因佛山社区学院和哈姆林大学转学协议[①]

因佛山社区学院和哈姆林大学转学协议由哈姆林大学（转入机构）和因佛山社区学院（转出机构）签订，协议以及任何修订和补充要根据明尼苏达州的法律进行解释。转出院校已经设立了一个理学副学士学位——律师助理计划（以下简称输送计划），转入院校已经设立了文学学士学位——法律研究（以下简称接收计划），两者将促进学分转移和课程之间的平稳过渡。协议就入学和毕业要求、学分转移、实施和审查要求做出了详细规定，由 A、B、C、D 四个部分的内容组成。双方一致同意的条款如下具体见表 9-6—表 9-11。

表 9-6　因佛山社区学院和哈姆林大学转学协议内容

协议项	协议具体内容
入学和毕业要求	A. 转入院校的入学和课程入学要求适用于直接入学的学生和根据本协议转学的学生。 B. 学生必须满足两所院校的毕业要求。学生必须完成整个输送计划并满足转入院校的入学要求才能申请转学协议
学分转移	A. 转入院校将接收来自转出院校的 60 个学分，成绩需为 C-或更高。转学生总共还要完成 68 个剩余学分来完成整个接收过程。 B. 将按照随附的课程衔接表中的说明进行课程转移
实施和审查	A. 本协议各方的首席学术官或指定人员将执行协议条款（包括确定和纳入后续协议的任何更改），确保遵守系统政策、程序和协议的规定期限并对本协议进行定期审查。 B. 本衔接协议自 2017 年 1 月 1 日到 2022 年 1 月 1 日有效，有效期为五年，除非任一一方提前 90 天做出终止或修改的书面通知。 C. 学院和大学应与学生合作解决协议生效期间任一课程发生变动的情况下课程如何转移的问题。 D. 双方将从 2021 年 7 月 1 日起开始（自结束日期起的六个月内）审查本衔接协议。 E. 当学生通知转入院校遵守本协议的意图时，转入院校将对豁免课程和替代课程进行编码

表 9-7　因佛山社区学院和哈姆林大学课程转移

比较项	转出院校	转入院校
学校	因佛山社区学院	哈姆林大学
项目名称	律师助理	法律研究
授予学位类型	理学副学士	文学学士
学分总数	60	128
CIP 代码（6 位数）	22.0302	22.0000

[①] Articulation Agreements. https://www.hamline.edu/articulation-agreements/.（2018-06-20）[2021-12-08].

续表

比较项	转出院校	转入院校
描述项目的录取要求（如果有的话）	应用与阅读、写作与数学诊断测试	申请，包括所有就读学院的个人陈述和正式成绩单以及教导主任要求的表格。预期 GPA 一般为 2.5 或更高

说明：①列出双方学术项目中的所有必修课程。②MnTC 目标区域课程（goal area）根据转出院校指定的范围转移到转入院校。③不要指明不属于 MnTC 的通识教育目标区域课程。④对于受限制或不受限制的选修课，需要列出学分数。⑤申请的学分：转入院校的课程学分可能多于或少于转出院校的学分。需要输入在转入院校为完成学位而申请的学分数。⑥在同一行显示等效的大学——学院课程以确保 DARS 编码准确。⑦ Equiv/Sub/Wav 栏：如果一门课程被编码为"等效"，输入 Equiv。如果一门课程被大学认定为仅适用于本协议的"替代"课程，输入 Sub。如果某门课程被转入院校"豁免"，输入 Wav。如果一门课程被大学接受为 MnTC 目标区域课程、限制选修或非限制选修，需要将单元格留空。

表 9-8 A 部分：明尼苏达通识教育转学课程

转出院校			转入院校		
课程前缀、编号和名称	目标	学分数	课程前缀、编号和名称、哈姆林计划	学分申请	等效课程、可替代课程、豁免课程
目标 1： ENG 1108：写作和研究技能	1，2	4	通用选修学分	4	S
目标 1： ENG 1111：学科研究写作 或者 ENG 1114：研究论文	1，2	2 或 3	通用选修学分 或者 ENG 1110：写作和阅读文本（E）①	2 或 3	S 或 E
目标 1： COMM 1100：人际交往 或者 COMM 1110：公共演讲 或者 COMM 2230：小组讨论和领导	1，7 1，2 1，2	3	口语强化（O）②和 多样性（D）③ 或者 COMM 1110：公共演讲（O）④ 或者通用选修学分	3 或 3 或 3	E 或 E 或 E
COMM 2240：人际交往	5，8	3	多样性（D）⑤和 社会科学（S）⑥	3	E
实验室科学 或数学 1000+	3 或 4	3 或 4	自然科学与实验室（N）⑦ 或者推理（M 和/或 R）⑧	3 或 4	S 或 S
历史/社会科学/行为科学	5	3	社会科学（S）⑨和/或 多样性（D）⑩	3	S

① 学生必须参加哈姆林的说明文写作课程，除非有完整的 ENG 1114 研究论文满足哈姆林计划中说明文写作（E）的要求。

② 哈姆林大学需要两门口语强化（O）课程，其中一门必须在哈姆林大学完成。

③ 哈姆林大学需要三门多样性（D）课程，所有这些都可以在 IHCC 完成。

④ 哈姆林大学需要两门口语强化（O）课程，其中一门必须在哈姆林大学完成。

⑤ 哈姆林大学需要三门多样性（D）课程；所有这些都可以在 IHCC 完成。

⑥ 哈姆林大学需要两门社会科学（S）课程；两者都可以在 IHCC 完成。

⑦ 哈姆林大学需要两门自然科学（N）课程；其中一门必须为实验课。

⑧ 哈姆林大学需要一门形式推理（R）课程和一门定量推理（M）课程；两者都可以通过一门课程来完成；两者都可以在 IHCC 完成。

⑨ 哈姆林大学需要两门社会科学（S）课程；两者都可以在 IHCC 完成。

⑩ 哈姆林大学需要三门多样性（D）课程；所有这些都可以在 IHCC 完成。

续表

转出院校			转入院校		
课程前缀、编号和名称	目标	学分数	课程前缀、编号和名称、哈姆林计划	学分申请	等效课程、可替代课程、豁免课程
人文/美术	6	3	人文学科（H）① 或美术（F）②	3	S
任何文科课程	1—10	8 或 9	有变动	8 或 9	S
MnTC/通识教育合计		30			

表 9-9 B 部分：专业、重点、限制性和非限制性选修课或其他

转出院校		转入院校		
课程前缀、编号和名称	学分	课程前缀、编号和名称	学分	等效课程、可替代课程、豁免课程
PA 1102：法律和合同简介	4	LGST 1110：美国社会的法律体系（必修课程）	4	E
PA 1103：UCC 和商业组织	4	IGST 3560：商业组织法	4	E
PA 1105：刑事司法系统	2	选修课	2	E
PA2201：家庭法	3	LGST 3540：法律中的家庭和性别问题	3	E
PA 2202：诉讼及审判实务	3	LGST 3520：民事诉讼及审判实务	3	E
PA2204：遗嘱认证法	3	LGST 3530：遗嘱、信托和遗产	3	E
PA 2205：房地产法	3	LGST 3550：房地产	3	E
PA 2220：法律研究 PA 2222：法律写作	3 3	LGST 1250：法律研究与写作（必修课程）	6	E
PA 2289：律师助理实习	2	选修课	2	
毕业不需要 PA 选修课，除了上述的 PA 2289				
PA 1115：律师事务所程序和技术	2	LGST 3770：律师事务所技术	2	
PA 2206：律师助理面试和调查技巧	2	LGST 3670：法律面试	2	
PA 2208：劳工法	2	LGST 3780：劳工法	2	
PA 2218：计算机化法律研究和互联网	2	选修课	2	
专业、重点、非限制性选修课总计	30	申请的大学总学分（A 和 B 部分的总和）	60	

特别说明（如有）：法律研究专业包括 40 个学分，必须从法律研究或跨学科课程、PA 1102、PA2220 和 PA 2222 中选择 20 个选修课学分（其中包括 3 个额外的法律研究专业选修课学分——每门 PA 1102、PA 2220 和 PA2222 课程出 1 个学分）加上哈姆林 19 门法律研究专业选修课中 16 门的要求。必须在哈姆林完成至少 56 个学分并且至少完成 16 个专业学分。必须在哈姆林完成至少 60 个按 A-F 评分等级评出的学分才有资格获得毕业荣誉。

---

① 哈姆林大学需要两门人文（H）课程，但它们可以在 IHCC 完成。

② 哈姆林大学需要两门美术（F）课程/每门至少 3 学分。两者都可以在 IHCC 完成。

表 9-10　C 部分：接收大学对剩余学分的要求

课程前缀、编号和名称	学分数
LGST 5800：法律研究高级研讨会（W、Q）	4
LGST 5900：法律研究实习（P）	4
专业选修课	8
写作强化（W）	4
口语强化（O）	4
剩余的哈姆林计划和通用学分要求（因因佛山社区学院通识教育课程而异）	44（最低）
剩余大学学分总数	68

表 9-11　D 部分：课程总学分

转出院校学分		转入院校要求	
A 部分：MnTC/通识教育	30	A&B 部分——使用的转出院校总学分	60
B 部分：专业、重点、限制性选修课、非限制性选修课或其他	30	C 部分：在转入院校还需要取得的剩余学分	68
转出院校总学分	60	转入院校总学分	128

四、汉普郡学院

（一）马萨诸塞州转学概况

1971 年，佛罗里达州成为美国第一个在立法上强制实施全州转学衔接政策的州。1974 年，马萨诸塞州（正式名称为"马萨诸塞联邦"）第一个联邦转学契约（CTC）成立。联邦转学契约适用于在社区学院完成副学士学位、平均成绩为 2.0 且至少完成 35 个通识教育核心课程学分的学生，保证社区学院学分能够转移，并为达到转入机构条件的学生提供完整的初级学位。20 世纪 90 年代初期，马萨诸塞大学阿默斯特分校制定了联合招生协议，该协议早期针对在社区学院完成副学士学位的学生个人，后期被联邦采纳为州转学系统。参加经批准的联合招生计划、平均 GPA 至少达到 2.5 的学生将被自动录取到与之达成协议的州立大学或州内高校。该州社区学院与马萨诸塞大学各分校和州立大学之间有 2300 多份联合招生协议。2007 年 4 月，马萨诸塞州高等教育委员会创建联邦转学咨询小组（CTAG），授权该小组负责评估联邦当前的转学政策和做法、诊断与转学相关的障碍、比较其他州的转学政策优劣、研究减少转学障碍的措施并确定提议方案的成本。2008 年 6 月，州高等教育委员会接受了 CTAG 的最终报告并通过了马萨诸塞州转学政策。马萨诸塞州转学政策整合并取代了联邦转学契约、联合招生和学费优惠计划。马萨诸塞州转学政策适用于从 2010 年秋季开始完成经批准的副学士学位或马萨诸塞州转学政策通识教育课程的州内公立高等教育系统的学生（无论最初的入学日期如何）。选择继续参加联邦转学契约和/或联合招生计划的社区学院学生必须在 2013 年 8 月之前完成副学士学位并在 2014 年秋季之前在马萨诸塞州立大学或马萨诸塞大学分校入学。

马萨诸塞州转学政策的主要目标是为在该政策框架下完成副学士学位的社区学院学生提供学士学位课程学分顺利转移和适用的保障、保证入学和学费减免的福利（每项福利取决于学生的最终平均成绩），为州内公立高等教育系统的学生设置完成可转移课程模块的中间目标，该系列课程需要满足机构之间的通识教育/分配/核心课程要求（转入机构最多能够增加 6 个额外学分/2 门课程）。期望被之前就读院校重新录取的学生，无论是全日制的还是兼职的，都必须遵守转入机构的重新录取政策，教育管理部门希望转入机构执行马萨诸塞州转学政策的要求。为了帮助 CTAG 推进全州项目间和课程间学分转移的一致性，马萨诸塞州高等教育委员会和 29 所公立高校于 2014 年春季开始研究马萨诸塞州转学政策"转学通道计划"，在 6 个高转学率的学科中创建了 60 个学分的课程模块：生物学、化学、经济学、历史学、政治学和心理学。2015 年秋季，高等教育部开始研究纳入 10 个新学科：商业、传播和媒体研究、计算机科学、刑事司法、幼儿教育、英语、人文学科、数学、社会学和 STEM 基础（重点是自然和物理科学）。2016 年春季发布的"联邦承诺"（Commonwealth Commitment）计划为在两年半内完成马萨诸塞州转学政策"转学通道计划"学分要求且累积 GPA 为 3.0 或更高的学生提供额外的福利。纳入"联邦承诺"计划的学生有资格获得 10%的学杂费减免，在每个学期结束时以现金回扣或校园发放的代金券形式予以兑付。

有兴趣转入州立大学或马萨诸塞大学分校的本科申请者必须满足以下标准之一：申请者必须获得 12—23 个可转移课程学分，GPA 至少达到 2.5；申请者必须获得最多 23 个可转移学分，GPA 至少达到 2.0 并且必须提交符合新生录取标准的高中成绩单；申请者必须获得 24 个或更多的可转移学分，GPA 至少达到 2.0。GPA 必须根据学分课程的成绩计算，发展或补习课程的成绩不能计入 GPA 中。可转让的学分是学生的转入机构最终接受的学分，该机构的特定学位课程不需要提供学分可转移的承诺。社区学院、州立大学和马萨诸塞大学分校之间制定转学政策的目的是简化和明晰高校之间学分转移的过程，为可能转移的学分提供评估标准，缩减完成大学教育的时间和成本，增大学生毕业的概率。转学政策尊重每所院校的学术标准、质量和完整性，旨在解决已完成课程的学分转移，以及通过替代性方式（例如考试、专业课程、军事训练和其他先前的学习经历）获得学分的相关问题。①

（二）汉普郡学院转学概况

汉普郡学院是一所位于美国马萨诸塞州阿默斯特的私立四年制文理学院，在 2018 版卡内基分类中属于学士学位授予院校。2019 年，汉普郡学院共接收转学生 168 人，录取 109 人，转学录取率为 64.88%。转学生占整个学生群体的 3.44%。②

根据马萨诸塞州转学计划，汉普郡学院-马萨诸塞州担保计划内容如下：转学生占汉普郡社区学院的很大一部分，学校希望通过与州转学计划的合作让学生更实惠、更容易地过渡到四年制大学。③该计划主要包含以下 3 个部分。

1. 马萨诸塞州转学协议

该协议针对在马萨诸塞州获得副学士学位、进行课程模块转移的学生。尽管学生可能需要额外的时间才能完成，学校期望学生在两年内完成自己在汉普郡的教育要求（学部二级两个学期和学部三级两个学期）。

2. 马萨诸塞州转学计划要求

如果转学生完成了马萨诸塞州社区学院的副学士学位并且 GPA 最低达到 2.5，就可以获得汉普郡学院的录取保证。转学生是汉普郡学院的重要组成部分，校方希望能让学生负担得起转学费用，并顺利过渡到四年制院校。

3. 学部系统

申请者在社区学院获得的学分将在申请汉普郡学院的学位时自动生效。参加马萨诸塞州转学计划的合格申请者将作为汉普郡学部二级的学生与学术顾问一起规划自己的学术前景。

（三）汉普郡学院转学要求

汉普郡学院有关学分转移和申请方面的要求如下。

---

① Mass Transfer Policy. https://www.mass.edu/masstransfer/tools/advisors.asp#:~:text=MassTransfer%20policy%20benefits%20will%20apply%20to%20students%20in,date%20of%20enrollment.%20It%20has%20two%20main%20purposes%3A.（2016-06-30）[2022-03-28].

② Hampshire College Transfers：2023 Requirements，Dates，GPAs & More. https://www.campusreel.org/how-to-transfer-colleges/hampshire-college-transfer-requirements.（2021-08-20）[2021-11-20].

③ Hampshire College and the Massachusetts Guarantee Program. https://www.hampshire.edu/admissions/unique-transfer-opportunities.（2017-06-20）[2022-01-06].

1. 转学学分要求

无论申请者来自大型院校还是其他小型院校，汉普郡学院都为转学生提供了根据已完成的课程构建定制学习计划的机会。转学生有资格获得优秀奖学金并在申请汉普郡时自动进入考虑范围。要成为有资格的转学申请者，学生必须至少完成 15 个可转学分且成绩达到 C 或更高，这些课程不能出现在高中文凭的学分记录上。如果课程在内容、性质和强度上与汉普郡学院提供的课程相当，经过地区认证的院校课程学分就可以转移。不管学分最终转移的数量是多少，转学生毕业时在校最低学习时间要求是 3 个学期。接受助学资助的转学生应就可以申请的学期数进行咨询。[①]

2. 转学优势

其转学的优势在于：无申请费；无入学论文要求；达到 GPA2.5 的保证入学；保证转学申请者获得所有副学士学位的学分；在汉普郡注册时可以自动进入学部二级；具有副学士学位的学生可获得奖学金和学费的部分减免；如果需要，可以通过奖学金将受教育的时间延长至第三年。

3. 转学申请材料

（1）主要内容

转学申请资料包括已完成的通用申请和写作补充材料（拟议的学习计划）、所有大学成绩单、大学成绩报告（来自最近就读的学院/大学）、转学的期中成绩报告（已注册）、最终的高中成绩单、一封学术推荐信。除上述材料外，国际学生还需要提交以下内容：英语能力方面需要提交托福 iBT（最低 91 分）、雅思（最低 6.5 分）或 Duolingo 英语考试（DET）（最低 110 分）。如果学生没有参加托福、雅思或 DET，学校还将接受以下材料作为英语水平的证明：IB（高级）英语成绩为 A1 或 A2；AP 英语文学和作文成绩；A-level 英语考试预测成绩。如果这些都不适用，学生也可以通过指定邮箱联系国际招聘协调员申请英语水平考试豁免。在美国的学院或大学至少学习了 1 年的国际转学申请者将自动免除英语水平方面的要求，一些可选的申请材料可以通过通用申请的方式提交。申请者还有机会通过汉普郡学院的在线申请门户网站提交其他可选材料，例如照片、视频、PDF、Word 文档和音乐文件，也可以发送一份有特别意义的协作、小组或社区参与活动的说明。视频/媒体补充材料可以是音乐、舞蹈、电影、动画、独白等，项目案例可以是自己独立或协作的、创造性的、科学的、或者以其他方式展示的工

---

① Transfer Students. https://www.hampshire.edu/admissions/transfer-students.（2017-06-20）[2022-01-06].

作。此外还可以提交最多 3 封额外的推荐信，校方强烈建议必须在申请的截止日期之前进行面试。

（2）转学生还可以提交的其他材料

1）通用申请的写作补充（即拟议的学习计划）。学生要用 1—3 段话来描述自己的学术兴趣和目标，其中可以包括自己希望参加的课程类型（仅列出课程名称是不够的），以及计划的任何独立项目、实习或实地研究。拟议的学习计划不是合同，主要是为了帮助申请者确定是否适合在汉普郡学院继续学业。

2）可选的写作补充。在汉普郡学院，学生掌握学习的自主权并定制课程。考虑到这一点，学生要用 500 字以内的材料告诉校方自己最近感兴趣的主题以及下一步如何加深了解。

3）申请状态。处理完转学申请后，校方将发送一封包含用户名和密码的待确认的电子邮件供申请者在线检查录取文件的完整性。为了确保能够收到最终的录取决定，校方建议申请者及时保持电子邮件通信。

4. 转学政策之三级学部的要求

（1）学部一级

为了让转学生通过或完成学部一级的要求，学校需要为其指定 8 门学术课程，其中可能包括上述合格考试。转学生的成绩单、转学课程和汉普郡学院课程的组合成绩单都可能符合要求。转学生的成绩单会在抵达前进行评估，目的是确定成绩单中是否有学部一级所需的课程数量。成绩备案中心将为达到要求的学生备注"学部一级成绩合格"。还未完成学部一级要求的学生需要在汉普郡学院注册的第一个学期修读剩余课程，并在学期结束时完成。在转学生抵达汉普郡学院之前，成绩备案中心将根据学校已接收的转学课程数量估算转学生毕业前需要在汉普郡学院学习的学期数。与第一年入学的新生不同，转学生不需要完成学部一级的作品集或回顾性论文，不用参加大一的研讨会，也不需要完成社区参与学习 1 级（CEL-1）的要求。

（2）学部二级

与其他汉普郡学院的学生一样，转学生与辅导员一起协商学部二级的学习计划。未能用于完成学部一级要求的转学课程经学部二级的相关委员会批准后有资格纳入二级的课程范围。转学生可以参阅学部二级的课程要求和程序。在确定学生能否通过学部二级的要求时，教师委员会考虑的因素包括：学生是否达到合同中规定的目标；作品集中的课程和其他学习活动的数量及类型是否构成综合性的知识体系；学生对写作和其他表达方式的熟练程度；学生在必要的知识和技能方面对大三学习项目的准备程度。转学生必须在学部二级完成社区参与学习二级的要求，以及种族和权力要求。

（3）学部三级

转学生要遵循学部三级的政策指南。转学工作的要求不适用于学部三级。[①]

5. 汉普郡学院和马萨诸塞州担保奖学金

汉普郡学院是马萨诸塞州担保计划的成员。马萨诸塞州担保计划确保获得马萨诸塞州社区学院副学士学位并满足最低 GPA 要求（达到 2.5）的学生被汉普郡学院和其他参与院校录取。通过马萨诸塞州担保计划转学至汉普郡学院的学生将在录取后获得奖学金，金额为 1.2 万—2.4 万美元。只要学生保持令人满意的学业进步和持续的全日制入学，奖学金每年都可以续签。这些奖学金最多可续签 6 个学期。除了上述奖学金外，进入马萨诸塞州担保计划的学生还有资格获得以下两项额外的奖学金之一：马萨诸塞州担保成就奖的奖励金额为 2000 美元，目的是表彰在马萨诸塞州社区学院完成副学士学位且 GPA 高于 3.0 的学生；马萨诸塞州担保卓越奖的奖励金额为 4000 美元，目的是表彰在马萨诸塞州社区学院完成副学士学位且 GPA 高于 3.5 的学生。这些奖项最多可续签 6 个学期，可以作为其他汉普郡学院奖学金的补充。

获得学术荣誉且是美国大学高才生组织成员的马萨诸塞州担保学生将获得 2.4 万美元的美国大学高才生组织奖学金。该奖项旨在表彰美国大学高才生组织学生的杰出领导能力，以及他们在之前院校获得的卓越学术成就。美国大学高才生组织奖代替了汉普郡学院的学术成果援助，但上面提到的马萨诸塞州担保奖学金将作为美国大学高才生组织奖的补充。此外，学生可以申请基于需求的经济援助。汉普郡学院财政援助办公室将根据联邦学生资助的申请（FAFSA）确定学生是否具备联邦和州财政援助的资格。非美国公民或永久居民的学生需要提交社会服务证书（CSS）的档案材料（而不是 FAFSA），以便申请基于需求的援助。马萨诸塞州社区学院的学生有资格获得马萨诸塞州社区学院奖学金的以下两个奖项之一：完成超过 30 个学分且成绩为 C 或更高（包括及格成绩的学分）的学生可获得 2000 美元的奖励；4000 美元的奖励是用来表彰在马萨诸塞州社区学院完成副学士学位的学生。这些奖学金可续签 3 年，并将作为汉普郡学院其他奖学金的补充。

---

① Transfer Policy. https://handbook.hampshire.edu/node/24#:~:text=Transfer%20Policy%20Transfer%20students%20are%20required%20to%20fulfill,used%20to%20satisfy%20some%20of%20Hampshire%E2%80%99s%20graduation%20requirements.（2021-08-19）[2022-01-06].

（四）棕榈滩社区学院：汉普郡学院转学衔接协议

为了更好地了解美国私立四年制学士学位授予院校的转学政策，本部分以汉普郡学院与棕榈滩社区学院（PBCC）的衔接协议为例进行说明。汉普郡学院的转学合作伙伴包括波克夏社区学院、布里斯托尔社区学院、邦克山社区学院、科德角社区学院、格林菲尔德社区学院、霍利奥克社区学院、棕榈滩社区学院、麻省海湾社区学院、马萨索伊特社区学院、米德尔塞克斯社区学院、瓦诸塞特山社区学院、北岸社区学院、北埃塞克斯社区学院、昆斯加蒙德社区学院、罗克斯伯里私立高中、斯普林菲尔德技术社区学院等多所院校。为了帮助学生在汉普郡学院集中进行学习，在任一机构获得文学副学士学位的学生将受到教师额外的帮助。以棕榈滩社区学院为例，两者的转学协议主要包含以下几个部分的内容：①以 C 或更高成绩圆满完成的课程可以认定为汉普郡学位课程。如果学生已经获得棕榈滩社区学院文学副学士的学位，学校接受和高中签订的双学分课程协议里覆盖的课程；圆满完成棕榈滩社区学院规定的通识教育要求的学生将在人文、艺术和文化研究学院、跨学科艺术学院、自然科学学院和社会科学学院完成汉普郡学院学部一级的要求。学生还可以通过学习附录中的某门课程来满足认知科学学院的学部一级要求。连同用于满足分配要求的五门课程，学校将确定棕榈滩社区学院成绩单中的其他三门课程是否满足学院学部一级课程的要求；在学生被汉普郡录取之前，超出一年级要求的转学课程将由学生提议的学习计划中的教职员工进行审核，目的是确定在汉普郡必须注册的学期数。被汉普郡学院录取并完成与棕榈滩社区学院类似学科课程学习的学生，通常可以在汉普郡学院学习两年（包括学部二级两个学期和学部三级两个学期）。在每个学期结束时学部二级的委员会将评估学生的学业进步是否达到了学校要求。汉普郡学院和棕榈滩社区学院同意向学生和教职员工宣传此协议并每年审查一次。经双方同意，汉普郡学院或棕榈滩社区学院的计划变更可纳入协议。该协议将在 2008/2009 学年和每个连续学年生效，除非被其中的任一院校取消。汉普郡学院或棕榈滩社区学院可提前一年发出书面通知终止协议。如果协议被取消，在终止时已注册并被汉普郡录取的学生不会受到影响。不符合汉普郡 5 个学院任何一项分配要求的转学生需要在注册的第一学期完成。以认知科学学院为例，在 PBCC 期间成功完成以下课程的学生等同于完成汉普郡认知科学学院的要求。满足认知科学学院学部一级分配要求的课程有：

---

① Articulation Agreement Hampshire College and Palm Beach Community College. https://www.hampshire.edu/sites/default/files/admissions/files/PBCC.pdf.（2017-12-12）[2022-01-06].

第三区：数学

MAC 2233 微积分调查（商科专业）（GR）（3）；

MAC 2311 微积分与解析几何 1（GR）（4）；

MAC 2312 微积分与解析几何 2（GR）（4）；

MAC 2313 微积分与解析几何 3（GR）（4）；

MAP 2302 微分方程（GR）（3）；

MAS 2103 矩阵理论（GR）（3）；

MGF 1106 文科数学（GR）（3）；

MGF 1107 有限数学（GR）（3）；

MTG 2206 大学几何（GR）（3）；

STA 2023 统计学（GR）（3）。

第四区：自然科学

BSC 1005 生物学概念（非科学专业）（3）；

（实验室 BSC 1005L 可选）（1）；

BSC 1010 生物学原理 1（3）；

（实验室 BSC 1010L 可选）（1）；

BSC 1011/BSC 1011L 生物学原理 2 和实验室（4）；

BSC 2085/BSC 2085L 解剖学和生理学 1 和实验室（4）；

BSC 2086/BSC 2086L 解剖学和生理学 2 和实验室（4）；

ZOO 1010 普通动物学（3）；

ZOO 1010L 普通动物学实验室（1）。

第五区：社会科学

ANT 2000 人类学（GR）（3）；

PSY 2012 一般心理学（GR）（3）。

汉普郡学院和棕榈滩社区学院签订协议的目的是为参与的学生提供获得文学学士学位的机会，使那些以文学副学士学位进入汉普郡学院修读荣誉课程的学生能够顺利过渡到棕榈滩社区学院的学部二级系统。该协议适用于在棕榈滩社区学院修读了荣誉课程的毕业生，也可以根据学生的个人情况考虑非荣誉毕业生。虽然汉普郡学院没有具体规定最低标准，但招生委员会将彻底审核所有申请者在汉普郡学业能否成功的潜力。申请者的材料评估主要从学术广度、严谨性和学术表现等方面展开。论文主要用来评估内容和批判性思维，其他需要考虑的因素还包括社区参与情况、求知欲、独立性和自我指导。

第十章　中国高校转学制度构建

　　高校如何根据学生兴趣、专业选择和未来发展的需要进行有效衔接和转学，是我国高等教育从规模扩张转向高质量发展、实现"以学生为中心"、满足学生多样化高等教育需求的一个重要主题。与此同时，如何构建开放灵活、适合学生发展的高校学生学业衔接制度和转学制度，更好地实现专业学习的再选择，又是高等教育转学治理制度改革的一个需要破解的难题。

第一节　背景概述

一、打破院校间学生转学的制度障碍

　　2021 年 10 月 12 日，中共中央办公厅、国务院办公厅印发《关于推动现代职业教育高质量发展的意见》，提出：推进不同层次职业教育纵向贯通，一体化设计职业教育人才培养体系，推动各层次职业教育专业设置、培养目标、课程体系、培养方案衔接；鼓励应用型本科学校开展职业本科教育，按照专业大致对口原则，指导应用型本科学校、职业本科学校吸引更多中高职毕业生报考，促进不同类型教育横向融通；加强各学段普通教育与职业教育渗透融通，推动中等职业学校与普通高中、高等职业学校与应用型大学课程互选、学分互认；制定国家资历框架，建设职业教育国家学分银行，实现各类学习成果的认证、积累和转换，加快构建服务全民终身学习的教育体系。2022 年修订的《中华人民共和国职业教育法》着力建立健全职业教育与普通教育相互融通，不同层次职业教育有效贯通、服务全民终身学习的现代职业教育体系。具体而言，在纵向贯通上，明确了高等职业学校教育由专科、本科及以上教育层次的高等职业学校和普通高校实施，有助于形成技术技能人才培养的完整通道；在横向融通上，规定了国家建立健全各级各类学校教育与职业培训学分、资历以及其他学习成果的认证、积累和

转换机制，促进职业教育与普通教育的学习成果融通、互认，有助于构建职业教育与普通教育的"立交桥"。

打破院校间学生转学的制度障碍，是建立现代职业教育体系、实现高校分类协同发展、建设高质量高等教育体系的需要。在职普融通、职业教育人才培养体系更加完善和立体的现实背景下，高校分类协同发展就更凸显其现实意义，成为高等教育高质量发展的必由之路。高校分类协同发展是高等教育实现高质量发展和内涵式发展的必然选择，在进行合理分类基础上增强自己的特色优势，融合创新和应用，上下沟通、左右联通，合力形成四通八达的人才成长"立交桥"，建构普及化阶段高等教育多样化的理想形态，这是通过体系建设而推动高等教育高质量发展的原本之义。①要想在应用型本科学校、职业本科学校、中高等职业学校之间，学历教育和职业教育之间通过转学制度的设计架起有效衔接的人才培养"立交桥"，建设普及化时代高质量高等教育体系，首先需要打破各类院校间学生转学的制度障碍，帮助接受各级各类职业教育的学生在程序正当、制度完备、运行良好的"转学通道计划"中实现学业质量水平要求、专业选择和学历层次提升。

二、建立健全高校转学运行机制

2018年8月，教育部印发《狠抓新时代全国高等学校本科教育工作会议精神落实的通知》，提到要"合理提升学业挑战度、增加课程难度""切实加强学习过程考核，加大过程考核成绩在课程总成绩中的比重，严格考试纪律、严把毕业出口关，坚决取消清考制度"。2019年10月，教育部印发《关于深化本科教育教学改革　全面提高人才培养质量的意见》，进一步强调"坚持立德树人，围绕学生忙起来、教师强起来、管理严起来、效果实起来，深化本科教育教学改革，培养德智体美劳全面发展的社会主义建设者和接班人"。2020年10月，中共中央、国务院印发《深化新时代教育评价改革总体方案》，进一步强调"严格学业标准。完善各级各类学校学生学业要求，严把出口关"。在改革教学管理制度、规范本科教学秩序、加强学习过程管理、构建本科教育高水平人才培养体系的现实背景下，一部分学分未达要求、学习成绩屡次不合格的、不符合学术标准的学生势必会被淘汰。这些被淘汰的学生是直接把他们推向社会还是为他们提供更多的适合自身学业实际的自主选择的通道和机会，是以生为本、因材施教、提高人才培养质量不得不面临、不得不思考、不得不解决的现实问题。

---

① 马陆亭. 新时代高等教育的结构体系. 中国高教研究，2021（9）：18-24.

此外，虽然完善学分制一直是深化高等教育教学制度改革的一个重要着力点，但我国高校在完善学分标准体系、将学分积累作为学生毕业标准、建立与学分制改革和弹性学习相适应的高校教学管理制度、校际学分互认与转化实践运行机制等方面还在探索和改革之路上前行。

建立健全高校转学机制，是高校建立学业预警和淘汰机制、完善学分制的有效路径选择。转学制度的构建和实施虽然可能冲击目前高校的部分运行体系，会给人才培养带来额外的成本和负担，但从长远来看，这对高校在严格学分质量要求，建立学业预警、淘汰机制的同时，完善学分制、扩大学生学习自主权和选择权、深化本科教学改革有着积极的推动作用。

第二节　我国高校转学制度现状

本节梳理了教育部、部分省份、"双一流"院校、地方本科院校及职业院校发布的本科生学籍管理办法中的转学规定，对我国高校转学制度现状分析如下。

一、大多数省份及高校转学限制条件和要求较多

（一）从国家和省市的制度层面来看，主要是不得转学的规定描述

我们对教育部[①]以及北京[②]、上海[③]、广东[④]、湖北[⑤]、湖南[⑥]、山东[⑦]、陕西[⑧]、

---

① 普通高等学校学生管理规定. http://www.moe.gov.cn/srcsite/A02/s5911/moe_621/201702/t20170216_296385.html.（2017-09-01）[2021-10-14].

② 北京市教育委员会关于做好普通高等学校学生转学工作的意见. http://www.beijing.gov.cn/zhengce/zhengcefagui/201905/t20190522_60628.html.（2017-11-30）[2021-10-15].

③ 上海市教育委员会关于做好本市普通高等学校学生转学工作的意见. http://edu.sh.gov.cn/zcjd_zhbsptgdxxxszxgz/20191030/0015-xw_103380.html（2019-06-30）[2021-10-15].

④ 转发教育部办公厅关于进一步规范普通高等学校转学工作的通知. https://view.officeapps.live.com/op/view.aspx?src=https%3A%2F%2Fstatics.scnu.edu.cn%2Fpics%2Fjwc%2F2015%2F1019%2F1445223770857365.doc&wdOrigin=BROWSELINK（2015-10-19）[2021-10-15].

⑤ 省教育厅关于进一步规范普通高等学校转学工作的通知. http://www.hbjxjy.org/shownnews.asp?id=3342.（2015-11-24）[2021-10-15].

⑥ 转发教育部办公厅关于进一步规范普通高等学校转学工作的通知. http://jyt.hunan.gov.cn/sjyt/xxgk/tzgg/201701/t20170121_3952583.html.（2015-06-26）[2021-10-15].

⑦ 山东省教育厅关于进一步做好普通高等学校学生转学相关工作的通知. http://jw.qut.edu.cn/__local/2/ED/A8/2E4D1ADC9AD61FE2EE54524F816_AD7DC976_41C4F.pdf?e=.pdf.（2017-10-16）[2021-10-15].

⑧ 关于转发教育部办公厅关于进一步规范高等学校转学工作的通知. http://jyt.shaanxi.gov.cn/news/jiaoyutingwenjian/201506/23/9371.html.（2015-06-19）[2021-10-15].

浙江①、福建②、江苏③10 个省份的教育主管部门发布的转学文件进行了梳理。2017 年最新修订的《普通高等学校学生管理规定》从入学年限、高考成绩、学历层次、录取方式及标准等方面列举了不得转学的六种情况：入学未满一学期或者毕业前一年的；高考成绩低于拟转入学校相关专业同一生源地相应年份录取成绩的；由低学历层次转为高学历层次的；以定向就业招生录取的；研究生拟转入学校、专业的录取控制标准高于其所在学校、专业的；无正当转学理由的。江苏省、福建省、湖北省教育厅在此基础上提出，未通过普通高校招生全国统一考试或未使用高考成绩录取入学的（含保送生、单独考试招生、政法干警、第二学士学位、专升本、五年一贯制、三二分段制等）不得转学的要求。除此之外，江苏省、湖北省教育厅提出了三条额外要求：拟转入学校与转出学校在同一城市的；跨学科门类的；应予退学或受到开除学籍处分的学生不得转学。

（二）转学时限设置不够灵活，转学条件和要求侧重于学生个体的特殊需要

各省份教育厅（教委）办理学生转学备案的次数一般为每年两次，受理时间集中在寒假和暑假期间或是 2 月份和 8 月份，其余时段不受理高校的转学审批。

按照《普通高等学校学生管理规定》第二十二条的规定，只有以下情况符合转学条件："因患病或者有特殊困难、特别需要，无法继续在本校学习或者不适应本校学习要求的，可以申请转学。"学生因学校培养条件改变等非本人原因需要转学的，学校应当出具证明，由所在地省级教育行政部门协调转学到同层次学校。学生转学由学生本人提出申请，说明理由，经所在学校和拟转入学校同意，由转入学校负责审核转学条件及相关证明，认为符合本校培养要求且学校有培养能力的，经学校校长办公会或者专题会议研究决定，可以转入。湖南省教育厅制定了更为详细的转学程序要求："转出高校分级审核学生转学理由的正当性、真实性及要求的合理性。因患病要求转学的，学校要指定医院进行诊断，同时要审核医院的相关治疗证明，并结合日常管理情况进行综合判断。因特殊困难要求转学的，要审核父母单位证明、家庭社区证明和相关的支撑材料。经院系初审、职能处室复审通过后，提交学校学籍管理领导小组集体研究，通过后提供相关材料

① 浙江省教育厅办公室转发教育部办公厅《关于进一步规范普通高等学校转学工作的通知》的通知. https://jwc.zufe.edu.cn/info/1015/1602.htm.（2015-07-20）[2021-10-15].

② 福建省教育厅关于进一步规范普通高等学校学生转学转专业的通知. http://jyt.fujian.gov.cn/xxgk/zywj/201109/t20110926_3173101.htm.（2011-09-23）[2021-10-15].

③ 省教育厅关于进一步规范普通高等学校转学工作的通知. https://jwc.jsmc.edu.cn/2018/0718/c4643a37215/page.htm.（2015-06-29）[2021-10-15].

供学生联系接收学校。"①本节分别选取了1所"双一流"高校、1所地方高水平本科院校、1所地方新建院校、1所高职高专院校进行分析。在近5年的13个转学案例中，因身体原因转学的有8人，占61.5%；家庭有特殊困难而转学的有3人；被特殊计划录取的1人；不适应学习要求转学的仅有1人。

二、学分制有待完善，不同层次及类型高校之间未建立有效衔接

从学分转移的情况来看，目前我国的大学学分还是跟着课程计划走的，学分制也并非真正的学分制。《普通高等学校学生管理规定》第十六条指出，"学生根据学校有关规定，可以申请辅修校内其他专业或者选修其他专业课程；可以申请跨校辅修专业或者修读课程，参加学校认可的开放式网络课程学习。学生修读的课程成绩（学分），学校审核同意后，予以承认"，第十八条指出，"学生因退学等情况中止学业，其在校学习期间所修课程及已获得的学分，应当予以记录。学生重新参加入学考试、符合录取条件，再次入学的，其已获得学分，经录取学校认定，可以予以承认。具体办法由学校规定"。2018年发布的《教育部关于狠抓新时代全国高等学校本科教育工作会议精神落实的通知》里提到"要完善在线开放课程学分认定制度，推动学分互认"。总之，目前的学分认定主要限于在线开放课程、辅修专业和中途退学情况。我国目前虽然有一些高校已经建立起联盟实行学分互认，但也仅仅处于起步阶段，且范围较小。一流高校之间的课程认定和学分互换大多仅针对同等级之间的高校，推动不同层级和类别之间高校的学分互认和学分转移仍然任重道远。

三、高校转学生群体占比较小，以插班生和专升本为主体

（一）插班生

目前的校际合作形式主要有：专升本，学分互认、学生互换交流以及插班生招生等。但这些大多是为少数优秀学生安排的，"问题生"的校际合作目前基本没有。以上海市实行的插班生政策为例，根据《上海市教育委员会关于2021年继续开展普通高校招收插班生试点工作的通知》②，上海市2021年在复旦大

---

① 转发教育部办公厅关于进一步规范普通高等学校转学工作的通知. http://jyt.hunan.gov.cn/sjyt/xxgk/tzgg/201701/t20170121_3952583.html.（2015-06-26）[2021-10-15].

② 上海市教育委员会关于2021年继续开展普通高校招收插班生试点工作的通知. http://edu.sh.gov.cn/xxgk2_zdgz_rxgkyzs_06/20210430/26a8c5f122594a1e9609d18931167c7f.html.（2021-04-30）[2021-10-16].

学①、上海交通大学②、同济大学③、华东师范大学④、华东理工大学⑤、东华大学⑥、上海理工大学⑦、上海海事大学⑧、华东政法大学⑨、上海海洋大学⑩、上海大学⑪和上海政法学院⑫等12所普通高校的部分专业中继续开展招收插班生试点工作（表10-1）。但是从目前不到300人的年度招生规模和专业分布来看，插班生考试只是为成绩较高的学生群体提供了二次高考的机会，转学门槛高，专业覆盖面小。

表 10-1　2021 年上海市 12 所试点高校插班生招生专业及人数

学校名称	2021 年招生专业	2021 年拟录取人数
复旦大学	汉语言、历史学、哲学、核工程与核技术、理论与应用力学、环境科学、生物医学工程	计划 28 人
上海交通大学	法学试验班、行政管理、汉语言文学（中外文化交流）、工业设计、建筑学（五年制）、风景园林、化学、环境科学与工程、预防医学、医学检验技术、食品卫生与营养	约 20 人
同济大学	地质工程、海洋科学、光电信息科学与工程	最多 12 人
华东师范大学	软件工程、数据科学与大数据技术、数学与应用数学、物理学、材料科学与工程、电子信息科学与技术、化学、通信工程、微电子科学与工程、政治学与行政学、社会工作	最多 54 人

① 复旦大学 2021 年插班生招生简章. http://www.ao.fudan.edu.cn/index!list.html?sideNav=302&ccid=11441&topNav=282.（2021-05-12）[2021-10-16].

② 上海交通大学 2021 年插班生招生简章. https://zsb.sjtu.edu.cn/web/jdzsb/3810134-3810000003118.htm?Page=64.（2021-05-12）[2021-10-16].

③ 同济大学 2021 年插班生招生简章. https://www.tongji.edu.cn/search.jsp?wbtreeid=1128&searchScope=0&currentnum=2&newskeycode2=5oub55Sf566A56ug.（2021-05-12）[2021-10-16].

④ 华东师范大学 2021 年插班生招生简章. https://zsb.ecnu.edu.cn/webapp/web-news-detail.jsp?newsUuid=f0e29d2f-3fd9-47f4-a6d9-2b871a5460e0&moduleId=17.（2021-05-12）[2021-10-16].

⑤ 华东理工大学 2021 年插班生招生简章. https://zsb.ecust.edu.cn/2021/0507/c2316a127172/page.htm.（2021-05-07）[2021-10-16].

⑥ 东华大学 2021 年插班生招生简章. https://zs.dhu.edu.cn/45/89/c9563a279945/page.htm.（2021-05-08）[2021-10-16].

⑦ 上海理工大学 2021 年插班生招生简章. https://zhaoban.usst.edu.cn/2021/0506/c6165a246835/page.htm.（2021-05-06）[2021-10-16].

⑧ 上海海事大学 2021 年插班生招生简章. https://admission.shmtu.edu.cn/policy/1250.htm.（2021-05-08）[2021-10-16].

⑨ 华东政法大学 2021 年插班生招生简章. https://zsb.ecupl.edu.cn/2021/0507/c8959a179312/page.htm.（2021-05-08）[2021-10-17].

⑩ 2021 年上海海洋大学插班生招生简章. https://zsjy.shou.edu.cn/2021/0507/c13853a288001/page.htm.（2021-05-07）[2021-10-16].

⑪ 上海大学 2021 年插班生招生简章. https://bkzsw.shu.edu.cn/info/2026/8928.htm.（2021-05-08）[2021-10-17].

⑫ 上海政法学院 2021 年插班生招生简章. https://zs.shupl.edu.cn/Default.aspx?DetailId=7251f487-c3b1-44f4-a0cb-c93517ac4db6.（2021-05-08）[2021-10-17].

续表

学校名称	2021 年招生专业	2021 年拟录取人数
华东理工大学	生物科学、应用化学、无机非金属材料工程、复合材料与工程、机械设计制造及其自动化、电气工程及其自动化、工业设计、物流管理、工商管理、市场营销、社会工作	最多 34 人
东华大学	纺织类、应用化学	最多 6 人
上海理工大学	材料科学与工程	计划 12 人
上海海事大学	经济学类	计划 10 人
华东政法大学	法学（经济法）、法学（国际经济法）、法学（刑事法律）、法学（网络信息法）、社会学、社会学（社会管理）、社会工作	最多 26 人
上海海洋大学	水族科学与技术、环境科学、农林经济管理、物流管理	计划 20 人
上海大学	档案学、法学、微电子科学与工程、冶金工程、无机非金属材料工程、应用化学、化学工程与工艺、食品科学与工程	计划 50 人
上海政法学院	法学（刑事司法方向）	计划 25 人

（二）专升本

虽然 2019—2021 年各省份专升本的录取人数及录取率有较大的提升（表 10-2），但对于高职学生而言，只有 1 次报考机会，且只能在省内报考相关院校，不能跨省报考。往届生不可报考。现行的专升本途径太过狭窄，已经不能满足大量往届生及社会考生升学的需求。

表 10-2　2019—2021 年 16 个省份专升本录取率汇总

地区	年份	报名人数/人	录取人数/人	录取率/%	地区	年份	报名人数/人	录取人数/人	录取率/%
河南	2019	140 045	51 940	37.09	湖南	2019	25 098	12 549	50.00
	2020	159 000	66 560	41.86		2020	39 243	16 257	41.43
	2021	187 400	67 978	36.27		2021	63 470	19 305	30.42
河北	2019	56 000	13 915	24.85	福建	2019	22 311	13 465	60.35
	2020	72 241	28 000	38.76		2020	28 955	17 496	60.42
	2021	78 000	28 170	36.12		2021	46 138	22 500	48.77
广东	2019	55 000	12 926	23.50	湖北	2019	36 000	12 290	34.14
	2020	88 762	50 506	56.90		2020	54 143	39 266	72.52
	2021	130 000	65 385	50.30		2021	76 742	38 139	49.70
陕西	2019	25 337	15 794	62.34	云南	2019	45 000	34 682	77.07
	2020	31 372	23 184	73.90		2020	66 000	40 935	62.02
	2021	37 168	26 129	70.30		2021	72 591	29 812	41.07
贵州	2019	31 328	5 356	17.10	黑龙江	2019	19 500	5 250	26.92
	2020	26 917	12 234	45.45		2020	18 770	9 842	52.43
	2021	42 115	13 205	31.35		2021	22 112	12 061	54.55

续表

地区	年份	报名人数/人	录取人数/人	录取率/%	地区	年份	报名人数/人	录取人数/人	录取率/%
山东	2019	83 384	18 800	22.55	重庆	2019	17 310	5 265	30.42
	2020	63 509	44 030	69.33		2020	23 919	15 670	65.51
	2021	106 665	72 687	68.15		2021	32 200	22 300	69.25
江苏	2019	49 979	15 955	31.92	安徽	2019	33 000	10 840	32.85
	2020	60 860	30 285	49.76		2020	88 235	30 000	34.00
	2021	80 223	30 335	37.81		2021	54 000	32 460	60.11
浙江	2019	31 297	14 622	46.72	江西	2019	15 844	2 770	17.48
	2020	39 000	28 110	72.08		2020	36 309	26 825	73.88
	2021	53 040	28 388	53.52		2021	59 900	38 786	64.75

四、不能完成学业而退学的学生没有再学习的通道

学业成绩未达到学校要求或者在学校规定的学习年限内未完成学业的退学学生要按学校规定期限办理退学手续离校，将其档案退回家庭所在地并不是教育的最终目的，有必要对这部分学生进行有效的后续指导，通过分流帮助他们在适当的院校继续完成学业。如果这部分学生在大一或大二就能发现学科专业不适合自己或无法完成相应学科专业的学习，学校给予了及时的干预和指导，并通过转学帮助其选择适合自己学业水平和个性特征的转学方式，能更好地避免高校、学生及其家庭教育资源的浪费，为社会培养更多的合格人才。

五、符合我国国情的转学衔接制度尚未形成

在探讨如何构建符合我国国情的转学模式上，徐家庆于 2013 年在《复旦教育论坛》上发表的文章中首次提出"减压式转学"的概念。所谓的"减压式转学"是指新生在入学后的第一学年出现严重学业危机时（例如，一学年必修课 3门以上不及格或达不到 30 学分以上），即启动淘汰机制，把他们转出本校但不抛给社会，而是分流至省域范围内低一层次或类别的高校（通常人们认同职业教育低于研究型教育），让其重新选择学校甚至是专业，以减轻其学业不适应的压力，开始新学业的一种退出机制。对于那些有课程不及格但在警戒线以内的学业困难学生仍通过传统的方式处理。[①]目前，国内高校的学籍管理细则仅仅规定了学生转学和退学的条件，减压式转学尝试构建了初次反向转学的模式，很有借鉴

---

① 徐家庆. "减压式转学"：超越现有退学制的新探索. 复旦教育论坛，2013（1）：68-74.

意义。但这种模式仅仅针对入学后达不到学校学术标准因而需要转学、退学的"问题学生"，对于存在各种转学需要的学生来说，这显然是不够完整的。

六、我国社会舆论对高校转学的认可度不高

职普融通的建设过程中经常面临的一个困境，即家长和学生对职业教育的社会地位不认可，认为应用型院校和职业本科教育比学术型院校低一个档次。根据 2021 年 3 月印发的《教育部办公厅关于做好 2021 年中等职业学校招生工作的通知》，要"坚持把发展中职教育作为普及高中阶段教育和建设中国特色现代职业教育体系的重要基础，保持高中阶段教育职普比大体相当。推动普通高中和中等职业教育协调发展，科学制订普通高中和中等职业学校招生计划，并严格实施。职普比例较低的地区要重点扩大中等职业教育资源，要提高中等职业教育招生比例"。公众对此的解读就是未来有一半初中毕业生会进入中职学校就读，高职未来毕业只能进入工厂工作。由于中考和高考是目前最主要的考核和升学方式，如果能通过拓宽中职—高职—本科层次职业院校的贯通渠道，打破学术型和应用型院校的学分转移壁垒，在不同层次和类别的院校间形成灵活、可进可退的转学机制和学分银行，学生的学习时间选择、升学选择和就业机会、上升的空间就会更加多元化，才能形成高质量的转学制度，从而真正得到社会认可。

第三节　基于高校分类视野的中国高等教育转学制度基本框架

在厘清高校分类的基础上，构建高等教育转学制度基本框架的过程中存在的主要问题是各类高校、各省高校、各区域高校、各级教育主管部门之间没有就学分互认形成共识并出台规范化的转学制度。本节针对目前国内转学机制的缺陷和不足，尝试构建了职普融通背景下、基于高校分类视野的中国高等教育转学制度框架。该框架的主要功能是界定清楚转学过程中到底"谁和谁转"的问题。参照图 10-1，该框架基于转学目的地可以划分为 3 种全方位、立体化的转学方式：正向转学、逆向转学和平行转学。按照转学次数可分为 2 种转学方式：一次性转学和混合转学（即多次转学，包含正向转学、逆向转学和平行转学三种转学方式的两种或多种交叉转学）。

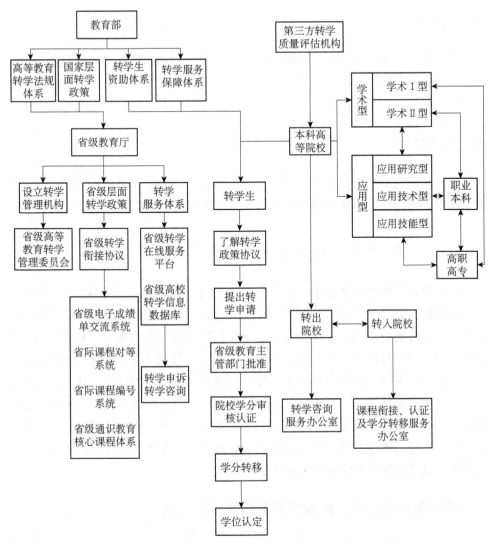

图 10-1　基于高校分类视野的中国高等教育转学制度基本框架

一、正向转学

正向转学主要指学生从低一层级的院校转到高一层级的院校。专科院校的正向转学主要包括从高职高专转入职业本科、从高职高专转入应用型院校、从高职高专转入学术型院校；本科院校的正向转学主要包括从应用型院校转到学术型院校、从职业本科转到学术型院校。

二、逆向转学

逆向转学主要指从高一层级的高校转学至低一层级高校。本科院校的逆向转学主要包括从学术型院校转到应用型院校、从学术型院校转到职业本科、从学术型院校转到高职高专、从应用型院校转到高职高专、从职业本科转到高职高专。

三、平行转学

平行转学主要指转学至校外同一层级的高校。即：学术型院校之间互转、应用型院校之间互转、职业本科院校之间互转、高职高专院校之间互转。

第四节 我国高校转学制度的创新路径

在高等教育的结构体系中，高校的类型架构是基础性的，因为它既是显性的也是可控的，高校类型还决定着人才的培养方式。[①]为了更好地服务于中国高等教育高质量分类发展的目标，本节在前文分析制度缺失的基础上，从转学制度规范化、转学组织标准化、转学理念现代化、学分互认常态化、人才培养多元化 5个维度出发，探讨如何解决我国高校转学制度存在的一系列问题，从而保障高等教育转学体系和转学制度基本框架能够顺利运行。具有中国特色的高校转学制度建设应注重各种类型及层次高等教育发展的多样性，鼓励国内各省份转学管理主体、转学运行主体通过制定有效的转学制度政策、开发优质的转学服务体系，形成适合地方及区域发展的转学治理特色。

一、转学制度规范化：完善转学管理和服务机制

转学制度现代化的运行需要转学管理主体、转学运行主体和转学服务主体（即政府、学校、学生）三者的有机配合。

（一）转学管理主体

转学管理主体主要包含教育部及各省份教育厅（教委）。从国家层面来说，作为国家高等教育的最高层级管理者，教育部应在建设高等教育转学法规政策体系和转学生资助及服务体系方面起主导和引领作用；在省级层面，各省份教育厅（教委）应根据区域经济发展和产业结构调整需要，制定符合区域、省域高等教

---

① 马陆亭. 新时代高等教育的结构体系. 中国高教研究，2021（9）：18-24.

育发展水平的、具有区域特色的转学制度。

　　建立专门的高等教育转学管理办公室或者管理委员会,专注于跨省及省内各类高等院校之间的转学和衔接工作。尝试建立省级高校转学信息数据库、电子成绩单交流系统和课程对等系统,经相关主管部门认定可以相互交换学分的基础课程和专业必修课程可在省级层面建立统一的编号系统。除了专升本这部分正向转学的学生群体,针对有逆向转学和平级转学意向的学生,省级教育行政部门应基于年度或学期及时统计监测其年龄、所在地、入学途径、专业、学术准备情况、高校的转学政策,以及转出院校与接收院校之间的关系,从而对目前省级转学政策和机制中存在的缺失和阻碍学生转学的因素做进一步分析。

　　现有办学条件及模式符合逆向转学和平行转学的院校进行试点,从而在校际转学协议方面积累了有益经验。国家和省级教育行政部门应进一步下放转学机制的管制权,并对转学做出成功探索和尝试的高校给予财政支持和奖励。目前,高校转学政策多以所在省份的转学政策为蓝本,因此根据教育部的转学文件指导精神制定符合省域特色的转学机制意义重大。

　　为了保证转学过程的公正、公开、平等、规范,省级教育主管部门应就转学出台详细的指导政策,并全程参与监督,同时还应赋予转学生必要的申诉权。

(二)转学运行主体

　　转学运行主体主要包含高职高专、学术型、应用型高校及职业本科。从学分互认的角度来看,转学运行主体是其中的关键环节。为了充分保障学生在转学方面的知情权和选择权,高校应建立转学咨询服务办公室,为那些有各种转学意向的学生提供学业和职业规划咨询,指定专门的办公人员作为转学和衔接问题的联系人,在学生群体中就衔接及转学政策和实践进行宣传,鼓励教师参与政策制定和实施;同时,还要利用大数据技术加强学生的课业成绩考核监测,在每个学期及时利用大数据平台自动排查出存在毕业风险的学生。针对 GPA 不合格、无法顺利毕业面临淘汰的学生,应及时通过电子邮件、面对面谈话、填写调查问卷等方式进行沟通,告知其无法顺利毕业的潜在风险,并为其提供转学建议和相关的转学指导。

(三)转学服务主体

　　转学服务主体主要指在层类分明、有序循环的转学体系中根据个人和社会发展需要进行转学的学生群体。转学生应及时向学校的转学服务机构进行咨询,并与之进行充分沟通,了解省域之间、省内院校间的转学政策,提前根据学分转移要求修读完成相应的课程。

二、转学组织标准化：不同地区不同类别高校建立转学衔接制度

目前，中国大学的学分认定仅在少数顶尖研究型大学之间展开，实现学分灵活的互转互认，急需进一步探索学术型大学和应用型大学之间、高职高专院校和职业本科、学术型及应用型高校之间、跨省高校之间的转学衔接协议和学分认定模式。正向转学的学生应通过目的院校设置的 GPA 考核或转学考试方能入学。逆向转学的学生可以申请不再参加目的高校组织的入学考试（跨专业转学或个别热门专业除外），但是至少应在转学前修完基础课程和专业必修课程规定的一定数量的学分。申请学分转换、课程免修时，学生需要向目的高校的教务处提交免修学分申请报告，并提供原学校官方成绩单等相关证明材料。申请转学的学生课程成绩、GPA 应达到一定要求。已经通过的基础课程和专业必修课程如果和转入院校水平相当，按学分对应原则应予以免修。申请学分转移的课程与目的学校的课程内容要对等一致。

各种类型高校之间应就校际转学协议、转学生学费减免及互惠、学分互认和转移展开谈判与对话，必要时可以引入比较权威的第三方专业认证机构或转学质量评估机构，就课程对等和学分互换进行审核和舆论监督。本科院校可尝试和地方专科职业院校、民办院校在某些应用学科领域联合授予学位。为了进一步拓宽逆向转学的通道，应允许应用型院校、职业本科、高职高专院校和民办院校探索设置符合我国国情的副学士学位。

三、转学理念现代化：扩大转学受益群体的范围和规模

新式转学制度服务应该为遇到以下情况的学生提供更多的转学支持：在入学后没有很好的课程体验、对专业或课程不感兴趣；对所在类型高校的教学、研究或管理体制不适应；所在学校缺乏学业或生活上的咨询服务；学校未能提供理想的实验室和设备；家庭经济困难的学生没有及时得到补助；生师比过大限制了学生与教师之间的互动等情况，因而未能有效满足学生的个性发展需求。此外，专升本的报考限制条件应被取消，专升本的接收院校范围也应进一步扩大，为各种有专升本需要的群体提供学位上升的路径支持。转学制度应为入学后达不到所在院校学术标准或学分要求而转学或退学、需要在不同类型高校之间转学以满足学习需要和职业发展需要的学生提供一个"中转站"或"缓冲带"，现有的高职高专、职业本科或应用型高校应该更好地发挥这个作用。

四、学分互认常态化：实现各类高校学分的顺畅转移

为了实现转学生的学分流动和衔接畅通，研究根据学生所在区域及所属的高校类型形成以下 4 种学分互认体系。

（一）省域内学分互认

一是同一类别院校之间的学分互认，包括同一省域学术型院校之间的学分互认、同一省域应用型院校之间的学分互认、同一省域职业本科院校之间的学分互认、同一省域高职高专院校之间的学分互认。

二是不同类别院校之间的学分互认，包括同一省域学术型院校、应用型院校、职业本科院校、高职高专院校彼此之间的学分互认。

（二）跨省域学分互认

一是同一类别院校之间的学分互认，包括跨省域学术型院校之间的学分互认、跨省域应用型院校之间的学分互认、跨省域职业本科院校之间的学分互认、跨省域高职高专院校之间的学分互认。

二是不同类别院校之间的学分互认，包括跨省域学术型院校、应用型院校、职业本科院校、高职高专院校彼此之间的学分互认。

针对目前各省份、各类高校课程学分和学时设置纷繁复杂的问题，各省份教育厅（教委）及高校的教务管理部门应加强交流和协作，根据各类学校、各类学科专业、各类学位的人才培养方案、课程设置、教学大纲等文件，对通识核心课程及专业课程的学分学时数量、必修课选修课内容、修读学分的费用以及助学金等转学相关政策形成指导性文件，出台经过认证、得到广泛认可的学分认定标准，在考试科目、对应课程和可转移课程、学分对应学时、最低考试成绩、平均绩点、转学最低学分要求、各专业转学要求、转学申请材料清单、转学申请和录取时间、转学生入学水平测试和入学资格审查、转学生学业评价、转学证明、转学生资助等问题上形成省域内外和学校之间互认的转学衔接协议，并及时在官方网站上进行发布和调整，在教学资源上实现互通有无、实时共享，进而在省域间、院校间形成正式的转学合作伙伴关系，在区域间形成学分互认联盟。

五、人才培养多元化：培养符合社会发展需要的转学生

理想的教育并不是要以各种现实的规定性去束缚人、限制人，而是要使人从

现实性看到各种发展的可能性，并善于将可能性转化为现实性。①转学制度制定和实施的最终落脚点是根据学生的个性化需要更好地服务于学生的发展，为学生提供更多的学业选择和成才机会。为了更好地推动学生的合理流动，学校应及时跟进了解学生的转学和学业的需求，积极为转学生提供学业补习服务和相关政策支持，邀请家长到转学合作院校参观交流，积极争取合作企业和社会资源的援助，在辅导员、学生、家长、就业合作单位之间架起有效沟通的桥梁，推进新的转学理念和人才培养理念，为高等教育高质量分类发展提供有力的人才支撑。

---

① 鲁洁. 论教育之适应与超越. 教育研究, 1996 (2): 3-6.

◀ 后　　记

我对高等学校分类研究至今已有 15 个年头。大致可以分为两个时期。

第一个时期，以 2009 年度山东省高等学校教育教学改革重点项目"山东省高等学校分类指导研究"为依托。研究以山东省地方高校为样本，立足人才培养，建立了省属本科院校综合水平评价指标体系、评价模型，第一次在国内提出了应用基础型、应用技术型、应用技能型地方高等学校分类体系，开启了我国应用型高校分类体系的先河。时任山东省教育厅高等教育处宋伯宁处长对项目研究一直寄予厚望。研究成果应用于 2012 年以来的山东省高等学校分类管理与山东省高等教育人才培养特色名校建设的政策制定、遴选与评价、组织与实施的全过程。山东省初步建立了具有区域特色的应用型高校分类管理框架，政府以此为标准实施拨款建设和管理，以专业建设为龙头加大应用型本科教育发展力度。

第二个时期，以 2019 年度山东省本科教学改革研究重大项目"高等学校分类发展理论建构及其实践应用"和 2021 年山东省部省共建国家职业教育创新发展高地理论实践研究课题"高层次应用型人才培养体系研究"为依托，得到山东省教育厅高等教育处和职业教育处大力支持。2016 年，山东高等教育毛入学率为 50.80%，率先迈入高等教育普及化大门，高等教育规模跻身全国第一阵营，高等教育体系日趋复杂和立体，但大而不强的问题依然突出，"山多峰少"的发展困境亟待破解，服务山东创新发展、持续发展、领先发展的能力亟待提升。记得 2018 年初秋的一个下午，山东省教育厅高等教育处的高磊处长在厅会议室接待了我们研究团队，下达了启动山东高等学校分类考核和分类管理的研究任务。研究立足于山东高等教育普及化发展背景，较早地在学术界对学术型-应用型本科院校的发展逻辑和分类逻辑进行理论阐释，在山东省教育厅高等教育处的指导和支持下，完成了《山东省高等学校分类管理实施方案》及其 5 个附件的起草工作；《山东省人民政府办公厅关于印发〈山东省本科高校分类考核实施方案（试行）〉的通知》对项目研究成果采用率达 50% 以上。深化高校分类考核与分类管理改革被列为"十三五"山东教育十件大事之一。基于研究积淀，我们研究团队于2021年成功获批山东省部省共建国家职业教育创新发展高地理论实践研究课题。

自己的学术研究能够服务于山东省教育行政部门的政策制定，作为研究者，无疑是很幸运的。在这一过程中，我有幸感受到山东高等教育十余年来活生生的发展历程，见证了山东高校不断创新探索前行的步伐；有幸在政府的经费支持下安心且静心地著书撰文。乐天下之乐、忧天下之忧的研究情怀也在不觉间成为了我学术前行的动力，我为山东高等教育发展的辉煌成就感到由衷喜悦和自豪，也为山东高等教育发展过程中出现问题和存在不足感到深深困扰。这种甘苦与共的内心体验和情愫想来是我个人作为一名人文社会学科研究者的一种更大获得和幸运：我是在研究中慢慢体认了我的学术价值和生命价值。

高源是我研究团队最重要的成员之一。她勤奋执着，能吃苦肯努力，英语水平高。她作为主要成员与我一起完成国家社会科学基金项目教育学一般课题"学术市场驱动下的大学教师流动和评价研究"；又与我并肩完成本书稿的写作工作。五年来，我同时见证了她个人学术成长，2020年，她成功晋升为山东交通学院副教授；2021年，她又如愿报考南京师范大学教育学博士研究生并被录取。

本书共11章。其中导论、第1—2章由我撰写；第3—4章由我和高源共同完成；第5—10章由高源完成。全书整体思路、篇章架构和统稿由我完成。

本书的出版得益于科学出版社的大力支持，以及在本书出版过程中有关人员付出的艰辛劳动。在此深表感谢！

宋旭红

于 2022 年仲夏